Ilja Grzeskowitz
Die Veränderungsformel

In 3 Schritten zum kostenlosen E-Book

Damit Sie dieses Buch sowohl in gedruckter Form als auch auf Ihrem E-Book-Reader oder Tablet lesen können, erhalten Sie mit E-Book inside die digitale Version des Buches kostenlos dazu.

Und so funktioniert es:

1. Gehen Sie auf die Produktseite des Buches auf www.gabal-verlag.de

2. Klicken Sie dort auf  und geben Sie Ihren Namen und Ihre E-Mail-Adresse an.

3. Beantworten Sie im nächsten Schritt eine Kontrollfrage zum Buch und Sie erhalten eine personalisierte Version Ihres E-Books per Mail zugesandt.

Viel Freude und Inspiration beim Lesen wünscht Ihnen Ihr GABAL Verlag!

ILJA GRZESKOWITZ

Die Veränderungs-formel

Aus Problemen Chancen machen

Für meine Eltern Karin und Joachim Grzeskowitz
in großer Dankbarkeit

Bibliografische Information der Deutschen Nationalbibliothek

Die Deutsche Nationalbibliothek verzeichnet diese Publikation
in der Deutschen Nationalbibliografie; detaillierte bibliografische
Daten sind im Internet über http://dnb.d-nb.de abrufbar.

ISBN 978-3-86936-591-6

2. Auflage 2014

Lektorat: Eva Gößwein, Goldbach
Umschlaggestaltung: Martin Zech Design, Bremen | www.martinzech.de
Coverfoto: Tatyana Kronbichler, Die Hoffotografen Berlin
Satz und Layout: Das Herstellungsbüro, Hamburg | www.buch-herstellungsbuero.de
Druck und Bindung: Salzland Druck, Staßfurt

Copyright © 2014 GABAL Verlag GmbH, Offenbach

www.gabal-verlag.de
www.twitter.com/gabalbuecher
www.facebook.com/Gabalbuecher

Inhalt

Prolog – Die Regeln haben sich geändert

Ich war noch niemals in New York, ich war noch niemals
auf Hawaii, ging nie durch San Francisco in zerrissenen Jeans.
Ich war noch niemals in New York, ich war noch niemals richtig frei,
einmal verrückt sein und aus allen Zwängen fliehen.
Ich war noch niemals in New York von Udo Jürgens

»Ilja, an der Rezeption steht eine ältere Dame, die dich gerne sprechen möchte.« Als ich im Mai 2013 während eines Seminars in der Schweiz diesen Satz von meiner Assistentin höre, ahne ich noch nicht, wie sehr mich die darauffolgenden fünf Minuten verändern werden. »Okay«, antworte ich, und mache mich auf den Weg. Kurze Zeit später blicke ich in die braunen Augen einer Frau, die ungefähr siebzig Jahre alt sein dürfte. Sie lächelt mich freundlich an und sagt dann mit einem leichten Schweizer Dialekt: »Draußen wartet mein Vater. Er ist sechsundneunzig Jahre alt und möchte an Ihrem Seminar teilnehmen.« Genau in dem Moment fährt ein eleganter Herr im Rollstuhl um die Ecke und strahlt übers ganze Gesicht. Er trägt einen perfekt sitzenden Anzug, eine dazu passende Krawatte und unter dem Arm hält er eine braune Aktentasche. Wie selbstverständlich streckt er seine Hand aus und sagt laut: »Da bin ich.« Und etwas leiser hinterher: »Ich hatte mich schon zum letzten Termin angemeldet, doch meine Tochter ist immer so um mich besorgt und hat meine Teilnahme einfach wieder storniert. Aber so leicht gebe ich nicht auf. Also habe ich mich gestern einfach noch einmal angemeldet. Und zwar heimlich.«

Beeindruckend, oder? Kennen Sie nicht auch Menschen, die der Meinung sind, mit Beendigung der Schule hätten sie ausgelernt und wüssten schon alles, was das Leben zu bieten hat? Und ich stehe da und schüttele die Hand eines Mannes, der mit fast hundert Jahren immer noch dazulernen will. Natürlich bin ich neugierig und stelle ihm eine Frage, die mir unter den Nägeln brennt: »Herzlich Willkommen. Warum wollen Sie denn an meinem Seminar teilnehmen?« Er schaut mich mit einem wachen Blick an und sagt dann: »Wissen Sie, Ilja, ich schaffe es einfach nicht, nur zu Hause zu sitzen. Da fällt mir die Decke auf den Kopf. Ich bin Vorsitzender von zwei Vereinen, Verleger einer Zeitschrift und schreibe gerade an einem Buch. Ich habe noch so viele Träume, die ich mir erfüllen will. Und vor einer Sache habe ich riesige Angst: dass sich in meinem Leben nichts mehr verändert.«

Einige Tage später hatte sich viel verändert. Bei ihm. Vor allem aber bei mir, denn die Begegnung mit diesem Herrn war für mich eine der prägendsten Erfahrungen meines Lebens. Sie hat mir eines wieder einmal sehr deutlich vor Augen geführt: Wenn Sie den Stillstand im Leben vermeiden wollen, dann kommen Sie nicht daran vorbei, sich mit dem Thema Veränderung zu beschäftigen. Und wie Sie an diesem Beispiel wunderbar sehen können, es ist niemals eine Frage des Alters oder der Rahmenbedingungen. Erfolgreiche Veränderung ist das Ergebnis einer inneren Haltung: der unbedingten Bereitschaft, ins Machen zu kommen. Niemals passiv abzuwarten, sondern aktiv die eigene Zukunft zu gestalten. Damit meine ich nicht die zurzeit weitverbreitete Mode, nach dem Prinzip zu handeln: »Hauptsache ich bin anders, deshalb verändere ich einfach irgendetwas.« Nein, ich glaube, jede Veränderung sollte immer einen Sinn haben. Sie sollte zielgerichtet sein. Sie sollte das Bewährte aus der Vergangenheit wertschätzen und mit neuen Ideen kombinieren.

> **Wenn Sie Stillstand im Leben vermeiden wollen, dann kommen Sie nicht am Thema Veränderung vorbei.**

Denken Sie nur einmal an Ihr eigenes Leben. Wie häufig waren Sie schon in Situationen, in denen sich von einem Moment auf den anderen plötzlich alles geändert hat? Der Wandel wird immer schneller und der Umgang mit Veränderung ist die Schlüsselqualifikation Nummer eins, wenn es um die Karriere und die persönliche Lebensqualität geht. Als ich dem sechsundneunzigjährigen Herrn am Ende einer tollen Seminarwoche zum Abschied die Hand gab, musste ich an die folgenden berühmten Worte von Muhammad Ali denken: »Unmöglich ist nur ein großes Wort, das von kleinen Menschen erfunden wurde. Diese Menschen finden es leichter, sich mit dem Mittelmaß abzufinden, statt ihre Potenziale zu aktivieren, mit denen sie etwas ändern könnten. Unmöglich ist niemals Fakt. Es ist eine Meinung. Unmöglich ist keine Feststellung. Es ist eine Herausforderung. Unmöglich ist Potenzial. Unmöglich ist nur zeitweise. Unmöglich ist Nichts!«

Wie geht es Ihnen, wenn Sie dieses Zitat lesen? Müssen Sie an die zahlreichen Motivationsgurus denken, die dem brodelnden Saal in der Dortmunder Westfalenhalle unter frenetischem Jubel versprechen, jeder könne wirklich alles erreichen, man müsse es sich nur stark genug wünschen? Oder wandern Ihre Gedanken zu Hermann Hesse, der in seiner unverwechselbaren Art und Weise darauf hinwies, dass wir erst dadurch, dass wir das Unmögliche versuchen, eine Chance haben, das Mögliche zu erreichen? Wenn ich in diesem Buch davon spreche, das Unmögliche zu versuchen, dann meine ich damit auf keinen Fall die Dinge, die tatsächlich nicht möglich sind. Ich meine vielmehr all die Vorhaben, die als unmöglich bezeichnet werden, weil man sie sich nicht vorstellen kann oder einfach noch nicht den Mut hatte, sie auszuprobieren. Aber ganz gleich, wie Ihre Reaktion auf das Zitat von Muhammad Ali nun aussieht, sie zeigt Ihnen anschaulich ein wichtiges Prinzip der Veränderung. Jedes Ereignis, jede Situation und auch jedes Wort ist erst einmal neutral. Erst Ihre ganz persönliche Bewertung macht es dann zu einer positiven oder zu einer negativen Erfahrung. Ihre Einstellung bestimmt Ihre Ergebnisse im Leben. Erfolgreiche Veränderung passiert niemals »da draußen«, sondern immer »da oben« in unserem Kopf.

»Ich war noch niemals in New York, ich war noch niemals auf Hawaii, ging nie durch San Francisco in zerrissenen Jeans.« Diese Textzeile aus einem Welthit von Udo Jürgens beschreibt für mich wie kein anderes Lied die Sehnsucht vieler Menschen, etwas Besonderes aus ihrem Leben zu machen. Auch wenn wir im Alltag manchmal das Gefühl haben, nur noch zu funktionieren und von Termin zu Termin hetzen, tief in uns drin werden wir alle von dem großen Traum angetrieben, ein Leben mit Bedeutung zu führen. Würden Sie mir zustimmen, wenn ich behaupte, dass jeder Mensch erfolgreich, glücklich, gesund und zufrieden sein will? Die Wege dorthin sind dann natürlich sehr individuell. Manche wollen Karriere machen und andere hätten gerne eine möglichst große Familie. Die einen wünschen sich eine harmonische Beziehung, während andere die finanzielle Unabhängigkeit anstreben. Einige träumen davon, ihr eigenes Unternehmen zu gründen, während für andere die größte Erfüllung darin bestehen würde, auf einem Kreuzfahrtschiff um die Welt zu reisen. Doch so unterschiedlich wir alle sind, so sehr eint uns der Wunsch nach Wachstum und persönlicher Entwicklung. Wir wollen unsere Ängste überwinden und Dinge erreichen, von denen wir träumen. Aber was auch immer Ihr größter Antrieb im Leben ist, ohne Veränderung geht es einfach nicht. Da sollte man doch meinen, dass wir alle nichts lieber tun würden, als uns zu verändern, oder? Aber Sie wissen aus Ihrem eigenen Umfeld, dass diese Aussage falscher nicht sein könnte. Eine Sache stelle ich nämlich täglich fest: Die meisten Menschen haben einfach keine Lust mehr auf Veränderungen. Weil die Taktung so stark zugenommen hat. Kaum ist die eine Veränderung abgeschlossen, schon steht die nächste vor der Tür. Manche Menschen hassen Veränderung sogar regelrecht. Sie mussten schon durch so viele Veränderungsprozesse gehen, dass sie sich lieber mit dem Mittelmaß arrangieren, als noch eine weitere Veränderung anstoßen zu müssen.

> Alle Menschen eint der Wunsch nach Wachstum und persönlicher Entwicklung. Der Schlüssel ist Veränderung.

Doch woran liegt das? Warum tun sich viele Menschen so ungeheuer schwer damit, sich zu verändern? Ich glaube, es liegt vor allem an einer Sache: Veränderung kann hart sein und wehtun. Weil sie an der gewohnten Bequemlichkeit rüttelt und oftmals die eigenen Meinungen, Vorurteile und Überzeugungen in Frage stellt. Haben Sie schon einmal einen dieser typischen Badeurlaube gemacht? Ich war vor drei Jahren in einem schönen Hotel auf Mallorca. Am ersten Tag wollte ich morgens um neun Uhr den Pool ausprobieren. Doch es waren keine Liegen mehr frei. Und das, obwohl sich sämtliche Gäste noch im Speisesaal beim Frühstück befanden. Stattdessen folgendes Bild: Die erste Liege war mit einem Handtuch belegt. Die zweite Liege war mit einem Handtuch belegt. Und Sie ahnen es sicher schon, auch die dritte Liege war mit einem Handtuch belegt. Aber wie durch ein Wunder war ein kleines Stückchen weiter tatsächlich noch eine Liege frei. Der Platz war wirklich super. Direkt am Pool unter einem Sonnenschirm.

Doch gerade, als ich meine Tasche ablegen wollte, kam ein Mann auf mich zugelaufen und winkte mit beiden Armen. Ein deutscher Tourist wie aus dem Bilderbuch. Bekleidet mit karierten Bermudashorts, weißen Tennissocken und braunen Sandalen. Völlig außer Atem sagte er: »Entschuldigung, aber da können Sie nicht liegen.« Ich war verwundert und fragte: »Wieso das denn nicht?« Woraufhin er antwortete: »Das ist meine Liege, ich hab es heute Morgen nur nicht rechtzeitig geschafft, sie zu reservieren.« In dem Moment ist mir wieder einmal sehr bewusst geworden: Der Mensch ist und bleibt nun mal ein Gewohnheitstier. Er braucht die Sicherheit von bekannten Ideen, Meinungen und Abläufen. Jede Veränderung bringt diese Sicherheit des Bekannten durcheinander und befördert die Unsicherheit des Neuen an die Oberfläche. Das ist es, was vielen Menschen so ein mulmiges Gefühl bereitet. Die Angst vor dem Unbekannten. Die Angst vorm Scheitern. Und öfter, als Sie vielleicht denken, sogar die Angst vor dem eigenen Erfolg.

Grundsätzlich gibt es zwei unterschiedliche Arten von Veränderungen. Da sind zum einen diejenigen, die Sie selbst wählen und von sich aus freiwillig anstoßen. Die sind meistens relativ einfach und es fällt Ihnen mehr oder weniger leicht, sie umzusetzen. Doch es gibt auch die andere Sorte von Veränderungen. Die unerwarteten. Die unangenehmen. Diejenigen, bei denen auf einmal Ihr ganzes Leben auf den Kopf gestellt wird. Einschneidende Ereignisse im Job, gesundheitliche Probleme, das Ende einer Beziehung oder das Platzen eines Traums. Ich spreche von solchen Erfahrungen, an denen Sie richtig zu knabbern haben, und bei denen Sie im ersten Moment denken, dass Sie es niemals schaffen werden. Wenn Sie mit dieser Art von Veränderung konfrontiert werden, stehen Sie vor einer fundamentalen Entscheidung. Fühlen Sie sich als Opfer der äußeren Umstände oder wählen Sie eine andere Einstellung, um auch aus den größten Herausforderungen das Beste zu machen? Die Rahmenbedingungen können Sie sich nicht immer aussuchen. Aber über Ihre Einstellung bestimmen ausschließlich Sie. Niemand anders.

> Die Rahmenbedingungen können Sie sich nicht immer aussuchen, aber über Ihre Einstellung bestimmen ausschließlich sie.

Und die äußeren Umstände werden ja nicht einfacher. Was gestern noch Standard war, kann heute schon längst überholt sein. Die Wirtschaft hangelt sich von einer Krise zur nächsten, die technische Entwicklung ist kaum noch zu überblicken und eine generelle Unsicherheit begleitet unser Leben. Denken Sie nur einmal zehn Jahre zurück und führen Sie sich vor Augen, was sich seitdem alles getan hat. Kommt es Ihnen auch wie eine gefühlte Ewigkeit vor? Im Jahr 2004 gab noch kein iPhone, Griechenland war als von Otto Rehhagel trainierter Europameister vor allem als Fußball- und nicht Krisennation bekannt und beim Wort »Rettungsschirm« dachte man an schlechtes Wetter und nicht an die drohende Pleite ganzer Staaten. In den letzten zehn Jahren hat sich mehr verändert als in den tausend Jahren davor. Und man muss wahrhaftig kein Prophet sein, um vorauszusagen, dass es mindestens in der gleichen Geschwindigkeit weitergehen wird.

In so gut wie jedem Gespräch, das ich heutzutage mit Unternehmern, Führungskräften oder Managern führe, höre ich eine Variation der folgenden Aussage: »Herr Grzeskowitz, es ist so, unser Unternehmen steht vor einem großen Veränderungsprozess. Können Sie uns da unterstützen?« Die Firmenlenker mit Weitblick haben nämlich längst erkannt, dass die Strategien der vergangenen Jahre nicht die Lösung für die Herausforderungen der Zukunft sein können. Doch während die erfolgreichen Unternehmen längst die Weichen neu gestellt haben, sieht sich auch der Rest mit immer massiver auftretenden Veränderungen konfrontiert. Die Reaktionen auf die sich drastisch verändernden Rahmenbedingungen sind vielfältig: die Einführung neuer Technologien, Investitionen in zukunftssichernde Innovationen, strategische Umstrukturierungen oder drastischer Personalabbau (der leider so gut wie immer die letzte verzweifelte Maßnahme ist, wenn man es versäumt hat, rechtzeitig auf die anstehenden Veränderungen zu reagieren). Was für die Wirtschaft gilt, hat natürlich auch im täglichen Leben seine Gültigkeit. Auch unser Alltag wird von den unterschiedlichsten Veränderungen bestimmt und begleitet. Manche davon sind absehbar, andere tauchen aus heiterem Himmel auf. Einige Veränderungen sind so wunderschön, dass wir am liebsten den ganzen Tag Goethe zitieren und dem Universum zurufen wollen: »Augenblick, verweile doch! Du bist so schön.« Wer von Ihnen schon mal ein neugeborenes Baby im Arm hatte, frisch verliebt war oder unterm Sternenhimmel am Strand von Miami Beach eine Flasche Rotwein getrunken hat, der weiß, wovon ich spreche. Doch so schön diese Momente sind, genauso häufig werden wir von Veränderungen beeinflusst, die uns in Form von Schicksalsschlägen treffen, bei denen wir häufig das Gefühl haben, ohnmächtig der Willkür des Zufalls ausgesetzt zu sein.

Wenn Sie genau hinschauen, gibt es kaum noch einen Lebensbereich, der nicht von massiven Veränderungen betroffen ist. Wie sieht es bei Ihnen aus, mit welchen Herausforderungen sind Sie aktuell in Ihrem beruflichen und privaten Leben konfrontiert? Ob Sie es nun gut finden oder nicht, Veränderung ist überall. Alles ändert sich permanent und ständig. Ich kenne wirklich niemanden, der in den letzten Monaten nicht in irgendeiner Form vom immer schneller werdenden Wandel betroffen war. Machen Sie sich bitte eines immer wieder klar: Von einer Sekunde auf die andere kann auf einmal alles anders sein. So anders, dass Sie das Gefühl haben, Ihr Leben würde plötzlich auf dem Kopf stehen. Babys werden geboren, verliebte Paare heiraten und gute Freunde erfüllen sich den lange gehegten Lebenstraum. Aber ich bin mir sicher, dass Sie auch die harte Seite der Veränderung aus Ihrem persönlichen Umfeld kennen. Ein geliebter Mensch stirbt, jemand verliert über Nacht seinen Job und steht plötzlich auf der Straße. Oder das Schicksal schwingt brutal seine Keule und erinnert einen in Form eines Herzinfarktes auf dem Golfplatz daran, die Prioritäten im Leben doch dringend einmal zu überdenken.

> **Es gibt kaum noch Lebensbereiche, die nicht vom immer schneller werdenden Wandel betroffen sind.**

Wie Sie mit all diesen Facetten von Veränderung umgehen, bestimmt nicht nur Ihre gesamte Lebensqualität, sondern auch in entscheidendem Maße Ihre Persönlichkeit. Aber warum fallen diese Herausforderungen einigen Menschen scheinbar besonders leicht, während viele andere schon nach kurzer Zeit wieder in alte Muster zurückfallen? Weil es einige wenige gibt, die Veränderung einfach machen. Und dann gibt es den großen Rest, der lieber kompliziert denkt und in der eigenen Bequemlichkeit verharrt. Doch echte Veränderung findet eben nur dann statt, wenn Sie die gewohnten Bahnen verlassen und den Mut haben, neue Gedanken zu denken, neue Ideen auszuprobieren und neue Wege zu gehen. Genau das fällt vielen Menschen so schwer, weil sich Veränderung zwar theoretisch sehr leicht anhört, die praktische Umsetzung jedoch auf einem ganz anderen Blatt steht. Und weil das eben so ist, handeln viele auch erst dann, wenn der Leidensdruck so hoch ist, dass sie gar nicht mehr anders können. Weil sie dann auf einmal müssen. Und es gibt sogar Beispiele, in denen selbst die größte Warnung des Schicksals nicht ausreicht, um zu einer Veränderung zu motivieren.

Ich werde nie vergessen, wie dem Vater eines Bekannten von mir eines Tages ein Teil der Lunge entfernt werden musste. Jahrelang hatte er den Rat, das Rauchen einzustellen, ignoriert. Nach der riskanten Operation führte der behandelnde Arzt ein eindringliches Gespräch mit seinem Patienten. Er sagte: »Sie rauchen zwei bis drei Schachteln Zigaretten am Tag. Mit ganz viel Glück konnten wir den größten Teil Ihrer Lunge noch retten. Doch Sie müssen jetzt handeln. Ihre Atemwege sind extrem angegriffen und auch das Raucherbein schon weit fortgeschritten. Jede weitere Zigarette birgt die Gefahr, dass Ihre Lunge irreparabel geschädigt wird.« Der Vater meines Bekannten hörte dem Arzt ruhig zu und verstand die Eindringlichkeit der Worte. Er hatte begriffen, dass es sich bei der Warnung nicht um den so beliebten drohenden Zeigefinger eines Arztes handelte, sondern dass es um Leben und Tod ging. Doch was tat er als Allererstes, als er die Klinik verließ? Sie ahnen es schon, er zündete sich eine Zigarette an und rauchte sie, unterbrochen von gelegentlichen Hustenanfällen, bis zum Ende auf. Rationale Einsicht ist das eine, doch echte Veränderung findet eben immer auch auf einer tieferen, unterbewussten Ebene statt.

> Rationale Einsicht ist das eine, echte Veränderung findet jedoch auf einer tieferen Ebene statt.

Der erfolgreiche Umgang mit Veränderungen jeglicher Art ist daher auch keine Technik oder etwas, das Sie »mal schnell nebenbei« lernen können, sondern viel mehr. Er ist eine Lebensphilosophie, die auf einfachen Prinzipien, mutigen Ideen und einer ausgeprägten Umsetzungskompetenz basiert. Entgegen weitläufiger Meinungen hat Veränderung niemals etwas mit den äußeren Umständen oder Startvoraussetzungen zu tun. Nein, ganz im Gegenteil. Gerade wenn Ihnen der Wind des Wandels wieder einmal mit voller Kraft ins Gesicht bläst, haben Sie die große Gelegenheit, dem Schicksal zu zeigen, dass Sie es mit Ihren Zielen und Träumen wirklich ernst meinen. Veränderung ist daher vor allem eine ganz besondere Attitüde, die es möglich macht, mit den Herausforderungen des Lebens umzugehen. Es ist die Einstellung, die darin besteht, das komplizierte Denken zu beenden und Veränderung einfach zu machen.

Aber eines gleich vorweg: Auch wenn sich das Wort »einfach« wie ein roter Faden durch dieses Buch ziehen wird, behaupte ich nicht, dass Veränderung leicht ist. Nichts liegt mir ferner. Das Leben kann ganz schön hart sein. Es beinhaltet Risiken, Unsicherheit und die Angst vor dem Unbekannten. Jeder, der Ihnen einreden will, dass es leichte Wege geben würde, sagt Ihnen entweder nicht die Wahrheit oder hat noch keine großen Probleme meistern müssen. »Einfach« bedeutet hier: Wenn die Veränderung ihren ganzen Zauber entfaltet, dann tut sie das niemals auf komplizierten Wegen, sondern immer mit einfachen Mitteln. Ich behaupte auch nicht, dass ich das Rad neu erfunden habe. Alles Wissen in diesem Buch ist bekannt. Aber schauen Sie sich um. Wer nutzt die einfachen Methoden und Wege? So gut wie niemand. Stattdessen wird gejammert, wie schwer man es doch hat, und darauf gewartet, dass irgendwann das große Geheimnis gelüftet wird, wie man erfolgreich mit Veränderung umgehen kann. Das werden Sie von mir genau so wenig bekommen wie irgendwelche Versprechungen, dass es eine lang verschollene Methode geben würde, mit der Sie ohne jeglichen Einsatz, ohne harte Arbeit und ohne Durchhaltevermögen erfolgreich werden könnten.

Stattdessen möchte ich Sie an ein paar wichtige Prinzipien erinnern, die wir alle gut kennen, aber in der Hektik des Alltags häufig vergessen. Und vor allem möchte ich Sie daran erinnern, dass Veränderung nichts ist, womit Sie eines Tages beginnen und irgendwann wieder aufhören. Nein, Veränderung ist eine innere Haltung, die es jeden Tag neu auszurichten gilt. Dafür erhalten Sie von mir einfache, aber wirkungsvolle Impulse, die bei konsequenter Anwendung zu entsprechenden Ergebnissen führen. Was neu daran ist, ist meine Sicht der Dinge. Ja, dieses Buch ist stark durch meine Meinung geprägt. Sie bekommen sämtliche Prinzipien, alle Impulse und auch die konkreten Werkzeuge auf eine Art und Weise aufbereitet, die durch den Filter meiner eigenen Erfahrungen und meines Blickwinkels gegangen ist. Ich behaupte übrigens nicht, einen Weg gefunden zu haben, der Probleme jeglicher Größe mit einem Fingerschnippen in Luft auflöst. Aber ich habe einen Weg gefunden, mit dem Veränderung gelingt. Und zwar nachhaltig. Einen Weg, der keine Abkürzungen oder Wunderdinge verspricht, dafür aber zum Ziel führt. Vor allem aber ist es mein Weg. Ich bin ihn selbst gegangen. Veränderung ist nämlich der rote Faden meines Lebens. Daher ist dieses Buch auch eine echte Herzensangelegenheit für mich. Es ist das Resultat meiner Erfahrungen als Geschäftsführer im Einzelhandel, als Veränderungsberater für spannende und facettenreiche Menschen sowie als Vortragsredner, der Unternehmen aller Branchen durch kleine und große Veränderungen begleitet.

Als Warenhausmanager war ich mit so vielen persönlichen und unternehmerischen Herausforderungen konfrontiert, dass kaum Zeit zum Luftholen blieb. Mehr als einmal hörte ich von einem meiner Mitarbeiter nach einem besonderen Erlebnis, einem inspirierenden Kundengespräch oder einem persönlichen Aha-Moment den berühmten Ausspruch:»Da müsste man wirklich einmal ein Buch drüber schreiben.« Und dieser Gedanke ließ mich nicht mehr los. Also habe ich begonnen, Material zu sammeln, meine Erfahrungen aufzuschreiben und mit viel Leidenschaft und Herzblut nach einer Methode zu suchen, mit der Veränderung einfach wird. Dieses Buch ist daher sowohl die Essenz meiner eigenen Erfahrungen mit dem Thema Change, als auch mein Weg, Ihnen, liebe Leserin, lieber Leser, praxiserprobte Werkzeuge und viele Impulse an die Hand zu geben, von denen ich hoffe, dass Sie Ihnen als persönliche Inspirationsquelle beim Erreichen Ihrer persönlichen Ziele und Träume dienen werden.

Bevor wir loslegen, möchte ich Sie etwas fragen: Glauben Sie an Zufälle? Oder anders gefragt, gab es Ereignisse in Ihrem Leben, wo Sie ganz einfach gespürt haben, dass Sie sich an einem Wendepunkt befunden haben? Ich hatte ein solches»Zufallserlebnis« an einem ganz normalen Mittwochnachmittag im Jahre 2006. Ich leitete zu dieser Zeit ein Warenhaus in Berlin und führte täglich die unterschiedlichsten Gespräche mit Mitarbeitern, Kunden und Geschäftspartnern. Und eines Tages sagte einer meiner Mitarbeiter nach einer vermeintlich alltäglichen Unterhaltung einen Satz zu mir, der die wohl größte Veränderung in meinem Leben anstoßen sollte:»Herr Grzeskowitz, ich weiß nicht genau, wie Sie es machen, aber Sie haben eine besondere Gabe, das Potenzial von Menschen zu erkennen und zu entfalten.« Nun müssen Sie wissen, dass ich mich selbst nicht für besonders gut in solchen Dingen halte. Deshalb fühlte ich mich anfangs auch nur sehr geschmeichelt. Doch mehr und mehr sagte mir mein Bauchgefühl, dass an der Aussage möglicherweise etwas dran sein könnte. Und so stellte ich mir die entscheidende Frage:» Was wäre wenn …?«

Seitdem treibt mich die Überlegung an, wie man das riesige Potenzial entfalten kann, das in den Köpfen und Herzen der Menschen steckt. An welchem Punkt in Ihrem Leben Sie sich auch befinden, in Ihnen schlummert ein großes inneres Feuer, das nur darauf wartet, an die Oberfläche befördert und dort als lodernde Flamme sichtbar zu werden. Und eines habe ich schnell erkannt. Der Schlüssel, um das volle Potenzial in allen Lebensbereichen ausschöpfen zu können, ist der Umgang mit Veränderung. Daraus haben sich für mich mehrere Fragen ergeben: Was ist das Wesen der Veränderung und wie setzt man sie bestmöglich um? Wie schafft man es, Veränderung nicht als Bedrohung anzusehen, sondern als einmalige Chance, die großen und kleinen Träume zu leben? Warum sind für manche Menschen schon die kleinsten Veränderungen ein riesiger Kampf, während andere auch für die komplexesten Probleme einfache Lösungen finden und es immer wieder schaffen, dem Schicksal einen Schritt voraus zu sein? Und die vielleicht wichtigste Frage von allen: Warum jammern die einen permanent, wie schwer sie es doch haben, während die anderen ein erfülltes und erfolgreiches Leben führen?

Die Antwort klingt verblüffend einfach. Es ist eine simple Entscheidung: ob Sie lieber kompliziert denken oder Veränderung einfach machen. Und mit diesem Buch entwickeln Sie die hierfür notwendige Einstellung und bauen die alles entscheidende Umsetzungskompetenz aus, mit der Sie auch in schweren Zeiten Probleme lösen und Ihre Träume in die Tat umsetzen können. Die Betonung liegt hier ganz klar auf dem Wort » Tat«. Denn letzten Endes kommt es darauf an, was Sie tun, wie Sie handeln und was Sie machen werden. Weil das Machen so wichtig ist, werde ich Sie immer wieder darauf hinweisen. So häufig, bis Sie irgendwann gar nicht mehr anders können, als ins Handeln

> Der Schlüssel, um das volle Potenzial in allen Lebensbereichen ausschöpfen zu können, ist der Umgang mit Veränderung.

zu kommen. Das ist nämlich der große Unterschied. Während die einen kompliziert denken, machen es die anderen einfach. Und es gibt eine gute Nachricht: Die konkrete Umsetzung von Veränderung kann trainiert werden, wie jede andere Fähigkeit auch. Ich werde Ihnen die vier notwendigen Schritte vorstellen, mit denen es gelingt, jede Form von Veränderung erfolgreich und vor allem nachhaltig zu meistern. Damit Ihnen das leichter fällt, habe ich aus diesen einzelnen Schritten eine einfach anzuwendende Veränderungsformel entwickelt. Diese besteht aus den vier W's der Veränderung: **Wählen**, **Wollen**, **Wagen** und **Wiederholen**. Woher ich weiß, dass die Formel funktioniert? Ich habe sie selbst genutzt. Nicht nur einmal, sondern immer und immer wieder.

> **Es ist eine simple Entscheidung: Denken Sie lieber kompliziert oder machen Sie Dinge einfach?**

Welche Veränderungen ich im Laufe meines Lebens auch meistern musste, es lief immer wieder auf die konsequente Anwendung der vier W's hinaus. Und glauben Sie mir, ich hatte mit so mancher Herausforderung zu kämpfen. Nachdem ich mit neunzehn Jahren meine kleine und beschauliche Heimatstadt Lübeck verlassen hatte, bin ich insgesamt fünfzehnmal umgezogen. Ich war jüngster Geschäftsführer Deutschlands im damals größten deutschen Handelskonzern und habe in den folgenden Jahren zehn Standorte in ganz Deutschland für Karstadt, Hertie, Wertheim und IKEA geleitet. Es waren kleine Standorte, mittlere Standorte und größere Standorte. Es waren extrem schwierige Standorte, schwierige Standorte und, naja, sagen wir mal herausfordernde Standorte. Nur leicht war es eigentlich nie. Diese Jahre haben mich geprägt und heute weiß ich, warum eine der bekanntesten Binsenweisheiten lautet: Handel ist Wandel. Vor kurzem habe ich einmal nachgerechnet. Als Geschäftsführer habe ich über 200 Abteilungsleiter und über 3000 Mitarbeiter durch persönliche und unternehmerische Veränderungsprozesse geführt. Ich habe Filialen schließen und andere in Altwarencenter umwandeln müssen. Ich habe Sozialpläne genauso erlebt wie große und millionenschwere Umbauten. Ich habe viele hoffnungsvolle Talente auf ihrem Weg begleiten dürfen, musste aber auch so manche Kündigung unterschreiben. Ich habe mit meinen Teams reichlich gefeiert, aber auch viele Tränen fließen sehen. Vor allem aber habe ich erkannt, dass sich besonders in

Zeiten schwerer Rahmenbedingungen schnell die Spreu vom Weizen trennt. Während die einen jammern, sich beschweren und resignieren, packen die anderen an, entwickeln eine »Jetzt erst Recht«-Mentalität und greifen so häufig wieder an, bis sie ihr Ziel erreicht haben. Das ist wahrscheinlich ist die wichtigste Eigenschaft, die Sie benötigen, wenn Sie Veränderung erfolgreich meistern wollen: einmal häufiger aufzustehen, als hinzufallen.

Die wohl größte Veränderung gab es dann auf meinem persönlichen Lebensweg, als ich an einem Freitagabend im Jahr 2008 die schicksalsschwere Entscheidung traf, die vermeintliche Sicherheit meines Geschäftsführerjobs gegen meine Berufung und die unsichere Zukunft als Redner und Autor einzutauschen. Ich habe auf meine innere Stimme gehört und meinen Lebenstraum in die Tat umgesetzt. Seitdem hat sich nicht nur mein Leben um 180 Grad gedreht, sondern das Tempo und die Häufigkeit der Veränderungen haben enorm zugenommen. Und wissen Sie was? Auch wenn dieser Weg keinesfalls leicht und oftmals sogar sehr hart war, möchte ich nicht eine Sekunde davon missen. Denn seitdem ich in der Lage bin, Veränderung einfach zu machen, ist die Welt nicht nur bunter, schöner und erfolgreicher geworden, sondern meine generelle Zufriedenheit hat sich dramatisch erhöht. Das gilt für meine berufliche Karriere genauso wie für mein persönliches, mein privates Leben.

Und wo wir gerade von einem erfüllten Leben sprechen, können Sie sich noch an Ihren letzten Geburtstag erinnern? Ich bin mir sicher, dass der Großteil Ihrer Gratulanten Sie etwa in dieser Weise beglückwünscht hat: »Happy Birthday, altes Haus. Ich wünsche dir alles Gute zum Geburtstag. Und bleib so, wie du bist.« Kommt Ihnen das bekannt vor und Sie nicken heftig? Dann ist jetzt Obacht geboten. Denn wenn Sie lieber so bleiben wollen, wie Sie heute sind, ist das völlig okay. Allerdings ist dieses Buch dann mit hoher Wahrscheinlichkeit nicht das richtige für Sie. Doch reagieren Sie bitte nicht zu impulsiv und legen es gleich in die Ecke. Machen Sie lieber ein kleines Experiment. Blicken Sie in den Spiegel und schauen sich selbst tief in die Augen. (Ja, machen Sie

Wenn Sie nichts in Ihrem Leben ändern, dann wird Ihre Zukunft genauso aussehen wie Ihre Vergangenheit.

das tatsächlich, es muss ja keiner sehen!) Wenn Sie nun die letzten fünf Jahre vor Ihrem geistigen Auge vorüberziehen lassen, können Sie auf eine Tatsache vertrauen: Wenn Sie in Ihrem Leben nichts ändern und lieber so bleiben wollen, wie Sie sind, dann werden auch die nächsten fünf Jahre exakt genauso aussehen wie die vergangenen. Und das wäre nicht nur schade, sondern der direkte Weg Richtung Mittelmaß. Wenn Sie jetzt einwenden, dass Ihre letzten fünf Jahre so richtig grandios und aufregend waren, dann antworte ich Ihnen: Super. Verändern Sie sich trotzdem, denn das Gute ist nicht nur des Besseren Feind, sondern es geht auch immer noch besser oder noch intensiver, nicht wahr? Ich zitiere an dieser Stelle mit großer Freude den von mir sehr verehrten Helmut Fischer, der in seiner Paraderolle als Monaco Franze den berühmten Satz kreierte: »A bisserl was geht immer!« Recht hatte er, der ewige Stenz.

Dieses Buch ist nicht die richtige Lektüre für Besitzstandwahrer, Am-Status-quo-Festklammerer oder passionierte Komfortzonenausbauer. Ebenso ist es die falsche Wahl für Berufsjammerer, professionelle Schwarzmaler oder Das-Haar-in-der-Suppe-Sucher. Stattdessen ist es für Menschen wie Sie geschrieben, liebe Leserin, lieber Leser. Für den Firmeninhaber, der sein Unternehmen zukunftsgerecht aufstellen will. Für die Führungskraft, die ihrer Karriere den entscheidenden Schub geben will. Für den Angestellten, dessen Leben sich im Umbruch befindet, und der möglichst schnell wieder auf die Beine kommen möchte. Für den Beamten, der nach zwanzig Jahren im Büro noch einmal wissen möchte, was Leben bedeuten kann. Für den Studenten, der sein Leben auf einem stabilen Fundament aufbauen will. Und es ist für alle Menschen, die sich nicht mit dem Mittelmaß zufrieden geben möchten, sondern aus ihrem Leben etwas Besonderes machen wollen. Es ist ein Buch für Möglichkeitsdenker, Lebenstraumerfüller, Alltagsabenteurer, Visionäre, Verrückte, Regelbrecher, Romantiker, Business-Philosophen und alle, die das Leben in seinen unterschiedlichen Facetten lieben. Kurzum, es ist ein Buch für Menschen, die Veränderung nicht kompliziert denken, sondern einfach machen wollen.

Warum Sie dieses Buch auch immer in den Händen halten, ob Sie es sich gekauft haben, weil Sie vor einer bestimmten Herausforderung stehen, oder ob es Ihnen jemand geschenkt hat (entweder, weil er Sie sehr gerne hat, oder als kleiner Wink mit dem Zaunpfahl), gemeinsam werden wir uns dem Wesen der Veränderung von allen Seiten nähern und sowohl das große Gesamtbild als auch die kleinen Details betrachten. Ich stelle Ihnen die von mir entwickelte Veränderungsformel vor. Diese besteht aus den notwendigen Schritten, mit denen Veränderung einfach und erfolgreich gelingt, und mit denen Ihr Leben diese Bezeichnung auch wirklich verdient. Ich werde Ihnen viele Antworten geben, doch noch mehr ist es mein Anliegen, dass Sie sich im Laufe der Lektüre so manche Frage stellen. Veränderung basiert nämlich vor allem auf einer bestimmten Art zu denken, welche die Basis für die Einstellung ist, mit der Sie die anstehenden Aufgaben bewältigen können.

An welchem Punkt Ihres Lebens Sie sich gerade auch befinden, mit welchen Problemen Sie zu kämpfen haben und welche konkreten Ziele Sie auch verfolgen, betrachten Sie die Impulse dieses Buches als mein persönliches Geschenk an Sie. Ich möchte Sie inspirieren und Ihnen Werkzeuge an die Hand geben, mit denen Sie sofort loslegen können. Vor allem aber möchte ich Ihnen Mut und Hoffnung für Ihre Zukunft machen und Ihnen zurufen: »Sie können gerne klein anfangen. Aber träumen Sie immer groß und mutig!« Die meisten Veränderungen sind nämlich in der Realität überhaupt nicht so schwierig wie in Ihrer Vorstellung. Und wenn Ihnen jetzt gerade die Frage »Was wäre wenn …?« im Kopf herumschwirrt, dann verfolgen Sie diesen Gedanken unbedingt weiter. Das Tor zu Glück, Erfolg und einer tiefen Zufriedenheit ist weit geöffnet. Aber bevor Sie jetzt komplett durch die Decke gehen, stellen Sie sich auch darauf ein, dass ich Ihnen genauso häufig den Spiegel vorhalten, so manches Mal den Finger in die Wunde legen und so oft es geht Klartext sprechen werde. Eines ist nämlich so sicher wie das Amen in der Kirche: Mit kuscheligen Worten und toll klingenden Versprechungen mögen Sie sich vielleicht gebauchpinselt fühlen, doch Sie werden keine Ergebnisse erzielen. Und das ist es, worauf es mir ankommt. Dass Sie Ihre ganz persönlichen Herausforderungen mit viel Selbstvertrauen angehen und schließlich auch die Resultate erzielen, von denen Sie träumen.

Damit Sie das Maximum aus der Lektüre dieses Buchs herausholen können, möchte ich Ihnen noch ein paar kurze Anregungen mit auf den Weg geben. Vor ein paar Wochen kam nach einem Vortrag ein Teilnehmer auf mich zu und überschüttete mich mit Komplimenten. »Ilja, einfach klasse, ich konnte jeder Ihrer Aussagen zu hundert

Prozent zustimmen.« Aber das ist weder meine Intention, wenn ich als Redner einen Vortrag halte, noch wenn ich ein Buch wie dieses schreibe. Wenn meine und Ihre Ideen komplett deckungsgleich wären, dann bräuchten Sie mich ja nicht. Höchstens zur Bestätigung, dass Sie genauso bleiben dürfen, wie Sie sind. Stattdessen möchte ich Sie mit meinen Thesen und Meinungen dazu animieren, Ihre eigenen Überzeugungen kritisch zu überprüfen und dadurch das Fenster Ihres Bewusstseins sukzessive zu erweitern und die Grenzen Ihrer Komfortzone zu stretchen. Nur mit neuen Ideen und Verhaltensweisen kommt es nämlich zu Veränderungen und damit zu Wachstum und persönlicher Entwicklung. Wenn es sein muss, werde ich deshalb auch die eine oder andere kritische Frage stellen und harte Wahrheiten aussprechen. Ja, ich werde Ihnen wahrscheinlich öfter den Spiegel vorhalten, als Ihnen lieb ist. Denn eines habe ich im Laufe der Jahre gelernt: Wenn eine Veränderung nicht ein wenig unbequem ist, dann hält sie nicht lange an. Aber besonders dann, wenn Sie das Gefühl haben, dass ich so richtig heftig an Ihren Grenzen rüttele, sollten Sie sich daran erinnern, dass Sie höchstwahrscheinlich vor einem großen Durchbruch stehen. Wie sagte schon der große Philosoph Ralph Waldo Emerson: »Was wir am nötigsten brauchen, ist ein Mensch, der uns zwingt, das zu tun, das wir können.« Gerne bin ich dieser Mensch für Sie. Nur, dass ich Sie nicht zwingen werde. Alle meine Ideen, Meinungen und Impulse sind ein Angebot. Ob Sie es annehmen, liegt ganz allein bei Ihnen. Mein großes Ziel ist es, Sie zum Nachdenken, zum Reflektieren und vor allem zum Handeln anzuregen. Wenn mir dies gelingt, dann weiß ich, dass dies ein gutes Buch ist.

An der Grenze Ihrer Komfortzone warten die größten Durchbrüche auf Sie.

Wahrscheinlich haben Sie genau wie ich in der Schule, während der Ausbildung oder auf der Universität vor allem gelernt, *was* Sie denken sollen. Etwas auswendig zu lernen und sich perfekt auf eine Prüfung vorzubereiten. Wissen eintrichtern. Wiederkäuen. Und dann wieder von vorn. So lange, bis man funktioniert. Die Entwicklung der Fähigkeit, *wie* man denkt, *wie* man das Wissen anwendet und *wie* man Zusammenhänge kritisch hinterfragt, wird dabei mittlerweile komplett vernachlässigt. Auch das will ich mit diesem Buch ändern. Stimmen

Sie mir also nicht sofort zu, wenn Sie einen Absatz lesen. Nur weil ich etwas glaube oder sage, heißt das noch lange nicht, dass Sie das auch tun sollten. Aber lehnen Sie einen Gedanken, der Ihnen fremd oder absurd vorkommt, auch nicht direkt ab. Lassen Sie stattdessen folgenden mentalen Prozess ablaufen. Sagen Sie sich: »Ich glaube fest an X. Der Ilja behauptet jetzt aber genauso fest Y. Da ich ihn für einen coolen und kompetenten Typen halte, überprüfe ich den Gedanken kritisch und ergebnisoffen.« Sie werden erstaunt sein, welche Ergebnisse Sie allein durch diese Attitüde erzielen und wie rasant Ihre Erfolge ansteigen werden.

Ich werde Ihnen Fakten präsentieren, viele praktische Beispiele bringen und eine Menge Geschichten erzählen. Dadurch werden beim Lesen sowohl Ihr logischer Verstand als auch die für Ihr Unterbewusstsein so wichtigen Emotionen stimuliert. Oftmals werden Sie das Gefühl haben, dass ein Gedanke besonders aus dem Text heraussticht, Sie eine Idee besonders intensiv zum Nachdenken anregt oder Sie ein Satz stark motiviert. Nehmen Sie in solchen Momenten unbedingt einen Stift zur Hand und schreiben Sie Ihren Gedankengang auf (Sie können natürlich auch gerne ein digitales Programm wie Evernote benutzen). Glauben Sie mir, auch wenn Sie in der jeweiligen Situation vollkommen anderer Meinung sind, die gute Idee ist viel schneller vergessen, als Sie glauben. Ein Gedanke, der einmal verschwunden ist, kommt so schnell nicht wieder. Lesen Sie das Buch also nicht nur, sondern benutzen Sie es. Markieren Sie Ihre Lieblingsstellen, notieren Sie sich Dinge am Rand oder schreiben Sie Ihre Gedanken in ein Erfolgsjournal. Auf diese Weise wird der Mehrwert der Informationen, Ideen und der gesamten Philosophie wesentlich höher sein und Sie werden auch noch viele Wochen und Monate später davon profitieren.

Halten Sie während der Lektüre Ihre Gedanken, Gefühle und Ideen fest, um optimal von diesem Buch zu profitieren.

Wenn Sie das Inhaltsverzeichnis aufmerksam studiert haben, dann haben Sie bereits gelesen, dass am Ende des Buches noch ein Bonus auf Sie wartet. Doch ich möchte Ihnen bereits an dieser Stelle ein kleines Geschenk machen. Ich habe Ihnen viele Tipps, Informationen und Links auf einer Internetseite zusammengefasst. Diese Seite steht ausschließlich Lesern dieses Buches zur Verfügung und soll Ihnen zur Begleitung, Vertiefung und weiterführenden Inspiration dienen. Und hier ist der entsprechende Link: www.grzeskowitz.de/bonusmaterial-veraenderungsformel

Ich freue mich, dass unsere gemeinsame Reise nun beginnt, und möchte Sie einladen, gemeinsam mit mir ein paar neue Türen zu öffnen, das Thema Veränderung zu entmystifizieren und uns auf die Suche nach einfachen Lösungen zu machen. Die Zukunft wartet auf Sie. Und Sie haben die Wahl, welche Wege Sie gehen, was Sie hinter sich lassen und welche Türen Sie öffnen. Sie haben die Wahl. Ob Sie lieber nach New York reisen oder es vorziehen, in zerrissenen Jeans durch San Francisco zu gehen. Ob Sie kompliziert denken, oder Veränderung einfach machen. Wählen Sie weise.

Herzlichst,
Ihr *Ilja Grzeskowitz*

Veränderung einfach machen

Ronald Reagan, ehemaliger US-Präsident

Die Wissenschaft sagt, dass ein Moment genau 2,7 Sekunden dauert. So lange braucht nämlich unser Gehirn, um Zukunft in Vergangenheit umzuwandeln. In 2,7 Sekunden werden auf der Welt 10,8 Babys geboren, Apple macht 5400 Dollar Umsatz und auf Facebook werden 111 000 Beiträge geschrieben. Im Jahr 2002 habe ich in 2,7 Sekunden erfahren, was erfolgreiche Veränderung wirklich bedeutet. Es ist nicht das, was da draußen passiert. Es ist die Art und Weise, wie Sie hier oben damit umgehen. Ich war gerade auf einem dreitägigen Teambuildingseminar für Warenhausgeschäftsführer. Und an Tag 2 hieß das Thema: Improvisationstheater für Führungskräfte. Das bedeutete vor allem: Spontan sein. Kreativ sein. Permanent die eigene Flexibilität trainieren. Das wiederum bedeutete für mich: Supergau! Hätten Sie mich damals gekannt, dann hätten Sie mich wahrscheinlich mit vielen Worten beschrieben, nur nicht mit spontan, kreativ oder flexibel. Geleitet wurde der Workshop von einer sympathischen Trainerin, die mich mit ihren Übungen fast zur Verzweiflung brachte. Eine davon war ganz besonders fies. Sie stand vor der Gruppe und verkündete mit einem Lächeln auf den Lippen eine Reihe von ziemlich unsinnigen Aufgaben. Und egal, wie unsinnig wir diese auch fanden, wir sollten im Brustton der Überzeugung mit folgenden zwei Wörtern antworten: »*Au ja!*«, und dann die Aufgabe ausführen.

Stellen Sie sich das einmal bildlich vor, eine hübsche Frau steht vor Ihnen und sagt: »Jetzt hüpfen wir alle auf einem Bein!« Und dreißig mehr oder weniger gestandene Führungskräfte rufen im Chor »*Au ja!*«

und hüpfen dann alle auf einem Bein. Naja, neunundzwanzig, denn mir war das viel zu peinlich. Dann sagte die Trainerin: »Jetzt klatschen wir alle in die Hände.« Alle dreißig Leute rufen wieder »*Au ja!*« und klatschen in die Hände. Okay, fast alle, denn ich hatte wieder nicht mitgemacht. Dann kam der Höhepunkt. Sie sagte: »Und jetzt umarmen wir alle die Person neben uns!« Neunundzwanzig Führungskräfte rufen wieder: »*Au ja!*« Neben mir streckt ein vollbärtiger und bestimmt 113 Kilo schwerer Kollege namens Manfred beide Arme aus, um mich zu umarmen. Es muss an meinem Gesichtsausdruck gelegen haben, denn plötzlich stand die nette Trainerin vor mir. Und sie sagte einen Satz, der mich zum Nachdenken brachte: »Ilja, wenn du es jetzt nicht ausprobierst, wirst du nie wissen, wie gut es sein kann.« Dann zwinkerte sie mir zu und ging. Und ich stand da. Ich grübelte. Ich zweifelte. Wofür sollte ich mich entscheiden? Kneifen und die Flucht ergreifen oder mutig sein und ausprobieren, was passiert? Und es dauerte 2,7 extrem lange Sekunden, bis ich meine Wahl getroffen hatte. Wenn ich es jetzt nicht ausprobieren würde, würde ich nie erfahren, wie gut es sein könnte. Auch wenn ich immer noch Zweifel hatte, sagte ich aus voller Brust »*Au ja!*« und umarmte Manfred, der sich zärtlich an mich schmiegte. Und wissen Sie was, es war überhaupt nicht schlimm. Ganz im Gegenteil. Auf einmal lernten wir uns besser kennen und später wurden wir sogar richtig gute Freunde. Seitdem sind diese beiden Worte für mich eine Art Leitfaden für den Umgang mit Veränderung. Das »*Au ja!*« zeigt nämlich die Kraft der Einstellung, die darin besteht, vor den kleinen und großen Veränderungen des Alltags nicht davonzulaufen, sondern die Herausforderung anzunehmen. Nicht in Problemen zu baden, sondern den Fokus auf die Lösung zu richten. »*Au ja!*« zu sagen – auch wenn sich innerlich alles sträubt –, und dann Ihr Bestes zu geben. Ich werde Ihnen jetzt eine Frage stellen, und ich würde mich freuen, wenn Sie innerlich mit einem enthusiastischen »*Au ja!*« antworten: Haben Sie Lust, dass wir anfangen?

Zu Beginn des Buches möchte ich Sie mit meiner Veränderungsphilosophie bekannt machen. Diese beruht auf ein paar einfachen, aber sehr wirkungsvollen Prinzipien. Stellen Sie sich für den Moment ein-

Wenn Sie es nicht ausprobieren, werden Sie nie wissen, wie gut es sein könnte.

mal vor, Sie würden in einem meiner Vorträge im Publikum sitzen. Sie haben hoffentlich schon viel gelacht und hören mich ein Experiment ankündigen, in dem ein Glas Wasser die Hauptrolle spielt, das ich gut sichtbar mit ausgestrecktem Arm in die Luft halte. Möglicherweise geht Ihnen sofort folgender Gedanke durch den Kopf: »Ach, jetzt kommt der alte Hut, ob das Glas nun halbvoll oder halbleer ist.« Aber darum geht es überhaupt nicht. Ich bin ergebnisorientiert und mich interessiert nur, ob das Wasser meinen Durst stillt. Stattdessen stelle ich Ihnen eine andere Frage: »Wenn ich das Glas auf diese Art und Weise halte, was glauben Sie, wie schwer es dann ist?« Nachdem ich Ihre Antwort gehört habe, komme ich zum eigentlichen Punkt. »Wissen Sie was, das absolute Gewicht spielt überhaupt keine Rolle. Es kommt ausschließlich darauf an, wie lange ich in dieser Position bleibe. Wenn ich das Glas nur kurz halte, ist es kein Problem. Wenn ich es für eine Stunde halte, dann würde irgendwann mein Arm anfangen zu zittern, und ich hätte morgen einen schlimmen Muskelkater. Und wenn ich es den ganzen Tag so halten würde, dann könnte ich an nichts anderes mehr denken, ich hätte starke Schmerzen und der Arm wäre wie gelähmt. In jedem der Fälle verändert sich das Gewicht des Glases nicht. Aber je länger ich es halte, desto schwerer wird es.«

Jeden Tag befinden wir uns in dutzenden Situationen, in denen wir mit verschiedensten Veränderungen konfrontiert sind. Es macht einen riesigen Unterschied, wie Sie damit umgehen, ob Sie denken: »Och nö, das wird bestimmt nichts«, oder ob Sie sich für die Alternative entscheiden: »Au ja, packen wir es an!« Ob Sie das Glas mit aller Macht festhalten oder rechtzeitig wieder abstellen. Doch immer dann, wenn die Entscheidung besonders herausfordernd ist, tritt mit schöner Regelmäßigkeit diese kleine, fiese Stimme im Kopf in Aktion. Sie taucht in Gestalt eines kleinen Teufelchens auf Ihrer Schulter auf und erklärt Ihnen sehr ausführlich und verführerisch, warum Ihr Vorhaben keine besonders gute Idee ist, was alles schief gehen kann und weshalb Sie es am besten gar nicht erst probieren sollten. Kennen Sie diese Zweifel, Sorgen und Ängste, die mit Veränderungen einhergehen? Ich glaube jeder von uns hat sie. Und es ist auch gut, dass sie da sind, weil sie eine wichtige Funktion haben. Sie schützen uns davor, allzu großen Blödsinn zu machen. Doch wie auch beim Wasserglas kommt es vor allem darauf an, wie Sie damit umgehen. Wenn Sie nur ein wenig zweifeln, dann ist das vollkommen okay. Wenn Sie die Zweifel aber länger mit sich herumtragen, dann werden irgendwann Sorgen daraus. Wenn Sie sich den ganzen Tag Sorgen machen, dann bekommen Sie Angst. Und Angst lähmt. Die Botschaft der Metapher ist also einfach: Erfolgreiche Veränderung hängt nicht davon ab, mit welchen Problemen Sie konfrontiert sind, sondern einzig und allein, wie Sie darauf reagieren. Denn vor welcher Herausforderung Sie auch immer stehen, Sie allein bestimmen, wie lange Sie an Ihren Ängsten und Zweifeln festhalten und wann Sie sie loslassen. Ich würde mir wünschen, dass Sie diese Erkenntnis von Anfang an verinnerlichen: Veränderung ist nicht, was um Sie herum geschieht. Es ist die Art und Weise, wie Sie damit umgehen.

Wenn alles perfekt läuft, kann jeder glänzen. Schönwetter-Kapitäne kennen wir alle zur Genüge. Aber wie gut sind Sie, wenn die Dinge einmal nicht so laufen, wie sie sollen? Jammern Sie, wie schwer Sie es haben und wie ungerecht die Welt ist? Oder beschließen Sie, das Beste daraus zu machen, »*Au ja!*« zu sagen und sich aktiv zu verändern? Sie können die äußeren Umstände meist nicht ändern. Das einzige, was Sie beeinflussen können, ist die Art und Weise, wie Sie darauf reagieren und zu welchem Zeitpunkt Sie Ihr metaphorisches Glas wieder abstellen. Damit Ihnen das gelingt, erhalten Sie von mir konkrete Werkzeuge, um eine Einstellung zu entwickeln, mit der Sie auch unter schweren Rahmenbedingungen Veränderung einfach machen können. Natürlich bin ich mir sehr bewusst, dass ich bei diesem Vorhaben auch mit den unterschiedlichsten Varianten der kleinen fiesen Stimme in Ihrem Kopf zu kämpfen haben werde. Denn immer dann, wenn es sich um einfache Lösungen handelt, sagt das kleine Teufelchen auf der Schulter gerne Sätze wie »Kenne ich schon«, »Hab ich schon ausprobiert« oder »Das mag bei anderen funktionieren, bei mir aber auf keinen Fall«. Wenn Sie sich im Laufe der Lektüre bei einem solchen oder ähnlichen Gedanken ertappen sollten, dann erinnern Sie sich bitte daran, das Glas wieder rechtzeitig abzustellen. Ich weiß, was Sie jetzt denken: »Aber Ilja, so häufig kommt das bei mir gar nicht vor.« Doch diese als unschuldige innere Stimme getarnte Suche nach Ausreden und Gründen, warum etwas nicht geht, taucht in den verschiedensten Spielarten auf. Und

> **Eine fiese kleine Stimme flüstert Ihnen Ausreden und Gründe ein, warum etwas nicht geht.**

viele haben sich die eigenen Ausreden so häufig selbst erzählt, dass sie es gar nicht mehr mitbekommen, wie stark die eigene Veränderungsresistenz bereits ausgeprägt ist.

Hinzu kommt eine sich vermehrt ausbreitende Veränderungsmüdigkeit. Als ich einem befreundeten Unternehmer davon berichtete, dass ich ein Buch über erfolgreiche Veränderung schreiben würde, runzelte er die Stirn und bemerkte kritisch: »Ach komm, zum Thema Veränderung ist doch nun wirklich alles gesagt, was es zu sagen gibt.« Und wissen Sie was? Ganz unrecht hatte er nicht. Wohl jeder von uns hat dutzende Bücher zu diesem Thema gelesen, hat Metaphern über Mäuse, Pinguine oder Eisberge verinnerlicht, Strategien für Zeitmanagement, Glück oder erfolgreiches Querdenken entwickelt und beim Lesen heftig mit dem Kopf genickt. Aber welche dieser vielen Informationen haben Sie dann auch umgesetzt? In Seminaren, Vorträgen und Teambuilding-Maßnahmen haben Sie gelernt, wie Veränderung theoretisch funktioniert. Sie haben Ihre Hand ans Kinn geführt und herzlich gelacht, als Sie der Seminarleiter darauf hingewiesen hat, dass er doch laut und deutlich »Nase« gesagt hatte. (Wenn Sie jetzt nicht wissen, wovon ich rede, hatten Sie Glück und saßen wahrscheinlich noch nicht in einem der typischen, aber meist austauschbaren Veränderungstrainings.) Sie haben gespürt, wie es sich anfühlt, wenn Sie Ihre Hände falten, und dabei den oben liegenden Daumen wechseln. Und wahrscheinlich kennen Sie noch viele weitere Übungen, die Sie gemacht haben, um sich dem Thema Veränderung zu nähern. Aber wie sagte ein Teilnehmer in einem meiner eigenen Seminare kürzlich zu mir: »Veränderung? Das habe ich schon ausprobiert. War mir viel zu kompliziert.«

Es gibt einen großen Unterschied zwischen kennen und können.

Und genau da liegt der Hase im Pfeffer. Denn es gibt nun mal einen entscheidenden Unterschied zwischen kennen und können. Zwischen kompliziert denken und einfach machen. Und dieser Unterschied führt zu einem großen Dilemma. Auf der einen Seite nimmt die Schlagzahl an Veränderung rasant zu. Im Job, zu Hause, unterwegs, einfach überall. Manchmal sind wir von so vielen unerwarteten Herausforderungen umgeben, dass wir gar nicht genau wissen, welche wir davon zuerst angehen sollen. Gleichzeitig explodiert das theoretische Wissen, wie man mit Veränderung umgehen könnte. Die Menge an verfügbaren Informationen steigt exponentiell an. Egal, welches Know-how Sie heute benötigen, im Normalfall ist das Wissen nur einen Mausklick entfernt. Es spielt keine Rolle, worum es sich handelt, es gibt zu wirklich jedem Themengebiet ausführliche Erfahrungsberichte und Sie können auf die gesamte Schwarmintelligenz der Menschheit zurückgreifen. Probieren Sie es aus. Wenn Sie bei Google den Suchbegriff »Wie kann man …?« eingeben, dann erhalten Sie 1,7 Milliarden Treffer. Es gibt nichts, was Sie im Internet nicht lernen könnten. Dann müsste doch eigentlich alles perfekt sein, oder? Situation erkannt, Problem gelöst, Fall abgehakt.

Doch das zunehmende Wissen ist keinesfalls eine Erleichterung, sondern für viele mittlerweile zu einer großen Hürde geworden. Denn bevor es überhaupt zu einer möglichen Umsetzung kommen kann, wird die gesamte Energie darauf verwendet, die Informationsflut zu sortieren und die Nadel im Heuhaufen zu finden, mit der die Veränderung angegangen werden soll. Das Ergebnis: die berühmt-berüchtigte Prokrastination, auf Deutsch auch Aufschieberitis genannt. Man schiebt eine geplante Veränderung so lange hinaus, bis man sich damit abgefunden hat, dass »es eben kompliziert ist«, und man »ja doch nichts ändern kann«. Kennen Sie das nicht auch von Menschen aus Ihrem persönlichen Umfeld? Möglicherweise sogar von sich selbst? Ich bin immer wieder erstaunt, wie kompliziert manche Menschen den Umgang mit Veränderung machen. Sie analysieren das Problem bis ins letzte Detail, entwickeln mehrstufige Umsetzungspläne oder studieren sämtliche Forschungsergebnisse der letzten zwanzig Jahre. Doch je komplizierter ein Weg ist, desto geringer ist die Chance, dass er auch wirklich gegangen wird. Und weil Sie so häufig gehört haben, wie schwer und komplex Veränderung doch ist, glauben Sie es irgendwann selbst und haben eine wunderbar plausible Ausrede gefunden, warum Sie sich eben doch nicht verändern können.

> **Vorsicht vor Prokrastination, auch Aufschieberitis genannt: Sie schieben die Veränderung immer weiter auf, um erst einmal die Informationen zu sortieren.**

Wenn Sie den Umgang mit Herausforderungen allerdings zu einer komplizierten Sache machen, ist ein Scheitern geradezu vorprogrammiert. Zu meiner Zeit als Warenhausgeschäftsführer wurde bei so gut wie jeder Führungskräftetagung ein neues Change-Programm vorgestellt. Die hatten einiges gemeinsam: tolle Titel, meist über 200 PowerPoint-Folien und sieben Veränderungsstufen, die alle wiederum neun Unterschritte hatten, die wir in drei Phasen abarbeiten sollten. Während einer dieser Tagungen saß ich mal neben einem Kollegen aus dem Ruhrgebiet. Während alle anderen in ihren Sitzen zusammengesunken waren, sah er auch bei Folie 175 immer noch richtig begeistert aus. Also hab ich ihn gefragt:»Du nickst immer so wissend, weißt du, wie du das umsetzen kannst?« Er sagte:»Nee, viel zu kompliziert, aber es sieht so gut aus«. Ich weiß nicht, wie es Ihnen geht, aber ich finde es ist schwer, sich für eine Veränderung zu begeistern, die kompliziert ist. Und es ist unmöglich, andere Menschen für etwas zu begeistern, für das Sie sich selbst nicht begeistern können.

Aber wenn es so nicht geht, wie funktioniert erfolgreiche Veränderung denn nun? Letztlich sind es immer die gleichen einfachen Prinzipien und eine große Portion gesunder Menschenverstand, durch die Veränderung gelingt. Doch kennen Sie nicht auch Menschen, welche die Lösung für ihr Problem nicht finden, weil sie so damit beschäftigt sind, nach komplizierten Ausreden zu suchen, warum sie sich nicht verändern können? Ich wünschte, Sie wären dabei gewesen, als eines Tages Frau T. bei mir im Büro saß, um sich coachen zu lassen. Ich schaute ihr lange in die Augen und sagte dann:»Frau T., Sie sind 38 Jahre alt, eine erfolgreiche Businessfrau und haben laut eigener Aussage schon 152 Therapiestunden hinter sich. Trotzdem fühlen Sie sich immer noch nicht in der Lage, in Ihrer Firma eine Präsentation zu halten?«

> Letztlich machen immer die gleichen einfachen Prinzipien und etwas gesunder Menschenverstand eine erfolgreiche Veränderung aus.

Sie errötete leicht und antwortete:»Ach, Herr Grzeskowitz, es ist halt kompliziert. Ich habe schon so viel ausprobiert, aber ich bekomme jedes Mal große, rote Flecken am Hals, kriege einen trockenen Mund und fange dann an zu stottern.« Ich nickte und stellte dann die Frage aller Fragen:»Ich verstehe, Frau T. Sind Sie denn bereit, etwas zu verändern?« Ihre Antwort:»Wissen Sie, Herr Grzeskowitz, ich würde mich ja eigentlich gerne verändern. Aber das geht ja nicht so einfach.

Wenn Sie wollen, dann können wir es ja mal versuchen.« Also *ich* wollte. Aber ich spürte, dass *sie* nicht wirklich wollte. Trotzdem arbeiteten wir intensiv miteinander und es gelang uns, in nur einer Session ihr Problem zu lösen. Nach nur neunzig Minuten war sie in der Lage, frei vor einer Gruppe zu sprechen. Ohne rote Flecken. Ohne trockenen Mund. Und ohne Stottern. Aber wenn Sie jetzt denken, dass Frau T. deswegen in Jubelstürme ausgebrochen wäre, dann haben Sie sich getäuscht. Stattdessen sagte sie immer wieder:»Das kann ja nicht so einfach sein. Nein, das kann auf keinen Fall so einfach sein. Das hält bestimmt nicht lange an.« Und sie sollte recht behalten. Denn genau drei Wochen später klingelt das Telefon. Frau T. ist dran. Mit einer gewissen Genugtuung in der Stimme verkündet sie:»Tja, Herr Grzeskowitz, wissen Sie was? Ich musste heute vor dem Außendienst die Quartalszahlen präsentieren. Ich habe kaum ein Wort rausbekommen und die roten Flecken sind jetzt wieder da. Ha, ich habe Ihnen ja gleich gesagt, dass Veränderung nicht so einfach ist!«

Veränderung ist immer so einfach, wie Sie sie machen.

Warum das so war? Ich habe keine Ahnung, vielleicht genoss sie die Aufmerksamkeit oder liebte es, anderen von ihrem Problem erzählen zu können (das ist nämlich ein großes Hobby von sehr vielen Menschen). So sehr ich mir gewünscht hätte, dass Frau T. sich ändert, sie wollte es einfach nicht und blieb lieber in ihrer gemütlichen Komfortzone. Sie war so auf die Notwendigkeit einer komplexen Lösung fixiert, dass sie die naheliegende Einfachheit überhaupt nicht in Betracht gezogen hatte. Doch erinnern Sie sich einmal an Ihre eigenen Veränderungen, die Sie in der Vergangenheit nachhaltig gemeistert haben. Was war der gemeinsame Nenner? Richtig, es waren immer einfache Lösungen und Wege, welche die besten Ergebnisse nach sich gezogen haben.

> **Wer auf die Notwendigkeit einer komplexen Lösung fixiert ist, zieht die Einfachheit gar nicht in Betracht.**

Wie einfach es sein kann, können Sie an einer Form von Veränderung sehen, die wohl jeder von uns kennt. Ich spreche vom Rauchen. Genauer gesagt vom Aufhören. Hier können Sie immer wieder die gleichen Muster beobachten. Während die einen mit einfachen Mitteln erfolgreich sind, kämpfen die anderen jeden Tag aufs Neue mit einem vermeintlich komplizierten Problem. Haben Sie schon mal erfolgreich mit dem Rauchen aufgehört? Kennen Sie jemanden, der es geschafft hat? Ich selbst habe früher geraucht. Auch habe ich als Coach viele Raucherentwöhnungen durchgeführt und dutzende Seminare zu diesem Thema gegeben. Meiner Erfahrung nach gibt es unterm Strich nur zwei Kategorien von Rauchern: Da sind diejenigen, die von vornherein Zweifel haben, ob sie es auch wirklich schaffen. Die sich Sorgen über Entzugserscheinungen und Gewichtszunahme machen. Die dann für ein paar Tage aufhören, aber bei der ersten Gelegenheit wieder anfangen. Die sich selbst so häufig einreden, wie kompliziert es doch ist, bis sie es irgendwann glauben. Und sich dann eben nicht verändern, sondern weiterrauchen. Und natürlich jammern, wie gerne sie aufhören würden, wenn es nicht so kompliziert wäre.

Aber wie haben es dann die Millionen von Ex-Rauchern geschafft, sich erfolgreich zu verändern? Sind Sie bereit für die harte Wahrheit? Hier ist Sie: Sie haben eine Entscheidung getroffen und aufgehört zu rauchen. Einfach so. Von heute auf morgen. Von einem Augenblick auf den anderen. Manche brauchen dazu eine kleine Anschub-hilfe in Form eines Coachings, eines Seminars oder eines Buches. Aber trotzdem hören Sie dann einfach auf und sind von einem Augen-blick auf den anderen Nichtraucher. Ich höre schon die Einwände des kleinen Teufelchens auf Ihrer Schulter: »Aber Ilja, das mag ja vielleicht so einfach sein, wenn man nur wenig raucht. Ich rau-che schließlich eine ganze Schachtel am Tag.« Es tut mir leid, aber es spielt keine Rolle, wie viel Sie rauchen. Auch starke Rau-cher hören dadurch auf zu rauchen, dass sie einfach aufhören zu rau-chen. Das Entgiften dauert zwar länger, aber das Prinzip ist das gleiche. Doch vielen Menschen hat man so häufig eingeredet, wie schwer und kompliziert Veränderung doch ist, dass sie überhaupt nicht mehr auf die Idee kommen, dass die beste Lösung immer noch die einfache ist.

Jede Veränderung beginnt mit einer kraftvollen Entscheidung.

Mir ist das sehr bewusst geworden, als ich während eines Sommers meine damals vierjährige Tochter Emma dabei beobachtete, wie sie im obersten Fach unseres Kühlschranks eine große Packung Wassereis entdeckte. Falls Sie jetzt nicht wissen, wovon ich spreche, das sind diese künstlichen Wasserstangen mit Waldmeister-, Cola- oder Zitronengeschmack, die man ins Gefrierfach legt und die dann dort zu Eis werden. Auf jeden Fall war meine Tochter völlig verrückt nach diesen Dingern. Sie hatte jedoch ein Problem: Sie war nicht groß genug und kam nicht an das Fach heran. Was denken Sie, was sie getan hat? Richtig, Sie hat Himmel und Hölle in Bewegung gesetzt, um an das Eis zu kommen. Zum Schluss stand sie auf einer wackligen Konstruktion aus einem Stuhl, zwei Kissen und einem Kochtopf. Und als sie voller Stolz ihre Trophäe in die Luft streckte, spürte ich, dass sich die Mühe gelohnt hatte. Sie hatte die Veränderung herbeigeführt, weil Sie das Eis unbedingt haben wollte. Sie hätte einfach alles dafür getan, es zu bekommen. Und es ging einfach so. Ich musste ihr vorher nicht sagen: »Pass auf, Emma, das ist ein ganz schön kompliziertes Problem, da solltest du dich gut vorbereiten. Es gibt da so ein revolutionäres Veränderungsmodell, das ein Professor der Universität Tübingen entwickelt hat. Aber führ vorher unbedingt einen Persönlichkeitstest durch, damit du herausfindest, was für ein Veränderungstyp du bist.« Das brauchte sie alles nicht. Sie hat es einfach getan. Weil sie motiviert war und einen einfachen Weg gefunden hatte, um ihr Ziel zu erreichen. Daraus folgt eine wichtige Erkenntnis: Ob Sie nun ein Eis aus dem obersten Fach des Kühlschranks holen wollen, mit dem Rauchen aufhören möchten oder vor einer ganz anderen Herausforderung stehen – Veränderung wird einfach, wenn Sie Veränderung einfach machen.

Veränderung wird einfach, wenn Sie Veränderung einfach machen.

Albert Einstein hat einmal gesagt: »Mach' die Dinge so einfach wie möglich. Aber nicht einfacher.« Ich möchte Sie mit diesem Buch daran erinnern, dass erfolgreiche Veränderung immer auf einfachen Ideen und Lösungen basiert. Mein großes Bestreben ist es, Ihnen Strategien und vor allem konkrete Werkzeuge an die Hand zu geben, mit denen Sie besonders bei komplexen Herausforderungen und auch unter schweren Rahmenbedingungen zu einfachen Veränderungen gelangen. Doch gestatten Sie mir einen entscheidenden Hinweis: Auch wenn ich so häufig das Wort »einfach« betone, ich meine damit keinesfalls leicht, mühelos oder ohne jeglichen Aufwand. Ganz im Gegenteil. Das Schicksal kann ganz schön hart sein und prüft täglich aufs Neue, ob

Sie es auch wirklich ernst meinen. Das Leben ist nun mal kein Ponyhof. Es ist häufig unfair, oft verletzend und auch nicht immer gerecht. Wenn Sie sich unter diesen Umständen verändern wollen, dann geht das nicht, ohne etwas dafür zu tun. Erfolg geschieht nicht von allein. Und ich weiß, dass es Hunderte von Büchern und auch viele Seminarleiter gibt, die Ihnen versprechen, man müsse sich die Veränderung nur fest genug wünschen und schon fällt sie vom Himmel. Aber wenn das so wäre, warum sitzen dann so viele Menschen zu Hause in ihrer Jogginghose auf der Couch, haben schon achtmal *The Secret* gesehen, schicken pro Stunde zehn Wünsche ans Universum und wundern sich, warum Sie immer noch einen mittelmäßigen Job haben, warum sie seit Jahren Single sind und warum statt des beim Universum bestellten Ferraris in der Garage immer noch ein klappriger Opel Corsa steht?

Erfolgreiche Veränderung ist immer einfach, aber selten leicht.

Weil Erfolg eben immer die Kombination aus harter und qualitativ hochwertiger Arbeit ist. Weil es ohne Handeln und Umsetzen nicht geht. Weil Veränderung zwar einfach ist, aber auf keinen Fall leicht. Wichtig ist mir daher vor allem eines: dass Sie Ihr Leben in die eigenen Hände nehmen und sich aktiv verändern. Denn wenn Sie wie der berühmte Vogel Strauß den Kopf in Sand stecken und darauf vertrauen, dass schon alles gut gehen wird, dann könnten Sie irgendwann vor der Situation stehen, dass Sie von den äußeren Umständen verändert werden. Und diese Veränderungen stehen dann mit hoher Wahrscheinlichkeit nicht im Einklang mit Ihren Werten, Zielen und Träumen, sondern bestenfalls noch mit denen von anderen Menschen. Das ist vielleicht nicht die beste Zukunftsaussicht, oder?

> Verändern Sie sich selbst, bevor die äußeren Umstände Sie verändern.

Sie können andere nicht verändern

Wenn Sie heute eine Umfrage auf dem Marktplatz Ihrer Heimatstadt durchführen würden, dann würden Ihnen 99 Prozent der Befragten mitteilen, wie wichtig Veränderung ist. Nur damit anfangen, das sollen dann doch lieber die anderen. Viellcicht kennen Sie das Dilemma ja auch? Sie wünschen sich nichts so sehr wie eine bestimmte Veränderung und gleichzeitig fürchten Sie sich davor. Am allerbesten wäre es doch auch, wenn nur die Ergebnisse besser werden, alles andere aber so bleibt, wie es ist. Klingt ganz gut, oder? Diese Einstellung führt allerdings dazu, dass Sie das Naheliegende (nämlich sich selbst zu verändern) übersehen, und stattdessen den Fokus auf die äußeren Umstände richten. Ich bin mir sicher, dass Sie reichlich Beispiele von Menschen kennen, die ganz genau wissen, was und vor allem wer sich um sie herum alles ändern müsste, damit sie so bleiben können, wie sie sind.

Doch da gibt es ein großes Problem. Welche Freunde, Kollegen oder Verwandten fallen Ihnen ein, die komplett veränderungsresistent sind? Die weder auf rationale Argumente noch auf motivierende Worte oder den Appell an die eigene Ehre reagieren? Die sich mit aller Kraft am Status quo festklammern und sämtliche neuen Ideen kategorisch ablehnen? Die egal, wie gut Ihre Ideen sind, immer sofort mit ihrem Lieblingswort antworten: »Neinaufkeinenfalldaswirdsowiesonichts.« Sie wissen, von welchen Menschen ich spreche, oder? Finden Sie sich bitte gleich mit einer Tatsache ab: So sehr Sie es sich manchmal auch wünschen würden, Sie können andere Menschen nicht verändern. Es ist auch überhaupt nicht Ihr Job, denn Sie haben mit Ihren eigenen Zielen genügend zu tun. Versuchen Sie es also am besten gar nicht erst. Die Reaktionen auf äußere Veränderungsbeglückungen sind sowieso immer mehr oder weniger die gleichen. Manche reagieren trotzig, andere wütend und wiederum andere gar nicht. Und durch Druck erzeugen Sie vor allem eines, nämlich Gegendruck. Haben Sie schon mal versucht, Ihre Kinder zum Aufräumen des Zimmers zu motivieren? Dann wissen Sie, was ich meine. Und dieser Widerstand gegen Veränderung wird im Laufe des Lebens mit Sicherheit nicht weniger. Trotzdem gibt es einen einfachen

Haben Sie auch Freunde, Kollegen oder Verwandte, die komplett veränderungsresistent sind?

Weg, diese vermeintliche Veränderungsresistenz zu umgehen und in eine hohe Motivation umzuwandeln.

Es ist nicht Ihr Job, andere Menschen zu verändern.

Zu meiner Zeit als Geschäftsführer im Handel hatte ich einen harten Brocken als Chef. Nennen wir ihn mal Walter (das ist aus naheliegenden Gründen nicht sein echter Name). Walter war in den besten Jahren und seine Haare fingen langsam an, dünner zu werden. Er war der Typ Mensch, den wirklich alle verändern wollten, weil er einfach immer schlecht gelaunt war. Außerdem besaß er eine weitere Eigenschaft, die er uns gleich bei seiner Antrittsrede verriet: »Meine Damen und Herren, damit Sie Bescheid wissen, ich habe ein ganz besonderes Lieblingswort. Es heißt ›Nein‹.« So sehr wir es uns auch wünschten, Walter dachte überhaupt nicht daran, sich zu verändern. Ganz im Gegenteil. Immer wenn ich ihn anrief, um etwas Budget für Sonderposten oder Werbung loszueisen, lief es nach folgendem Muster ab:

Er ging ran und meldete sich in einem sehr muffeligen Tonfall mit: »Ja, was gibt's?« So wusste man gleich, woran man war.

»Hi Walter, ich bin's, Ilja. Ich würde gerne eine Anzeige in der Zeitung schalten.«

»Was? Nein, es gibt kein Geld. Denk dir gefälligst was anderes aus!«

Jedes Mal das Gleiche. Ich rief an, Walter meldete sich mit einem muffeligen »Ja, was gibt's?«, und ich bekam mein Nein. Wieder und immer wieder. Ich versuchte es mit sämtlichen rationalen Argumenten, die mir einfielen. Doch immer das gleiche Ergebnis: Nein. Ich steigerte mich in meine eigene Unzufriedenheit so richtig hinein und jammerte, wie schwer ich es doch hatte. Wie sollte ich bei so einem Chef denn vernünftig meine Arbeit machen? Ich war völlig auf mein Problem fixiert und sah nur eine Lösung: Ich musste meinen Kollegen davon erzählen. Und bingo, denen ging es genauso. Also hatte ich den Beweis, dass es an mir auf keinen Fall liegen konnte. Allerdings gab es einen Kollegen aus Hamburg, der bestens mit Walter zurechtkam. Also fragte ich ihn: »Wie machst du das nur? Ich hab doch nun wirklich alles probiert. Er ist einfach veränderungsresistent.«

Verschwörerisch verriet er mir sein Geheimnis: »Ach, das ist ganz einfach. Er hat doch eine kleine Tochter. Sprich ihn mal auf die an. Dann ist er wie ausgewechselt.«

So einfach sollte das sein? Das musste ich ausprobieren. Also rief ich Walter an.

Und der war schlecht gelaunt wie immer: »Ja, was gibt's?«

»Äh, sag mal Walter, wie geht es eigentlich deiner kleinen Tochter?« Und es war, als ob ich einen magischen Knopf gedrückt hätte.

Er war wie ausgewechselt: »Ach, Ilja, unsere kleine Prinzessin macht uns so viel Freude. Es ist einfach herrlich. Was kann ich denn für dich tun?« »Ach, nichts Besonderes, ich würde gerne eine Anzeige in der Zeitung schalten.«

»Eine ausgezeichnete Idee. Wie viel Geld brauchst du denn genau?«

Von diesem Tag an war mein Job ein Traum. Jedes Mal, wenn Walter schlecht gelaunt war – und er war eigentlich immer schlecht gelaunt – brauchte ich nur das Gespräch auf seine Tochter zu lenken. Er bekam dann sofort gute Laune und ich das, was ich wollte.

Erst als ich es aufgab, meinen Chef verändern zu wollen, und stattdessen bei mir anfing, veränderte er sich. So gerne Sie es sich manchmal auch anders wünschen würden, Menschen handeln und verändern sich nun mal ausschließlich aus Gründen, die ihnen selbst wichtig sind. Niemals aus denen, die wir gerne hätten. Sie können noch so viele Packungen Wassereis in den Kühlschrank legen, wenn Ihr Gegenüber kein Eis mag, dann wird er nicht ins Handeln kommen. Und das führt zu einer wichtigen Erkenntnis. Die ist so wichtig, dass Sie den folgenden Satz am besten aufschreiben und irgendwo aufhängen, wo Sie ihn jeden Tag sehen: Sie können andere Menschen nicht verändern. Niemals. Auch nicht, wenn Sie es wirklich gut meinen. Selbst dann nicht, wenn Sie ganz genau wissen, dass es zu ihrem Besten wäre. Denn je mehr Sie es probieren, desto größer wird der Widerstand und meistens kommt es zu einer Verstärkung des Musters, das Sie so gerne geändert hätten. (Kleine Anmerkung am Rande: Der Teufelskreis, der entsteht, wenn zwei sich gegenseitig verändern wollen, ist meiner Ansicht nach der Grund, warum so viele Beziehungen in unserer heutigen Zeit scheitern.)

Erst als ich es aufgab, meinen Chef verändern zu wollen, und stattdessen bei mir anfing, veränderte er sich.

Sie können andere Menschen nicht verändern.

Ich wiederhole es also noch einmal: Sie können andere Menschen nicht verändern. Punkt. Was Sie aber sehr wohl ändern können, ist Ihre Einstellung und die Art und Weise, wie Sie mit anderen umgehen und kommunizieren. Sind Sie begeistert, begeistern Sie andere. Sind Sie motiviert, motivieren Sie andere. Verändern Sie sich und Ihre Kommunikation, verändern sich die Menschen in Ihrem Umfeld. Die offenen sowieso, aber Schritt für Schritt auch die vermeintlichen sturen Esel. Wenn Sie sich selbst verändern, öffnen Sie die Tür für neue Ideen, Sichtweisen oder Meinungen. Wenn Sie bei sich anfangen, dann ändert sich bei anderen der Blickwinkel und die Denkrichtung. Erfolgreiche Veränderung ist eine innere Haltung. Und sie hat ihren Ursprung immer in uns. Wenn jemand kein Wassereis mag, dann machen sie es ihm entweder durch Ihr eigenes Verhalten schmackhaft, oder legen Sie stattdessen eine Tafel Schweizer Schokolade in den Kühlschrank. Wichtig ist auf jeden Fall, dass Sie selbst vorangehen und bei sich und Ihrem Verhalten anfangen. Oder wie es der große Mahatma Ghandi ausdrückte: »Sei du selbst die Veränderung, die du dir für die Welt wünscht.« In Klartext übersetzt: Nicht jammern, sondern einfach machen.

Gut sein, wenn es drauf ankommt

Während ich diese Zeilen schreibe, sitze ich auf Platz 23F im Flugzeug von London nach Los Angeles. Die nette neuseeländische Stewardess hat mir gerade einen schönen Merlot gebracht und ich tue das, was ich hoch über den Wolken am liebsten mache: Ich lasse meine Gedanken schweifen und denke über meine anstehenden Projekte, vergangenen Erfolge und das Leben an sich nach. Und während ich so dasitze und den wohlschmeckenden Rotwein genieße, muss ich über eine Frage nachdenken, die ich mir mit schöner Regelmäßigkeit stelle. Haben Sie sich schon mal überlegt, wie eine mögliche Verfilmung Ihres Lebens aussehen würde? Was wäre, wenn ein Kamerateam jeden Ihrer Schritte begleiten und Ihr Leben filmisch dokumentieren würde? Wäre es ein spannender Actionfilm, eine herzergreifende Liebeskomödie oder eher ein deprimierendes Drama? Und vor allem, wären Sie auf das Ergebnis stolz oder wäre Ihnen die Dokumentation eher ein wenig peinlich, weil eigentlich kaum spannende Szenen enthalten sind? In den letzten Jahren sind mir die unterschiedlichsten Menschen begegnet, die scheinbar resigniert haben. Sie haben sich damit abgefunden, dass ihr Leben eben so ist, wie es nun mal ist. Irgendjemand hat vor langer Zeit einmal ein Drehbuch geschrieben und nun verhalten sie sich genauso, wie es ihre Rolle verlangt. Und während sie ihr angepasstes und mittelmäßiges Leben über sich ergehen lassen, sitzen sie vor der Glotze und schauen zu, wie andere ein Leben führen, über das man dann klatschen und tratschen kann.

Wie würde eine Verfilmung Ihres Lebens aussehen?

Das ist für mich das größte Paradoxon unserer heutigen Zeit. Statt sich um die eigenen Finanzen zu kümmern, sieht man lieber Peter Zwegat dabei zu, wie er eine fremde Familie im Fernsehen vor dem Ruin bewahrt. Statt die eigenen Kinder zu erziehen, beklagt man sich darüber, wie die Super Nanny Katharina Saalfrank an fremden Kindern verzweifelt. Statt endlich die eigene Wohnung zu renovieren, lästert man lieber, welche schlimmen Farben Tine Wittler für die gescheiterte Familie auf RTL ausgewählt hat. Und statt das eigene Übergewicht anzugehen, sitzt man mit Bier und Chips auf der Couch und lacht darüber, wie die Kandidaten bei *The Biggest Loser* daran scheitern, eine steile Treppe hinaufzulaufen. Wenn das virtuelle Leben in der Glotze dann zu frustrierend geworden ist, legt man einen Film in den nagelneuen Blu-ray-Player ein und träumt davon, nur einmal die Abenteuerlust eines Indiana Jones, den Wagemut eines James Bond oder den Charme eines Professor Brinkmann zu besitzen (falls Ihnen der letzte Name nichts sagt, dann schauen Sie mal auf der Bonusseite zu diesem Buch unter dem Stichwort »Schwarzwaldklinik« nach). Man lebt ein virtuelles Stellvertreterleben, anstatt sich aktiv um die Gestaltung des eigenen Glücks zu kümmern.

Wie ist es bei Ihnen? Der Film, von dem Sie so sehr träumen, findet nämlich nicht auf DVD, Blu-ray oder im Kino statt, sondern direkt vor Ihrer Haustür. Und ausschließlich Sie bestimmen, was der Held alles erleben soll. Sie sind der Drehbuchautor Ihres Films namens Leben. Zusätzlich sind Sie auch noch Regisseur, Produzent und Hauptdarsteller in einer Person. Sie sind dafür verantwortlich, wie viele Höhepunkte es gibt, wie mitreißend die Handlung ist und ob der Film als

Auszeichnung für herausragende Leistungen einen Oscar erhält. Und sagen Sie jetzt bitte nicht, Ihr Leben hätte keine Höhepunkte. Erinnern Sie sich an Momente, in denen Sie mit jeder Faser Ihres Körpers gespürt haben, dass Sie gerade ein weiteres Kapitel Ihrer persönlichen Geschichte schreiben? Denken Sie an Ihren ersten Kuss, die Geburt Ihrer Kinder, das Ende der großen Liebe oder die Unterschrift unter dem wichtigen Arbeitsvertrag. In solchen Situationen erfahren Sie den ganzen Zauber, den Veränderung mit sich bringt. Meist erleben Sie dann eine seltene Klarheit und spüren, was die Welt in ihrem Innersten zusammenhält. Türen schließen sich, Menschen trennen sich und liebgewonnene Dinge gehen zu Ende. Und gleichzeitig öffnen sich neue Türen, unbekannte Wege breiten sich aus und Sie bekommen eine Ahnung, welche großartigen Möglichkeiten die Zukunft für Sie bereithält.

Doch nicht alle Ereignisse treten mit einem großen Knall in Ihr Leben. Die meisten Entwicklungen tauchen leise und schleichend auf. Und häufig bemerken Sie es erst, wenn es fast schon zu spät ist. Denn Veränderung umgibt Sie mittlerweile überall und ist zur Normalität geworden. In einem Meer aus Sonnenblumen fällt die rote Rose sofort auf. In einem Rosenbeet geht sie in der Gleichheit ihrer Artgenossen unter.

> **Veränderung ist heute so allgegenwärtig, dass wir sie manchmal gar nicht mehr bemerken.**

Die Allgegenwärtigkeit der Veränderung führt dazu, dass sie gar nicht mehr richtig wahrgenommen wird. Und dann stellen Sie an einem beliebigen Donnerstag im November plötzlich fest, dass der aktuelle Beruf schon lange keinen Spaß mehr macht, die Finanzen dringend einer gründlichen Analyse bedürfen, die langjährige Ehe eigentlich nur noch auf dem Papier besteht und Sie die eigenen Füße schon lange nicht mehr gesehen haben, weil der Bauch darüber so groß geworden ist.

Nur wenige Veränderungen treten mit einem großen Knall in Ihr Leben. Die meisten tauchen leise und schleichend auf.

Im erfolgreichen Hollywoodfilm *Up in the Air* spielt George Clooney den Freelancer Ryan Bingham, der im Auftrag verschiedenster Firmen quer durch die USA fliegt, um gekündigten Angestellten mitzuteilen, dass sie gefeuert sind. Was für ihn am Anfang nur eine gute Möglichkeit ist, um Statusmeilen seiner bevorzugten Fluggesellschaft zu sammeln, entpuppt sich am Ende des Films als große Herzensangelegenheit. Denn Bingham stellt schnell fest, dass die Menschen in den Momenten der größten Verzweiflung auf einmal ihr volles Potenzial entfalten. Während eines solchen Kündigungsgesprächs sitzt ihm eines Tages ein Manager gegenüber, der mit Tränen in den Augen und voller Verzweiflung den Boden unter den Füßen zu verlieren scheint. »Sie müssen mir helfen«, bettelt er. Und Bingham antwortet: »Ich bin nicht Ihr Psychiater. Ich bin Ihr Weckruf. Hat Ihnen der Job denn überhaupt Spaß gemacht?« »Nein,« kam die prompte Antwort. »Ich wollte immer Koch werden und mein eigenes Restaurant eröffnen. Aber dann kam nach meinem Studium dieses Jobangebot. Der Verdienst war wirklich gut und so bin ich irgendwie hängengeblieben. Und immer, wenn mein Traum vom Restaurant wieder hochkam, habe ich mich mit einer Gehaltserhöhung bestechen lassen. Immer und immer wieder. Bis ich meinen Traum irgendwann ganz aufgegeben habe.« Daraufhin fragt Ryan Bingham: »Und, was werden Sie jetzt tun?« »Ich werde jetzt das tun, was ich die letzten zwanzig Jahre versäumt habe. Ich werde mich verändern und mein eigenes Restaurant eröffnen. Denn zum Glück ist der Traum immer noch da. Und wenn ich ihn jetzt nicht lebe, wann dann?«

Stellen Sie sich die Frage: Wenn nicht jetzt, wann dann?

Wenn nicht jetzt, wann dann? Eine Frage, die Sie sich stellen sollten. Doch warum muss es eigentlich erst solch einschneidende Ereignisse geben, bevor es zu einer Veränderung kommt? Warum muss man erst mit einem Herzinfarkt in die Klinik eingeliefert werden, bevor man sich entscheidet, gesünder zu leben? Warum muss die Firma erst insolvent gehen, bevor man den ungeliebten Job gegen das eintauscht, was man schon immer machen wollte? Und warum sagt man dem Partner erst, wie sehr man ihn liebt, wenn er gerade dabei ist, mit dem gepackten Koffer die gemeinsame Wohnung zu verlassen? Die Antwort ist genauso widersinnig wie menschlich: Was nicht akut und dringend ist, wird nicht mit der notwendigen Motivation angegangen. Was keine direkten und unmittelbaren Konsequenzen hat, wird nicht umgesetzt. Stattdessen redet man sich ein, dass es einen schon nicht treffen wird, schiebt die unausweichliche Veränderung gedanklich in die Zukunft und macht dann weiter mit business as usual. Bis irgendwann der große Knall kommt und Sie von den äußeren Umständen verändert werden. Und manchmal ist es dann eben schon zu spät und man seufzt ein »Ach, hätte ich doch bloß rechtzeitig ...« Richtung Himmel.

Doch so weit muss es gar nicht erst kommen. Vor einiger Zeit spielte ich an einem Mittwochnachmittag ein Golfturnier in meinem Heimatclub in der Nähe von Wandlitz. Während der Runde kam ich mit meinem Flightpartner Uwe ins Gespräch. Auf dem Weg zum zehnten Grün fragte er mich: »Sag mal, wie kommt es, dass du mitten in der Woche Golf spielen kannst, was machst du denn beruflich?«

Ich antwortete ihm: »Ich bin Redner und halte Vorträge über Veränderung.«

Daraufhin schaute Uwe erst ein wenig verdutzt, bevor er voller Begeisterung sagte: »Cool, dann halte doch mal eine kleine Rede, weil mein Schlag eben so gut war.«

Natürlich habe ich Uwe mit einer kurzen Stegreifrede für seinen perfekten Annäherungsschlag beglückwünscht. Aber mir ist in dem Moment etwas anderes klar geworden. Egal, um was es geht, Sie sollten immer gut vorbereitet sein, damit Sie im Fall der Fälle handeln können. Es ist ein wenig wie bei diesem blöden Motivationsspruch: »Lebe jeden Tag, als ob es der letzte wäre, denn irgendwann wirst du recht haben.« Aber wissen Sie was? Eigentlich halte nicht viel von dem Spruch. Weil er von vielen als Ausrede genutzt wird, keine Verantwortung zu übernehmen und die Zukunft nicht im Blick zu haben. Allerdings gefällt mir die Botschaft, die unterschwellig auch mitschwingt: Seien Sie immer vorbereitet, damit Sie gut sein können, wenn es darauf ankommt.

Seien Sie immer vorbereitet, damit Sie gut sein können, wenn es darauf ankommt.

Für Veränderungen gilt das ganz besonders. Reagieren Sie auf die äußeren Umstände nicht erst, wenn es schon zu spät ist. Bleiben Sie stattdessen wachsam und nehmen Sie nichts für selbstverständlich. Immer dann, wenn Sie sich besonders wohl fühlen, sollten sie ganz genau hinschauen, ob Sie nicht gerade dabei sind, in eine schleichende

Veränderung hineinzugeraten. Wie Sie das machen können, erfahren Sie im Kapitel über das dritte W der Veränderung noch sehr genau. Für den Moment wollen wir uns erst einmal mit einem wichtigen Prinzip beschäftigen, auf das ich in meiner täglichen Arbeit mit Unternehmern und Managern aus den unterschiedlichsten Branchen immer wieder stoße. Es hat große Auswirkungen darauf, wie Sie mit Veränderungen umgehen.

Veränderung ist, was Sie daraus machen

Stellen Sie sich vor, Sie waren mit Ihrem Schatzi (oder wie auch immer Sie zu Ihrem Partner sagen) in der Oper, im Kino oder haben einen wundervollen romantischen Abend verbracht. Erschöpft, aber glücklich kommen Sie erst nach Mitternacht heim und freuen sich schon auf Ihr gemütliches Bett. Da stellen Sie vor Ihrer Eingangstür fest, dass Sie Ihre Schlüssel verloren haben. Also was tun? Na klar, Sie rufen einen Notfall-Schlüsseldienst, der trotz der ungewöhnlichen Zeit vierzig Minuten später bei Ihnen eintrifft. Der freundliche Handwerker mit Schnurrbart und grauem Kittel kramt kurz in seiner Werkzeugkiste, vollführt vier geübte Handgriffe und Simsalabim ist Ihre Tür geöffnet. Sie strahlen über beide Ohren. Bis Ihnen Ihr Retter die Rechnung präsentiert. 597 Euro und 89 Cent. Und das für fünf Minuten Arbeit. Sie sind bedient und bekommen sofort schlechte Laune. Das liegt an einem Phänomen, das Marketingexperten als das »Callgirl-Prinzip« beschreiben. Es besagt nichts anderes, als dass eine Dienstleistung ihren Wert mit dem Zeitpunkt der Erbringung verliert. Auch wenn Sie vor wenigen Minuten noch alles dafür gegeben hätten, endlich in die eigenen vier Wände zu gelangen, ist Ihnen die Rechnung jetzt deutlich zu hoch. Mürrisch sagen Sie zu Ihrem Schatzi: »So viel Geld für so wenig Arbeit. Der Typ hat mir den ganzen Abend versaut. Das war das schlimmste Erlebnis der ganzen Woche.« Aber war es das wirklich? Wieder zu Hause angekommen unterhält sich nämlich auch der Handwerker mit seinem Schatzi. Mit einem strahlenden Lächeln auf den Lippen schwärmt er: »597 Euro und 89 Cent. So viel Geld für so wenig Arbeit. Dieser Auftrag hat mir den Abend gerettet. Das war das beste Erlebnis der ganzen Woche!«

Wie hätten Sie reagiert? Und vor allem, was sagt uns diese kleine Geschichte nun? Ganz einfach. Veränderung an sich ist weder gut noch schlecht. Veränderung ist einfach. Erst Ihre Bewertung macht aus einem neutralen Ereignis dann eine Katastrophe oder ein Freudenfest. Was für den einen ein negatives Erlebnis ist, kann für den anderen ein großes Geschenk sein. Lassen Sie uns das anhand eines kleinen Experimentes nachprüfen. Wenn ich in diesen Tagen die Zeitung aufschlage (was bei mir Google News ist), dann dominieren folgende Meldungen die Schlagzeilen: *Die Grünen planen die Einführung eines Veggiedays in deutschen Kantinen. Pep Guardiola setzt beim FC Bayern München auf Rotation und verzichtet in Zukunft auf die Doppel-Sechs. Ein Reporter prophezeit, dass Ägypten kurz vor einem Bürgerkrieg steht.* Natürlich können Sie diese Aussagen durch aktuelle Meldungen von heute ersetzen. Doch die Frage bleibt gleich: Wie stehen Sie zu diesen Veränderungen? Finden Sie sie gut, sehen Sie sie eher negativ oder sind sie Ihnen vollkommen egal? Ihre Einstellung bestimmt, welche Bewertung das jeweilige Ereignis erhält. Die innere Haltung macht den Unterschied.

> Es ist Ihre Bewertung, die aus einem neutralen Ereignis eine Katastrophe oder ein Freudenfest macht.

Ihre Einstellung bestimmt, wie Sie Veränderung bewerten.

Deshalb Hand aufs Herz, ist Veränderung für Sie eher etwas Gutes oder etwas Schlechtes? Vor neun Jahren leitete ich ein Warenhaus in Berlin. Und wären Sie am zweiten Adventswochenende bei mir im Büro gewesen, dann hätten Sie gesehen, wie ich nervös auf meinem Stuhl hin und her rutschte. Mir war ziemlich mulmig zumute, denn mir gegenüber saß mein Verkaufsdirektor, der spontan zu einem Filialbesuch vorbeigekommen war. Er war ein eleganter Herr in den späten Fünfzigern, der mich mit seinem akkuraten Scheitel und seiner gestreiften Krawatte immer ein wenig an einen hanseatischen Kaufmann erinnerte. Doch bei uns Geschäftsführern hatte er den Ruf, besonders pingelig zu sein. Und als ob mir nicht schon mulmig genug gewesen wäre, sagt er irgendwann: »So, dann zeigen Sie mir mal Ihren Laden.« Der Hausrundgang verläuft erstaunlich gut und mein Direktor ist für seine Verhältnisse sehr milde gestimmt. Bis wir in der Stoffabteilung ankommen. An normalen Tagen sah es da immer aufgeräumt aus, aber können Sie sich vorstellen, was passiert, wenn an einem Adventswochenende Tausende Kunden die Ballen und Muster begutachten? Wir hatten wirklich unser Bestes getan, aber als wir um die Ecke biegen, verändert sich der Gesichtsausdruck meines Direktors. Und auf seine hanseatische Art sagt er: »Mein Gott, Grzeskowitz, wie sieht's denn hier aus? Das ist ja alles durcheinander. Morgen ist der wichtigste Tag des Jahres. Lassen Sie das unbedingt aufräumen! Alles muss schön geordnet und sortiert sein. Gegen Mittag komme ich zur Kontrolle vorbei.« Also was tun? In meiner Verzweiflung lasse ich am nächsten Morgen zehn Aushilfen die gesamte Stoffabteilung aufräumen. Als sie fertig sind, sagt der Chef der Truppe zu mir: »So, Herr Grzeskowitz, alles picobello. Wenn wir noch mehr aufräumen würden, hätten Sie kein Kaufhaus mehr, sondern ein Museum.« Au ja! Genauso wollte ich es ja haben. Und auch von meinem Direktor gibt es ein Lob: »Na geht doch«, sagt er. »Ab jetzt immer schön geordnet und sortiert. Die Kunden lieben das.«

Fünf Monate später. Der Direktor hat gewechselt und der Neue sitzt pünktlich zum Ostergeschäft in meinem Büro. Er ist erst Anfang 40 und sieht ein wenig aus wie Günther Jauch. Aber er scheint es nicht lange im Büro auszuhalten, denn schon nach fünf Minuten sagt er: »Los, wir gehen in den Laden!« Dieses Mal war ich wesentlich entspannter, weil es dort wirklich aussah wie aus dem Ei gepellt. Schön geordnet und sortiert. Voller Stolz zeige ich ihm alles und die Laune von meinem Chef ist wirklich blendend. Bis wir in der Stoffabteilung ankommen. Denn als wir um die Ecke biegen, verändert sich der Gesichtsausdruck meines Direktors. Und er sagt leicht schnauzig: »Mann, Mann, Grzeskowitz. Wie sieht's denn hier aus? Das ist ein Kaufhaus und kein Museum.« Und schon ist er dabei, die schön geordneten und sortierten Stoffballen durcheinanderzubringen. Nach wenigen Minuten sieht alles noch viel zerwühlter aus als vor meiner Aufräumaktion in der Vorweihnachtszeit. Aber mein neuer Chef kehrt strahlend zurück, klopft mir zufrieden auf die Schulter und sagt: »Sehen Sie, Grzeskowitz. So muss das aussehen. Schön durcheinander und immer ein wenig zerwühlt. Die Kunden lieben das!«

> Es ist niemals »nun mal so«, sondern immer ganz genau so, wie Sie es bewerten.

In dem Moment war ich ziemlich verwirrt. Aber ich habe etwas Wichtiges gelernt. Was für den einen ein Desaster ist, kann für den anderen das Beste überhaupt sein. Erst durch Ihre persönliche Bewertung wird eine Veränderung zu etwas Gutem oder Schlechtem. Es passiert niemals da draußen, sondern immer in uns drin. Doch wie häufig nutzen Sie die Ausrede, dass Sie ja sowieso nichts tun können, weil der Lauf der Dinge nun mal so ist? Aber es ist niemals, wie es ist. Es ist niemals »nun mal so«. Es ist immer ganz genau so, wie Sie es bewerten. Deshalb kommt Ihrer Einstellung auch eine so große Bedeutung zu. Die äußeren Umstände können Sie nicht beeinflussen. Aber die Entscheidung, wie Sie darauf reagieren, die liegt ausschließlich bei Ihnen. Sie bestimmen, ob Sie Ihren Fokus auf das Problem oder auf die Lösung richten. Ob Sie denken: »Ach nö, das wird bestimmt nichts«, oder: »Au ja, packen wir es an!«

Die Welt ist keine Grauzone

Okay, Veränderung ist eine innere Haltung und erst Ihre Bewertung macht ein Ereignis gut oder schlecht. Aber was ist denn, wenn Sie nicht genau wissen, wie Sie eine Situation einschätzen sollen und ins Grübeln kommen? Was ist, wenn Sie Zweifel haben, was das Richtige und was das Falsche ist? In solchen Fällen ist es wichtig, dass Sie sich auf Ihre Intuition verlassen können. Keine Sorge, nun folgt kein esoterisches Geschwafel. Für mich ist Intuition etwas vollkommen Praktisches, nämlich das Resultat aus der Vielzahl von gemachten Erfahrungen. Je häufiger Sie etwas getan, erlebt oder entschieden haben, desto besser wissen Sie, wie das Ergebnis aussehen wird. Wenn Sie dann in eine konkrete Situation kommen, in der Sie sich nicht ganz sicher sind, dann scannt Ihr Unterbewusstsein automatisch all diese Erfahrungen und entscheidet anhand dieser, was das Beste für Sie ist. Möglicherweise sagen Sie zu diesem Prozess auch »Bauchgefühl«, »Eingebung« oder etwas ganz anderes. Wie Sie es nennen, spielt keine Rolle. Wichtig ist nur, dass eine gut funktionierende Intuition ein besonders wichtiges Werkzeug ist, wenn es um erfolgreiche Veränderung geht.

Intuition ist die Summe der gemachten Erfahrungen.

Ich selbst bin ein sehr logischer und kritischer Mensch. Ich verstehe gerne neue Dinge, möchte alles darüber wissen und betrachte sie aus sämtlichen Blickwinkeln. Trotzdem habe ich fast alle wichtigen Entscheidungen der letzten Jahre intuitiv getroffen. Sogar in den seltenen Situationen, in denen meine logische Analyse etwas anderes ergab, habe ich mich auf mein Bauchgefühl verlassen. Und das funktionierte deshalb so gut, weil ich wusste, dass meine Intuition nicht auf Zufall basierte, sondern auf der Vielzahl von Erfahrungen, die ich in ähnlichen Situationen bereits gemacht hatte. Die Formel ist also ganz einfach: Je mehr Erfahrungen Sie in der Gegenwart machen, desto besser funktioniert Ihre Intuition in der Zukunft.

Je mehr Erfahrungen Sie in der Gegenwart machen, desto besser funktioniert Ihre Intuition in der Zukunft.

Dafür müssen Sie natürlich ins Handeln kommen. Und der Weg ist durchaus spannend, denn anfangs werden Sie so manchen Fehler machen und falsche Entscheidungen treffen. Das ist nicht nur normal, sondern auch notwendig. Wie wollen Sie sonst lernen? Je gefestigter Ihre Intuition wird, desto höher wird auch die Qualität der Entscheidungen.

»Aber Ilja, ich bin mir häufig so unsicher, wie soll ich da die richtige Entscheidung treffen?« Keine Sorge, neben der Intuition gibt es einen weiteren wirkungsvollen Kompass, der es Ihnen sehr erleichtert, sich für etwas zu entscheiden und dadurch wertvolle Erfahrungen zu machen. Ich spreche von einer Eigenschaft, die etwas aus der Mode zu sein scheint in einer Zeit, in der manche Menschen gerne ihre Fahne nach dem Wind hängen. Ich spreche von einer klaren und festen Meinung. Dem Wissen, was gut und was schlecht ist. Von eindeutigen Werten und von Integrität. Kennen Sie auch diese Zeitgenossen, die sich niemals festlegen können? Mal ganz davon abgesehen, dass »Ich kann nicht« ja bekanntlich in der »Ich-will-nicht-Straße« wohnt, wird diese Wankelmütigkeit meistens damit begründet, dass nicht alles auf dieser Welt schwarz oder weiß sei, sondern dass es eben auch eine Menge Grauzonen gäbe. Schon mal gehört? Schon mal gesagt? Gerade erst in der letzten Woche saß ich mit einem Bekannten beim Kaffee und wir unterhielten uns über Gott und die Welt. Es kam allerdings kein richtiges Gespräch zustande, weil er wirklich alles relativierte. Zum Beispiel sagte er: »Natürlich, Ilja, es ist wichtig, dass wir unseren Kindern feste Grenzen setzen. Aber wir müssen ihnen auch die Freiheit geben, sich entwickeln zu können. Ja, es ist wichtig, dass ich morgen das Konfliktgespräch mit meinem Mitarbeiter führe, aber ich will ihn auch nicht unter Druck setzen. Und ich finde es richtig, dass immer mehr Menschen Vegetarier werden. Aber Fleisch essen ist eben auch wichtig.«

So ging es die ganze Zeit. Er wollte einfach keinen Standpunkt einnehmen und eierte herum. Der ewige Hinweis, dass doch nicht alles schwarz oder weiß, sondern meistens grau sei, wurde zur Standardausrede, um sich nicht festlegen und keine Entscheidung treffen zu müssen. Verwundert es Sie da, dass auch sein eigenen Lebens in einer Art Grauzone mehr schlecht als recht vor sich hindümpelt? Wenn es um die eigene Meinung und einen festen Standpunkt geht, verfange ich mich schon lange nicht mehr in Grautönen. Ich entscheide mich entweder für Schwarz oder für Weiß. Ich kann mich mit dem ganzen Gefasel einfach nicht anfreunden, dass es so etwas wie richtig und falsch gar nicht gäbe und sowieso alles relativ sei. Für mich gibt es einfach Dinge auf dieser Welt, die gut sind. Und genauso gibt es Dinge, die schlecht sind. Es gibt Schwarz und Weiß. Und vor allem gibt es Dinge, die richtig oder falsch sind. Welche das sind? Das müssen Sie für sich ganz allein entscheiden. Von einer Sache können Sie auf jeden Fall ausgehen: Wenn Sie sich in einer konkreten Situation fragen müssen, ob es richtig ist, das zu tun, was Sie in diesem Moment tun, dann können Sie mit ziemlicher Sicherheit davon ausgehen, dass es falsch ist. Denn Ihr Bauchgefühl sagt Ihnen ganz deutlich, wenn etwas richtig ist. Sie spüren es einfach. Sie wissen es. Und je konkreter Sie sich entscheiden, für welche Dinge im Leben Sie einstehen, desto zuverlässiger wird Ihre Intuition, die Sie bei anstehenden Veränderungen unterstützt. Ist es nicht so? Natürlich, je mehr Sie das Grau ablehnen und sich festlegen, desto angreifbarer machen Sie sich. Aber Sie werden gleichzeitig einen deutlichen Zuwachs an innerer Zufriedenheit erfahren. Eiern Sie nicht rum, sondern entscheiden Sie, was für Sie wichtig ist. Nicht für jemand anders, die Medien oder für mich. Es geht ausschließlich um Sie. Was wollen Sie? Erfolg im Job oder möglichst viel Freizeit? Einen trainierten Körper

> **Mit dem Gefasel, dass alles relativ sei, kann ich mich nicht anfreunden. Für mich sind die Dinge entweder richtig oder falsch.**

oder den Genuss von Fastfood? Eine glückliche Beziehung mit einem einzigen Menschen oder die Freiheit von wechselnden Partnern? Entscheiden Sie für sich, was richtig und was falsch ist. Und dann setzen Sie von den richtigen Dingen möglichst viele in die Tat um.

Und nun schlagen wir den Bogen zurück zum Anfang des Kapitels, zu den einfachen Lösungen. Denn je gefestigter Ihre Meinung ist, desto leichter können Sie eine Situation als positiv oder negativ bewerten. Das ist wichtig, denn Veränderung findet niemals in der Grauzone statt, sondern ist immer schwarz oder weiß. Entweder Sie verändern sich, oder Sie verändern sich nicht. Entweder Sie entscheiden sich für Variante A oder für Variante B. Entweder Sie bleiben, oder Sie gehen. Ein bisschen schwanger gibt es genau so wenig, wie sich zu waschen, ohne nass zu werden. Doch um diese Entscheidungen bestmöglich treffen zu können, müssen Sie über einen inneren Kompass verfügen, der Sie spüren lässt, was richtig und was falsch ist. Wahrscheinlich haben Sie auch schon einmal davon gehört, dass die schlechteste Entscheidung die ist, die Sie nicht getroffen haben. Wie auch immer Sie eine anstehende Veränderung bewerten, ich empfehle Ihnen auf jeden Fall eine Entscheidung zu treffen. Entweder für oder gegen etwas. Zu hoffen, dass der Kelch schon an Ihnen vorübergehen und alles wieder normal wird, ist eine Strategie, die Sie auf direktem Wege in die Unzufriedenheit der Grauzone führt.

Machen Sie einen Unterschied. Trauen Sie sich, schwarz und weiß zu denken.

Letztendlich gibt es einfach kein Grau. Die Dinge sind entweder schwarz oder weiß. Richtig oder falsch. Gut oder schlecht. Wichtig oder unwichtig. Nur die Mittelmäßigkeit legt sich nicht fest. Machen Sie einen Unterschied. Trauen Sie sich, schwarz und weiß zu denken. Vertrauen Sie auf Ihre Intuition, und handeln Sie nach klaren Werten. Auf diese Weise wird Ihre Einstellung zu einem kraftvollen Verbündeten, mit dem Sie Veränderungen auch unter schwierigen Rahmenbedingungen mit einfachen Mitteln meistern können. Denn unterm Strich kommt es weniger darauf an, die Dinge richtig zu tun, sondern die richtigen Dinge zu tun. Und das geht nun mal am besten mit den immer gleichen, einfachen Prinzipien. Wie kompliziert die Herausforderung auch sein mag. Veränderung wird dann einfach, wenn Sie sie einfach machen.

Change-Impulse, um Veränderung einfach zu machen:

▶ Nutzen Sie die Philosophie des *»Au ja!«*, um Ihre Einstellung auf Veränderung auszurichten.

▶ Sie wissen niemals zu wenig, Sie setzen das vorhandene Wissen nur nicht konsequent um.

▶ Nachhaltige Veränderung ist niemals kompliziert, sondern immer einfach.

▶ Einfach bedeutet nicht leicht oder ohne Aufwand.

▶ Die Rahmenbedingungen können Sie sich nicht immer aussuchen. Aber über Ihre Einstellung bestimmen ausschließlich Sie.

▶ Wenn Sie Ihre Einstellung verändern, verändert sich die Bewertung einer Situation und damit die Situation selbst.

▶ Sie können andere Menschen nicht verändern. Das einzige, was Sie ändern können, ist die Art und Weise, wie Sie mit ihnen umgehen.

▶ Verändern Sie sich aktiv und warten Sie nicht, bis Sie von den äußeren Umständen dazu gezwungen werden.

▶ Vertrauen Sie auf Ihre Intuition. Es gibt keine Grauzonen. Denken Sie schwarz oder weiß und tun Sie die richtigen Dinge möglichst oft.

▶ Veränderung wird einfach, wenn Sie Veränderung einfach machen.

▶ Wie auch immer Sie eine Veränderung bewerten, treffen Sie auf jeden Fall eine Entscheidung. Nur die Mittelmäßigkeit legt sich nicht fest.

Stillstand ist keine Option

*I started my life with a single absolute: That the world was mine
to shape in the image of my highest values and never to be given up
to a lesser standard, no matter how long or hard the struggle.*
Ayn Rand, *Atlas Shrugged*

In einen eleganten Bademantel gekleidet, schreitet der emotional auf-
gewühlte Vater die Treppen zu seinem herrschaftlichen Anwesen em-
por. Begleitet vom treuen Butler Alfred trägt er seinen verletzten Sohn
in den Armen. Dieser hatte wenige Minuten zuvor mit knapper Not
den Sturz in eine tiefe Höhle überlebt, wo er zu allem Unglück auch
noch von Fledermäusen attackiert wurde. Als sie in die Eingangshalle
eintreten, richtet Alfred das Wort an den Jungen: »Das war ein ganz
schöner Sturz, junger Herr Bruce.« Und der Vater ergänzt: »Und warum fallen wir, Bruce? Damit wir lernen können, immer wieder aufzustehen.« Diese kleine Szene findet zu Anfang des Kinofilms *Batman
Begins* statt, in dem Christopher Nolan die Hauptrolle des Bruce Wayne
spielt, welcher nachts als Batman die Stadt Gotham City von dem Bö-
sen befreit. Ich liebe diese kleine Lektion. »Warum fallen wir? Damit wir lernen können, wieder aufzustehen.« Der Satz enthält gleich
mehrere Wahrheiten. Zum einen wird auf wunderbare Art und Weise
deutlich, dass nichts im Leben »einfach nur so« geschieht, sondern alles eine Ursache und einen Sinn hat. Und es gibt eine zweite Botschaft:
Wenn Sie hinfallen, dann gibt Ihnen das Leben eine wichtige Aufgabe.
Wieder aufzustehen und neu anzufangen. Immer und immer wieder.
So lange, bis Sie Ihr Ziel erreicht haben. Dass Sie hinfallen werden,
können Sie nämlich nicht verhindern. Betrachten Sie es einfach als
gegeben. Aber ob Sie unten liegen bleiben, das ist ganz allein Ihre
Entscheidung. Und sie ist nicht immer leicht. Ich weiß, wovon ich
spreche.

Dass Sie im Leben hinfallen werden, können Sie nicht verhindern. Aber ob Sie wieder aufstehen, ist eine Entscheidung, die Sie täglich treffen müssen.

Am 8. März 2008 stehe ich auf der A24 kurz vor dem Dreieck Havelland im Stau. 18:45 Uhr. Noch knapp fünfzig Kilometer bis nach Hause. Ich bin mal wieder auf der Autobahn unterwegs, wie zu dieser Zeit drei- bis viermal in der Woche. Ich arbeite in Hamburg und meine Familie lebt in Berlin. Routine hat sich eingeschlichen. Es kommt mir so vor, als ob ich jedes Straßenschild, jede Zapfsäule und jeden Angestellten der Raststätten persönlich kenne. Wenn ich die Tankstelle am Linumer Bruch betrete, habe ich das Gefühl, dass die nette Kassiererin denkt: »Ach, da ist ja der Grzeskowitz schon wieder.« Bis hierhin läuft eigentlich alles wie immer, fast wie von selbst. Ich tanke meinen Dienstwagen voll, kaufe mir eine Cola Light und halte ein Schwätzchen mit dem Herrn, der in der Schlange vor mir steht. Und doch ist an dem besagten Tag etwas anders als sonst. In diesem besonderen Moment im Stau begreife ich, was Veränderung wirklich bedeutet. Ich treffe eine Entscheidung, die mein Leben dramatisch verändern wird. Von einem Augenblick auf den anderen verlasse ich meine bequem eingerichtete Komfortzone. Ich beschließe, endlich die volle Verantwortung für mein Leben zu übernehmen, und greife zum Telefon. Und in dem Moment ändert sich alles. Doch lassen Sie uns ein paar Jahre zurückgehen.

> Ich beschließe, endlich Verantwortung für mein Leben zu übernehmen, und greife zum Telefon.

Bis ich neunzehn Jahre alt war, lebte ich ein sorgloses Leben im kleinen und beschaulichen Lübeck, das von Thomas Mann als »die zugige Stadt am Meer mit den vielen Giebeln und Gassen« beschrieben wird. Nach der Schule machte ich achtzehn Monate Zivildienst, und ich bin dem Schicksal bis heute dankbar, dass ich mich in dieser Zeit um behinderte, kranke und lernschwache Kinder kümmern durfte. Nicht nur lernte ich, worum es im Leben wirklich geht, sondern ich wurde auch über Nacht erwachsen. Ich lebte damals ganz bequem und gemütlich in einer exquisiten Einrichtung namens Hotel Mama. Es wäre wohl noch lange so weitergegangen, wenn mich nicht die zentrale Vergabestelle für Studienplätze zum BWL-Studium in eine noch kleinere Stadt namens Greifswald geschickt hätte. Falls Sie nicht wissen sollten, wo das ist, das ist ganz im Nordosten Deutschlands kurz vor Polen. Greifswald hätten Sie damals mit vielen Worten beschrieben, aber »beschaulich« wäre hundertprozentig keines davon gewesen. Wahrscheinlich genau deswegen warb das Stadtmarketing in einem Prospekt mit folgendem Slogan:»In Greifswald weinen Sie immer zweimal. Einmal, wenn Sie kommen. Und das zweite Mal, wenn Sie wieder gehen müssen.« Und glauben Sie mir, ich habe geweint, als ich an einem grauen Oktobertag das erste Mal Bekanntschaft mit dem noch graueren Plattenbauviertel der Stadt machte. Aber ich habe zwei Jahre später auch viele Tränen vergossen, als ich wieder ging. Denn obwohl die äußeren Umstände wirklich hart waren, hatten wir eine klasse Zeit. Doch mein Drang nach Freiheit war schon damals sehr ausgeprägt, und so wechselte ich mit dem Abschluss des Vordiploms nach Mannheim und zum Examen schließlich nach Hamburg, wo ich auch danach einige Jahre lebte.

In der Uni stand ich mit dem stupiden Auswendiglernen auf dem Kriegsfuß und widmete mich stattdessen Jobs und Projekten.

Ich war nie ein besonders guter Student, man traf mich selten im Hörsaal an. Ich stand vor allem mit dem stupiden Auswendiglernen auf Kriegsfuß. Stattdessen widmete ich mich mit großer Leidenschaft meinen vielen Jobs und Projekten, die ich neben dem Studium verfolgte. Ich schrieb Businesspläne für aufstrebende Start-ups der New Economy, arbeitete als Barkeeper in hippen Clubs und erlebte spannende Zeiten, als ich als Dolmetscher erst für eine texanische Baufirma und später für eine afrikanische Investmentgroup tätig war, die in Deutschland gepanzerte Luxuslimousinen für den Import nach Nigeria begutachtete. Doch ich konnte mir damals einfach nicht vorstellen, dass man mit so etwas langfristig Geld verdienen, geschweige denn eine erfolgreiche Zukunft aufbauen kann. Stattdessen wollte ich einen »richtigen« Job haben und bewarb ich mich direkt nach dem Studium ganz konservativ auf einen Trainee-Posten in einem großen Warenhauskonzern. Dem mit den blauen Tüten. Nach einem zweitägigen Assessment-Center wurde ich prompt eingestellt.

Mit siebenundzwanzig Jahren übernahm ich als damals jüngster Geschäftsführer des Konzerns mein erstes eigenes Warenhaus. Meine

Abteilungsleitertruppe bestand hauptsächlich aus »alten Hasen« (so nannten sie sich selbst), die alle bereits viele Jahre in der Firma waren und laut eigener Aussage schon alle Tricks kannten. Einer machte in unserer ersten Teambesprechung in breitem Berliner Dialekt gleich mal eine klare Ansage: »Herr Grzeskowitz, ick mach den Job hier seit zwanzich Jahrn. Und so Typen wie Sie, die kenn ick schon. Ihre neumodischen Ideen können wir hier überhaupt nich jebrauchen. Wir wissen nämlich janz jenau, wie dit Jeschäft läuft.« Ein klasse Start in die Karriere, oder? Es hat mich aber eine Sache schnell gelehrt, die ich schon seit Jahren vermutet hatte. Mit den Theorien und dem wissenschaftlichen Palaver von der Uni würde ich in der rauen Praxis nicht weit kommen. Also wuchs ich auf die harte Tour in die faszinierende Welt des Einzelhandels hinein, die sich gerade im Wandel befand. Der Wirtschaft ging es kurz nach dem Millennium nicht besonders gut, und der Konzern lief schon damals mit großen Schritten auf die kommende Insolvenz zu. Es wunderte mich vom ersten Tag an sehr, dass das irgendwie keiner sehen wollte, denn die Alarmsignale waren wirklich überall. Aber in einer großen Lawine fühlt sich die einzelne Schneeflocke genauso wenig verantwortlich wie der Wassertropfen für die Flut. Doch das ist wiederum eine andere Geschichte, welche zu einer anderen Zeit und an einem anderen Ort erzählt werden wird.

Nachdem ich mir meine ersten Sporen verdient hatte, machte ich recht schnell Karriere und wurde in den kommenden Jahren viel versetzt und befördert. Ich fing in den kleinsten Buden an, deren Einrichtung schon kurz vorm Zusammenbrechen war, und arbeitete mich Stufe für Stufe hoch. Nach vielen spannenden Stationen führte ich bereits mit Anfang dreißig eine der renommiertesten Filialen am Berliner Kurfürstendamm. Doch nach einem erfolgreichen Management-Audit bekam ich dann überraschend das Angebot eines großen schwedischen Möbelkonzerns mit vier Buchstaben. Das Gesamtpaket war einfach zu verlockend. Also sagte ich zu und ließ mich von der skandinavischen Unternehmenskultur inspirieren. Als Storemanager von IKEA erlebte ich die Kraft von Werten, das konsequente Entwickeln von außergewöhnlichen Ideen und das konzernweite Erfolgsprinzip: die Umsetzung einer großen Vision nach klar definierten Standards und Richtlinien.

Von außen betrachtet hatte ich es eigentlich geschafft. Ich verdiente recht gut, konnte mir materiell so manches leisten, genoss meinen Status und fuhr einen schwedischen Dienstwagen der Mittelklasse. Mein Karriereweg schien vorgezeichnet und wartete nur darauf, von mir beschritten zu werden. Aber tief in mir spürte ich, dass da noch mehr sein musste. Zwar war ich mit Leib und Seele Warenhausgeschäftsführer, doch der Traum von einer Karriere als Redner und Autor wurde immer größer. Die innere Stimme wurde immer lauter. Allerdings hatte ich bis dahin nicht den Mut, den entscheidenden Schritt zu wagen, und fand immer wieder Ausreden und Gründe, warum ich mich dann doch nicht verändern konnte. Auch wenn ich mich wiederhole: »Ich kann nicht« wohnt bekanntlich in der »Ich-will-nicht-Straße«.

> **Von außen betrachtet hatte ich es geschafft, aber tief in mir spürte ich, dass da noch mehr sein musste.**

»Ich kann nicht« wohnt immer in der »Ich-will-nicht-Straße«.

Doch zurück zu dem Tag, an dem mein Leben eine entscheidende Wendung nehmen sollte. Haben Sie auch so einen Ort, an dem Sie besonders gute Ideen haben? Mir kommen die besten Gedanken fast immer, wenn ich im Auto sitze. Nirgendwo sonst habe ich so geniale Einfälle. So auch in diesem besonderen Moment im Jahr 2008, als ich mal wieder auf der A24 im Stau stand. Ich reflektierte zum hundertsten Mal meine aktuelle Situation und dachte darüber nach, wie sich meine Zukunft wohl entwickeln würde, wenn alles, wie man so schön sagt, seinen sozialistischen Gang gehen würde. Genau diese Tatsache hatte ich nämlich bis zu diesem Tag als gegeben hingenommen. Dass alles genau so weitergehen müsste wie bisher. Ich hatte meinen Karriereweg vor ein paar Jahren gewählt, also schien die zukünftige Entwicklung vorgezeichnet. Weitere Versetzungen, weitere Beförderungen und alle zwei bis drei Jahre eine neue Stadt mit einem neuen Warenhaus. Neue Mitarbeiter, ein neues soziales Umfeld und immer wieder von vorne anfangen. Auch wenn dieses Leben überhaupt nicht meinen Vorstellungen entsprach, hatte ich es irgendwann einmal akzeptiert. Doch dann geschah etwas, das mein Weltbild in seinen Grundfesten erschüttern sollte. An diesem besonderen Freitag hatte ich ein Hörbuch in den CD-Player meines Volvos eingelegt. Ich kann

Ihnen nicht mehr genau sagen, was das Thema war. Ich weiß auch nicht mehr genau, wer der Autor war. Aber an eines erinnere ich mich, als wenn es erst gestern gewesen wäre. Der Sprecher sagte einen Satz, der mein Denken komplett verändern sollte. Er lautete sinngemäß wie folgt: »Wie auch immer Ihr Leben im Moment aussieht. Es ist das Ergebnis von allem, was Sie in den letzten Jahren getan haben. Ob Sie glücklich oder unglücklich sind, Sie alleine tragen die Verantwortung. Und nur Sie können etwas daran ändern. Überlegen Sie daher genau, was Sie heute tun. Ihre Zukunft hängt entscheidend davon ab.«

**Wie auch immer Ihr Leben heute aussieht,
Sie tragen die Verantwortung dafür.**

Kennen Sie auch diese Momente, in denen Sie spüren, dass gerade etwas Besonderes geschieht? Dass irgendwo in Ihnen ein Schalter umgelegt wird? Mich traf dieser Satz damals wie ein Donnerschlag. Und ich fällte eine Entscheidung. Ich beschloss, endlich Verantwortung zu übernehmen und die vermeintliche Sicherheit meines festen Arbeitsplatzes gegen die seit langem herbeigesehnte (aber immer wieder aufgeschobene) Freiheit einzutauschen. Allerdings sagte mir mein Bauchgefühl, dass ich umgehend ins Handeln kommen musste. Also griff ich mir die nächstbeste Tankquittung und skizzierte meinen Businessplan auf die Rückseite. Dann griff ich zum Telefonhörer und rief meine Frau an. Ich sagte: »Schatzi, ich habe mich entschieden. Ich werde Redner und schreibe ein Buch. Das Konzept habe ich soeben erstellt!« Ihre Antwort kam prompt: »Du bist doch verrückt.« Pause. Und dann: »Aber ich find's gut.«

Was dann folgte, war eine große Kette von Veränderungen, die Auswirkungen auf sämtliche Lebensbereiche hatte. So hart es mir manchmal auch vorkam, auf einmal war ich auf dem Weg. Ich habe viele Fehler gemacht. Sehr viele. Doch ich habe schnell gelernt. Weil ich die vier W's der Veränderung konsequent umgesetzt habe. Und der Rest ist heute Geschichte. Mein erstes Seminar habe ich vor sechs Leuten gehalten. Heute spreche ich vor Hunderten von Menschen. Zum ersten Buch sind weitere hinzugekommen, das vierte ist ein richtig großer

Erfolg geworden, und Sie halten das fünfte in Ihren Händen. Nach einer harten Anfangszeit bin ich heute nach äußeren Maßstäben erfolgreicher als damals, vor allem aber wesentlich glücklicher. Der Weg war niemals gerade und oftmals sehr verworren. So manche Abzweigung habe ich nicht verstanden und häufig ging es erst einen Schritt zurück, bevor es zwei nach vorne ging. Und ich bin auch mehr als einmal gestolpert. Aber dank *Batman Begins* wusste ich, warum ich fiel. Damit ich lernen konnte, wieder aufzustehen. Unterwegs sind seither so viele wundervolle Dinge geschehen, die nur deshalb in mein Leben getreten sind, weil ich begriffen habe, dass ich ganz allein die Verantwortung für mein Leben, mein Glück und meine Zukunft trage. Ich weiß, dass es ausgelutscht klingt, aber niemals stimmte es so sehr wie in diesem Fall. Wenn ich es konnte, dann können Sie es auch. Wenn Sie wissen, was Sie wollen, und ein paar wichtige Prinzipien beherzigen. Und diese stelle ich Ihnen nun vor. Sind Sie bereit? Aber Vorsicht, was nun folgt, ist möglicherweise nicht das, was Sie gerne hören möchten.

Die nackte Wahrheit

Wie zufrieden sind Sie mit Ihrem Leben und seinen verschiedenen Bestandteilen? Gibt es Bereiche, in denen Sie gerne andere Ergebnisse hätten? Vielleicht eine bessere Position in der Firma, ein wenig (oder sogar viel) mehr Geld, eine erfüllendere Beziehung oder etwas ganz anderes? Wenn Sie mit irgendeiner Sache nicht so ganz zufrieden sind, dann sollten Sie nun ganz genau weiterlesen. Denn wie die Überschrift schon sagt, folgt nun die schonungslose, nackte Wahrheit. Wollen Sie immer noch weiterlesen? Lassen Sie uns gar nicht lange um den heißen Brei herumreden und direkt zur Sache kommen. Okay, hier ist sie. Die Wahrheit. Ohne Schminke und all die blumigen Worte, die Sie sonst so häufig hören: Wo auch immer Sie zurzeit im Leben stehen, ist kein Zufall. Sämtliche Ergebnisse in den verschiedenen Lebensbereichen sind das direkte Resultat von allem, was Sie in den letzten Monaten und Jahren getan haben. Ihre aktuelle Realität ist das Ergebnis Ihrer Ge-

> Wo auch immer Sie zurzeit im Leben stehen, ist kein Zufall.

danken, Ihrer Überzeugungen, Ihrer Entscheidungen und vor allem Ihrer Taten. Sie tragen die volle Verantwortung für Ihre derzeitigen Lebensumstände. Für die guten wie auch für die schlechten. Und es kommt noch besser. Alles ist ganz genau so, wie Sie es haben wollen. Alles? Ja, wirklich alles. Ihr Job, Ihre Beziehung, Ihr Gewicht, Ihre Gesundheit, Ihre Finanzen, das Verhältnis zu Ihren Kindern und Ihre generelle Lebensqualität. Es ist eine Frage der Prioritäten. Das, was Ihnen am wichtigsten ist, dafür setzen Sie Ihre Zeit ein. Gleiches gilt für Ihre Energie, Ihr Geld und Ihre Kraft. Und das hat einen ganz einfachen Grund. Unbewusst sind Sie genau mit dem zufrieden, was Sie zurzeit haben. Mit allem. Wäre es nämlich anders, hätten Sie es längst geändert. Ist es nicht so?

Sie sind für die Ergebnisse in Ihrem Leben verantwortlich.
Für die guten wie auch für die schlechten.

Und nun bin ich sehr gespannt. Haben Sie gerade zustimmend mit dem Kopf genickt, oder waren Sie schon beim Lesen dabei, lautstark zu protestieren? Das wäre ich nämlich gewohnt. Sie glauben gar nicht, wie viele Menschen mir auf diese Aussagen antworten: »Aber Ilja, das stimmt so ja nicht. Das Leben ist nun mal kompliziert. So richtig zufrieden und erfolgreich bin ich zwar nicht, aber man muss ja auch zur richtigen Zeit am richtigen Ort sein. Für meine Karriere kann ich nichts. Du weißt schon, es ist ja gerade Eurokrise und mein Chef ist so ein fieser Typ. Meine Gesundheit könnte zwar besser sein, aber ich bin doch immer so im Stress und mir bleibt auf der Autobahn einfach keine andere Wahl, als zu McDonald's zu gehen. Ich würde mich auch gerne mehr um meine Familie kümmern, aber ich bin halt total beschäftigt. Tja, und das Thema Finanzen, wie soll man denn bei diesen gierigen Bankern auf einen grünen Zweig kommen?« Und so weiter, und so fort. Ich erspare Ihnen die weitere Jammerei und das Aneinanderreihen von mit Inbrunst hervorgebrachten Ausreden. Denn trotz aller Logik, Überzeugung und Hartnäckigkeit, unterm Strich sind sie genau das: Ausreden, die in eine realistisch klingende Argumentationskette verpackt werden. Doch eine Ausrede bleibt eine Ausrede, auch wenn Sie hübsch und nachvollziehbar verpackt wird.

Sie sind mit den Ergebnissen in Ihrem Leben zufrieden.
Wäre es anders, hätten Sie längst etwas geändert.

Das Fatale daran ist etwas anderes. Wenn Sie sich diese Ausreden nur lange genug selbst erzählen, dann glauben Sie irgendwann daran. Sie werden zu einem dieser Zeitgenossen, die sich aufs Jammern spezialisiert haben und ständig darüber klagen, dass man ihnen ja nie eine Chance gegeben hat. Kennen Sie solche Menschen? Vielleicht sogar etwas näher? Falls Sie diese Person sogar jeden Morgen im Spiegel begrüßen, sollten Sie sich fragen, wohin Sie diese Lebensphilosophie führt. Ich kann es Ihnen sagen. Wenn Sie tief und fest daran glauben, dass Sie sowieso nichts ändern können, dann werden Sie zum Spielball des Zufalls, der den Launen des Schicksals und vor allem seiner Mitmenschen hilflos ausgeliefert ist. Und das führt auf direktem Weg Richtung Mittelmaß, Antriebslosigkeit und Unzufriedenheit.

War das zu hart? Wenn Sie sich erfolgreich verändern wollen, dann führt leider kein Weg daran vorbei, dass Sie die volle Verantwortung für Ihr Leben übernehmen. Und zwar in allen Lebensbereichen. Sie können es drehen und wenden, wie Sie wollen, nichts ist zufällig so, wie es ist. Der Erfolg Ihres Unternehmens ist eine direkte Folge Ihrer Produkte und Dienstleitungen, und wie Sie deren Wert an Ihre Kunden kommunizieren. Ihre Karriere wird entscheidend davon beeinflusst, wie viel Einsatz Sie zeigen, und ob Sie pünktlich, zuverlässig und produktiv sind. Wenn Sie wohlhabend sein wollen, sollten Sie nicht mehr ausgeben, als Sie einnehmen, und vor allem keine Ratschläge mehr von dem Sparkassenberater annehmen, der selbst pleite ist. Ihre Gesundheit und Ihr Gewicht sind das Resultat Ihrer Essgewohnheiten. Was Sie in welcher Menge essen, lässt Sie entweder dick oder schlank sein. Und ob Sie lieber mit den Kumpels in der Kneipe Bier trinken oder mit Ihrer Familie einen Ausflug ins Grüne machen, hat eine entscheidende Auswirkung auf den Zustand Ihrer Beziehung. Das, was Ihnen am wichtigsten ist, dahin fließen Ihr Geld, Ihre Zeit, Ihre Energie und Ihre Leidenschaft.

> Ihre Lebenssituation ist das Resultat der Entscheidungen, die Sie in den letzten Wochen, Monaten und Jahren getroffen bzw. nicht getroffen haben.

Dies sind natürlich nur ein paar plakative Beispiele, aber ich denke, es wird deutlich, worauf ich hinauswill, oder? Ihre aktuelle Lebenssituation ist das direkte Resultat der vielen tausend Entscheidungen, die Sie in den letzten Wochen, Monaten und Jahren getroffen bzw. nicht getroffen haben. Und jetzt haben Sie zwei Möglichkeiten. Entweder Sie verschließen die Augen, reden sich ein, dass Sie ja doch nichts ändern können und leben dann nach den Zielen und Erwartungen von anderen Menschen. Oder Sie stellen sich der Realität, übernehmen die volle Verantwortung und fangen an, ein Leben zu führen, das diesen Namen auch verdient hat.

Jede Veränderung beginnt damit, dass Sie die volle Verantwortung für Ihr Leben übernehmen.

Erfolgreiche Veränderung beginnt immer damit, dass Sie die volle Verantwortung übernehmen. Für all die guten Dinge, die Ihnen passieren, aber auch für die schlechten. Die wirtschaftliche Lage können Sie genauso wenig ändern wie das Verhalten Ihres Chefs oder das Wetter. Was Sie aber sehr wohl ändern können, sind Ihre Einstellung, Ihre Entscheidungen und Ihre Verhaltensweisen. Und nur für den Fall, dass Sie schon wieder nach einer Ausrede suchen, ich weiß, dass Ihr Leben hart ist. Meines ist es auch. Das Leben ist auch nicht gerecht. Je eher Sie sich damit abfinden, desto besser. Wenn Sie die volle Verantwortung für den Erfolg in Ihrem Leben übernehmen, dann gehört auch eine große Portion Mut und Courage dazu. Aber ohne geht es eben nicht. Zumindest nicht, wenn Sie Ihr volles Potenzial entfalten und aus Ihrem Leben etwas Besonderes machen wollen. Wenn Sie es wirklich ernst meinen, treffen Sie am besten sofort eine Entscheidung. Wollen Sie ein passives Leben führen, in dem die äußeren Umstände bestimmen, ob Sie glücklich oder unglücklich sind, und in dem Sie mehr funktionieren, als tatsächlich zu leben? Oder übernehmen Sie die volle Verantwortung für Ihre Ergebnisse und entscheiden sich für eine spektakuläre Achterbahnfahrt Richtung Erfolg? Trauen Sie sich, großartig zu sein. In Ihnen schlummert ein großes Feuer, das nur darauf wartet, entzündet zu werden. Und der erste Funken ist eine bewusst getroffene Entscheidung.

> **Entdecken Sie Ihre ganz persönlichen Gaben und haben Sie den Mut zur Großartigkeit.**

Geben Sie sich niemals mit dem Mittelmaß zufrieden. Trauen Sie sich stattdessen, Ihre Einzigartigkeit zu leben. Und damit meine ich nicht das immer mehr um sich greifende »Anderssein um jeden Preis«. Sie müssen sich nicht die Haare grün färben, keinen roten Hut tragen oder auch nicht mit einem goldenen Anzug durch die Welt laufen. Nein, Einzigartigkeit ist etwas ganz anderes. Entdecken Sie die Talente, Stärken und Eigenschaften, die nur Sie besitzen. Ihre ganz persönlichen Gaben. Und dann bauen Sie diese aus. Jeden Tag aufs Neue. Verändern Sie sich und haben Sie den Mut zur Großartigkeit. Das Leben wird Sie reich beschenken.

Die Motivation des Machens

Haben Sie Lust auf ein kleines Experiment? Wenn Sie das nächste Mal die Gelegenheit haben, vor einer Gruppe von mindestens zwanzig Personen zu sprechen, dann fragen Sie doch einmal in die Runde, wer alles einen veränderungsresistenten Menschen kennt, der zum Jammern und Nörgeln neigt. Meine Prognose: Sie werden mit großer Sicherheit fast einhundert Prozent erhobene Hände sehen. Jeder kennt einen. Gleich danach stellen Sie dann die Frage, wer sich selbst für einen Menschen hält, der zum Jammern und Nörgeln neigt. Hier ist meine Prognose, dass Sie nicht eine einzige erhobene Hand sehen werden. Niemand will einer sein. Tja, die mathematische Auswertung und die dazugehörige Schlussfolgerung überlasse ich für den Moment Ihnen. Wenn ich mich umschaue, dann nehme ich auf jeden Fall sehr viele Menschen wahr, die permanent jammern, wie schwer es doch sei, sich zu verändern. Und dann höre ich häufig eine Standardausrede: »Ach Ilja, meine Motivation ist einfach nicht mehr, wie sie einmal wahr. Wenn du so einen Chef (hier können Sie wahlweise auch Partner, Freund, Kollege oder einen anderen Menschen einsetzen) hättest wie ich, dann würde dir das auch so gehen. Da ist Veränderung eben kompliziert.«

Ich möchte Ihnen deshalb eine weitere meiner stärksten Überzeugungen mitteilen. Sie ist das Ergebnis der Arbeit mit Tausenden von Mitarbeitern und der Erfahrungen aus meinen täglichen Vorträgen, Beratungen und Trainings in großen und kleinen Unternehmen. Möglicherweise steht sie wieder konträr zu den Botschaften, die man Ihnen sonst so gerne erzählt, weil die meisten sie hören wollen. Das ändert aber nichts an der Tatsache, dass folgende Erkenntnis ein unabdingbarer Baustein auf dem Weg zu erfolgreicher Veränderung ist. Ich glaube nämlich tief und fest daran, dass Sie andere Menschen nicht motivieren können. Sie nicht, Ihr Chef nicht und auch ich nicht. Zwar ist es sehr leicht, jemand anderen zu demotivieren (schauen Sie sich auf Ihrer Arbeit um, und Sie werden viele Beispiele dafür finden), es ist aber nicht möglich, jemanden von Punkt A nach Punkt B zu bewegen, wenn er lieber da bleiben möchte, wo er jetzt ist. Natürlich, ich kann mit dem Zuckerbrot locken oder mit der Peitsche drohen. Ich kann Ihnen auch einen wunderbaren Motivationskick geben, der Sie voller Energie und Tatendrang loslaufen lässt. Ich kann Ihnen auch die optimalen Rahmenbedingungen liefern, unter denen Sie Ihr volles Potenzial entfalten können. Aber all das wirkt immer nur kurzfristig. Auf lange Sicht braucht es einfach mehr. Um sich nachhaltig verändern zu können, müssen Sie auch für Ihre Motivation die volle Verantwortung übernehmen. Kein anderer kann das für Sie tun.

> Niemand kann einen anderen Menschen motivieren. Übernehmen Sie deshalb die volle Verantwortung für Ihre Motivation.

Ich behaupte sogar, dass Motivation gar keine große Rolle spielt, wenn es um erfolgreiche Veränderung geht. Andere Faktoren sind viel wichtiger. Ich werde häufig gefragt: »Ilja, woher nimmst du nur deine hohe Motivation, mit der du die Dinge angehst?« Und meine Antwort sorgt dann regelmäßig für ein großes Erstaunen: »Das ist einfach. Ich habe eine Familie, der es gut gehen soll. Ich habe Rechnungen zu bezahlen, und ich gönne mir auch gerne einmal etwas. Vor allem aber habe ich mein Wort gegeben, es zu tun. Meinen Kunden, meinen Mitarbeitern und meinen Kollegen. Ganz besonders aber mir selbst.« Die Motivation ist bei mir eine Folge meiner Ergebnisse, nicht die Voraussetzung. Und sie basiert auf einigen Grundsätzen, die Ihnen in diesem Buch immer wieder begegnen werden. Der Bereitschaft, Verantwortung zu übernehmen. Dem unumstößlichen Commitment, eine beschlossene Veränderung auch durchzuziehen. Und natürlich der konsequenten Anwendung der vier W's. Und all diese Dinge fallen Ihnen umso leichter, je mehr Sie sich darüber im Klaren sind, wofür und aus welchem Grund Sie etwas tun. Wenn Sie ein kraftvolles Warum haben, dann kommen Sie nämlich von ganz allein ins Handeln. Auch wenn Sie einmal keinen großen Antrieb haben, gehen Sie trotzdem weiter. Weil

Sie sich entschieden haben und jederzeit wissen, wofür Sie es tun. Und nun kommt das für viele so Erstaunliche. Denn je mehr Sie ins Machen kommen, desto bessere Ergebnisse werden Sie ernten. Und mit diesen steigt auch Ihre Motivation. Weil Sie stolz auf das Geleistete sind. Weil Sie es gar nicht mehr abwarten können, weiterzumachen. Weil die erfolgreiche Veränderung an sich schon der größte Antrieb ist, den Sie sich überhaupt vorstellen können. Das ist es, was ich die Motivation des Machens nenne.

Die Motivation des Machens ist das Resultat, nicht die Voraussetzung für erfolgreiche Veränderung.

Doch auch wenn ich Sie nicht dazu motivieren kann, sich von Punkt A nach Punkt B zu bewegen, so kann ich trotzdem etwas anderes, viel Wichtigeres für Sie tun. Ich kann Ihnen die Konsequenzen aufzeigen, die auf Sie warten, wenn Sie sich nicht verändern. Ich kann Sie dabei unterstützen, ein kraftvolles Warum zu finden, das Sie von ganz allein loslaufen lässt. Ich kann Ihnen auch Lust auf die neuen Erfahrungen machen, die Ihnen auf dem Weg des Wandels begegnen werden. Und ich kann Ihnen die Prinzipien, die Philosophie und die Werkzeuge vermitteln, die notwendig sind, wenn Sie diesen Weg möglichst erfolgreich gehen wollen. Ich kann Ihnen die Veränderungsformel näherbringen. Das tue ich mit ganzem Herzen und mit einer hohen Motivation. Darauf haben Sie mein Wort. Die Entscheidung zur Veränderung müssen Sie jedoch selbst treffen. Am besten jetzt sofort. Die Verantwortung für Ihre Motivation müssen Sie ebenfalls übernehmen. Am besten für immer. Sie müssen den Weg auch selbst gehen. Am besten gemeinsam mit Menschen, die Sie auf Ihrem Weg unterstützen. Auf eines können Sie sich dabei verlassen: Die Motivation des Machens wird Sie nicht immer auf direktem, dafür aber auf Ihrem individuellen Weg ans Ziel führen. Haben Sie sich bereits entschieden? Wenn nicht, dann möchte ich Ihnen nun ein paar der angesprochenen Konsequenzen aufzeigen, die auf Sie warten, wenn Sie doch lieber alles beim Alten lassen wollen.

> **Die Motivation des Machens wird Sie nicht immer auf direktem, dafür aber auf Ihrem individuellen Weg ans Ziel führen.**

Die Motivation des Machens sorgt dafür, dass Veränderung einfach wird und zu einer hohen Zufriedenheit im Job und im Alltag führt. Wenn Sie hingegen darauf hoffen, dass es schon genug andere Menschen gibt, die sich um Ihre Motivation kümmern, dann führt diese Strategie auf direktem Weg ins Mittelmaß, das immer mehr um sich greift. Und Sie wären in guter Gesellschaft. Das Allensbacher Institut hat vor kurzem eine Umfrage durchgeführt, um das Lebensgefühl der Deutschen zu ermitteln. Das für mich nicht erstaunliche Ergebnis: Die sogenannte Generation Mitte wird immer größer. Zu dieser Gruppe gehören in Deutschland über 35 Millionen Menschen. Ihre Mitglieder haben prinzipiell nur einen Wunsch: Alles soll so bleiben, wie es ist. Sie haben vor jeder Form von Veränderung Angst und wünschen sich vor allem Stabilität und finanzielle Sicherheit. Sie gehen niemals ein Risiko ein, sondern lieber auf die berühmte Nummer sicher. Doch je größer die Generation Mitte wird, desto mehr breitet sich auch die damit einhergehende Mittelmäßigkeit aus. Man hat sich mit dem Leben, das man führt, arrangiert und lässt es widerstandslos über sich ergehen. Neal Donald Walsch hat diese Form der Existenz in seinem Buch *Gespräche mit Gott* sehr treffend als »ein Leben in stiller Verzweiflung« bezeichnet. Und genau das ist es auch. Man funktioniert tagein, tagaus und hat die eigenen Träume zugunsten einer vermeintlichen Sicherheit aufgegeben. Doch warum diese Sicherheit tatsächlich nur eine Illusion ist, dazu später mehr.

Das krampfhafte Festhalten an einer vermeintlichen Sicherheit führt auf direktem Wege ins Mittelmaß.

Besitzen Sie auch einen Gegenstand, den Sie ungeheuer lieb gewonnen haben, obwohl er eigentlich längst hätte entsorgt werden müssen? Vor über zehn Jahren habe ich von meiner Frau ein kleines Badezimmerradio geschenkt bekommen. Es ist komplett aus Plastik, die technische Ausstattung besteht aus zwei altmodischen Drehknöpfen und der Sound ist auch nicht gerade das, was man als aktuellen Stand der Technik bezeichnen würde. Trotzdem begleitet mich dieses Radio nun schon über eine lange Zeit. Obwohl es langsam, aber sicher auseinander fällt, habe ich dieses Relikt der analogen Unterhaltungselektronik ganz in mein Herz geschlossen. Das geht mittlerweile so weit, dass mir etwas fehlt, wenn ich auf Reisen im Hotel übernachte und auf das gute Stück verzichten muss.

Seit vielen Jahren habe ich mehrere Rituale, mit denen ich in den Tag starte. Zum einen beginne ich jeden Morgen damit, mich eine Viertelstunde mit positiven Dingen zu beschäftigen. Ich lese ein Kapitel aus einem meiner Lieblingsbücher, höre ein Audioprogramm mit inspirierenden Botschaften oder schreibe mir meine Tagesziele auf. Danach gehe ich ins Bad und springe unter die Dusche. Und obwohl ich sonst sehr selten Radio höre, schalte ich während der zwanzig Minuten, die ich morgens im Badezimmer verbringe, gerne mein altes Schätzchen ein, um während dieser Zeit ein paar alte und neue Gassenhauer mitträllern zu können. Und während der täglich gleich ablaufenden Morningshow muss ich häufig daran denken, wie viele Menschen ihre Träume in eine Schublade gesperrt haben und stattdessen freiwillig nach dem Robinson-Prinzip leben: Sie warten am Anfang der Woche bereits sehnsüchtig auf Freitag. Sie können sich das wie folgt vorstellen: Am Montagmorgen um 6:03 Uhr klingelt der Wecker. Schlaftrunken und mit letzter Kraft erreicht man die Schlummer-Taste und erkauft sich noch eine letzte Viertelstunde des kostbaren Schlafes. Dann zieht man sich an und schleppt sich mehr schlecht als recht zur Arbeit. Man ist mies drauf, denn es ist ja schließlich Montag. Die schreckliche Arbeitswoche, vor der man sich das ganze Wochenende so gefürchtet hat, beginnt nun tatsächlich. Und falls man vergessen haben sollte, wie furchtbar der Montag doch ist, erinnert einen die freundliche Stimme im Radio noch einmal daran: »Es tut uns leid, liebe Hörer, heute ist wieder Montag, und wir hoffen, ihr kriegt den Tag gut rum. Aber keine Sorge, in fünf Tagen ist ja schon wieder Wochenende.« Dann wird mindestens dreimal *I don't like Mondays* von Bob Geldof und den Boomtown Rats gespielt und bis zum Mittag regelmäßig wiederholt, wie furchtbar es doch ist, dass am Montag die Arbeit wieder beginnt. Irgendwie schafft man es dann, den Tag rumzukriegen, und fällt abends erschöpft auf die Couch. Mit der Fernbedienung in der Hand schaut man sich *Frauentausch*, *Big Brother* oder *Schwiegertochter gesucht* an und fällt dann nach drei Bier halb tot ins Bett.

Bis am Dienstagmorgen um 6:03 Uhr der Wecker wieder klingelt. Aber am Dienstag hat man schon ein wenig Hoffnung. Denn die nette Stim-

> Viele Menschen leben freiwillig nach dem Robinson-Prinzip: Sie warten am Montag bereits sehnsüchtig auf Freitag.

me im Radio verkündet, dass ja schon fast Mittwoch und damit Berg-fest ist, welches am darauffolgenden Tag natürlich gebührend gefeiert wird. Der Donnerstag wird spontan zum »kleinen Bruder von Freitag« ernannt, und am Freitag, hach, da atmen alle kollektiv durch, weil man die furchtbare und nicht enden wollende Woche endlich hinter sich hat. Der Freitag ist daher auch der allerbeste und schönste Tag der Woche, an dem man endlich die Korken knallen lassen kann. Im Radio wird dieser Wochentag deshalb auch zelebriert wie Weihnachten und Ostern zusammen, und alle bereiten sich darauf vor, dass am Wochen-ende endlich das wahre Leben beginnen kann. Doch wie sieht dieses Leben dann meistens aus? Richtig, man sitzt mit der Fernbedienung erschöpft auf der Couch und schaut *Frauentausch*, *Big Brother* oder *Schwiegertochter gesucht*. Aber man kann diese Zeit jetzt endlich genie-ßen, denn es ist ja Wochenende. Aber halt, ganz so weit her ist es mit dem Genuss dann doch nicht, weil man ja schon am Samstagvormittag mit Schrecken daran denkt, dass es bald wieder Montag ist, und um 6:03 Uhr der Wecker klingelt. Und nur zur Sicherheit erinnert einen die nette Stimme im Radio natürlich auch am Samstag daran: »Ge-nießt die knappe Zeit, liebe Hörer, denn schon bald ist wieder Mon-tag!« Und dann geht alles von vorne los. Woche für Woche. Monat für Monat. Jahr für Jahr. Für manche ein Leben lang.

Genießen Sie Ihr Leben jeden Tag und nicht nur am Wochenende.

Habe ich überzeichnet? Mit Sicherheit. Aber möglicherweise eben auch nicht. Machen Sie gerne die Probe aufs Exempel. Welchen Sen-der Sie auch immer zu Ihrer Nummer eins erkoren haben, ich könnte wetten, dass Sie diese Abfolge von Negativprogrammierungen eben-falls kennen. Der furchtbare Montag. Die beliebtesten Strategien, wie Sie die vermeintlich grauenvolle Arbeitswoche am besten überstehen. Der Freitag als der beste Tag der Woche und das große Ziel, auf das sich die Sehnsucht aller ausrichtet. Kommt Ihnen bekannt vor, oder? Jeder kennt diese Sprüche und die meisten lachen sogar ein wenig darüber. Doch je öfter Sie diese Suggestionen unkritisch hören, desto mehr glauben Sie daran. Bis die Botschaften des Radios irgendwann zu Ihrer ganz persönlichen Realität geworden sind und Sie in den Chor der Jammernden mit einstimmen. Aber überlegen Sie sich doch bitte ein-mal, welches Modell von Leben dort jeden Tag aufs Neue in Ihr Unter-bewusstsein gehämmert wird und sich dort im Laufe der Zeit schön gemütlich einnistet. Die Denkweise, die hinter diesen Programmierungen steht, ist heute so verbreitet wie noch nie. Diese vermeintlich harmlosen und witzig gemeinten Aussagen der Radiomoderatoren vermitteln Ihnen nichts anderes, als dass es eine klare Unterteilung in die furchtbare Arbeitszeit und die erstrebenswerte Lebenszeit geben würde. Tappen Sie nicht in diese Falle. Denn wo steht bitte schön geschrieben, dass Sie am Montag nicht genau so glücklich sein können wie am Samstag? Und was ist das für ein Leben, in dem Sie fünf Tage lang Dinge tun, die Sie eigentlich nicht mögen oder sogar verachten? Und das alles nur, um dann in der kurzen Zeit am Wochenende das wahre Leben genießen zu können. Die Folgen dieser Attitüde können Sie jeden Tag in den S-Bahnen, Bussen und Zügen dieser Republik beobachten. Die meisten Anhänger des Robinson-Prinzips dümpeln mehr schlecht als recht vor sich hin. Sie haben keine großen Sorgen, aber auch keine wirklichen Freuden. Es ist keine dauerhafte Zufriedenheit vorhanden, aber die Unzufriedenheit ist eben auch noch nicht groß genug, dass man etwas ändern würde.

Lassen Sie sich nicht einreden, es gäbe eine klare Unterteilung in furchtbare Arbeitszeit und erstrebenswerte Lebenszeit.

Genau das ist es, was ich als das seelische Niemandsland bezeichne. Ein Leben in stiller Verzweiflung. Viele Menschen haben in jungen Jahren den Kopf voller Träume und fantasieren darüber, was sie in ihrem Leben alles sein, tun und haben wollen. Das innere Feuer brennt lichterloh. Doch mitten auf dem Weg wird man dann vernünftig. Es kommt etwas dazwischen. Der Job als Abteilungsleiter, das prestigeträchtige Projekt in der Kanzlei oder die beruhigende Sicherheit des Beamtenstatus als Geschichtslehrer an einer Realschule. Und ehe man sich versieht, hat man die eigenen Ansprüche heruntergefahren und sich mit der aktuellen Situation abgefunden. Man ist nicht so ganz zufrieden, aber eben auch nicht unzufrieden. Nein, es hätte beileibe schlimmer kommen können. Ja, natürlich, die Träume von damals sind zwar noch da, aber die Hypothek für die Doppelhaushälfte bezahlt sich schließlich nicht von allein. Das innere Feuer lodert entweder nur noch auf Sparflamme oder ist ganz erloschen. Man richtet es sich gemütlich im Mittelmaß ein, welches gerade noch so angenehm ist, dass es der vollen Entfaltung des eigenen Potenzials im Weg steht.

Doch zum Glück sind Träume ja hartnäckig. Sie klopfen mit schöner Regelmäßigkeit wieder an und erinnern Sie daran, dass sie auf keinen Fall verschwunden sind. Und diese innere Sehnsucht gilt es zu erkennen und dann in die Tat umzusetzen. Sie haben jeden Tag die Wahl. Sich selbst Ihr Wort zu geben und die Motivation des Machens für sich wirken zu lassen, oder langsam aber sicher den Weg ins seelische Niemandsland zu beschreiten. Wofür entscheiden Sie sich?

Die Gier auf Siege

Im Jahr 2003 war ich auf einem Roadtrip im Nordosten der USA unterwegs, auf dem ich eines Tages auch auf der wunderschönen Halbinsel Cape Cod südlich von Boston vorbeikam. Die Gegend ist vor allem für ihren fangfrischen Fisch bekannt, und der Hummer dort ist wirklich mit Worten kaum zu beschreiben. Natürlich war ich Stammgast in den vielen Restaurants und genoss das Essen sowie die amerikanische Gastfreundschaft. In einem ganz besonderen Lokal namens Arnold's Lobster & Clam Bar machte ich dabei eine ganz erstaunliche Entdeckung. In einer großen Wanne warteten ungefähr vierzig Hummer darauf, vom Chefkoch zu einer köstlichen Mahlzeit verarbeitet zu werden. Die Hummer wurden dazu leicht in Knoblauch mariniert und mit einer verführerischen Limonenmayonnaise serviert. Können Sie sich vorstellen, wie mir das Wasser im Mund zusammengelaufen ist? Doch ich schweife ab. Die Hummer schienen auf jeden Fall zu spüren, dass Sie dafür vorgesehen waren, als Gericht des Tages auf einem schicken Teller zu landen, denn immer wieder einmal machte sich ein besonders mutiges Exemplar auf den Weg, um aus der Wanne hinauszuklettern und in die Freiheit zu entfliehen. Und nun geschah das Erstaunliche: Immer wenn ein Hummer es fast geschafft hatte, bis ganz nach oben zu klettern, wurde er von seinen Artgenossen wieder nach unten gezogen. Ich dachte zuerst, dass es sich um einen einmaligen Zufall handelte, aber die Hummer zogen sich immer wieder gegenseitig nach unten, sodass es am Ende keiner nach oben schaffte. Alle blieben sie in der Wanne, und einer von ihnen hatte sogar richtig Pech, denn er wurde kurze Zeit später in das kleine Schälchen mit der Limonenmayonnaise auf meinem Teller getunkt.

Die Szenerie faszinierte mich. Mein erster Gedanke war: »Oh man, diese Hummer sind aber nicht besonders clever.« Aber kommt Ihnen dieses Verhalten nicht auch sehr bekannt vor? Mir fiel erst einige Tage später auf, dass es sich um ein typisch menschliches Verhaltensmuster handelte. Haben Sie nicht schon mal eine geniale Idee gehabt, wollten etwas voller Motivation angehen oder ein ganz bestimmtes Ziel umsetzen, nur um sich von Ihrem Umfeld anhören zu müssen, wie aussichtslos, unnötig oder verrückt Ihr Vorhaben sei? Menschen neigen wie die Hummer aus dem Restaurant in Massachusetts dazu, sich gegenseitig herunterzuziehen. Wenn es Ihnen wie mir geht, dann kennen Sie auch Kollegen, Freunde oder Bekannte, die immer etwas finden, was ihnen nicht passt. Die sich sofort auf die Suche nach dem Haar in der Suppe machen. Die selbst an einem sehr erfolgreichen Tag noch diese eine Kleinigkeit hervorkramen, die alles vermiest. Wenn Sie mit solchen Jammerern, Nörglern oder Miesepetern zusammenarbeiten müssen, dann wissen Sie, dass eine solche Einstellung ein ganzes Team herunterziehen kann. Doch Sätze wie »Das klappt sowieso nicht«, »Wo kämen wir denn da hin?« oder »Auf keinen Fall werde ich das tun, das haben wir schon immer so gemacht« führen zwar immer zu einer großen Unzufriedenheit, doch selten zu erstklassigen Ergebnissen.

Ich kenne das nur zu gut. Wenn ich heute die Geschichte erzähle, wie ich mein eigenes Unternehmen gegründet habe, hört sich das im Nachhinein sehr leicht an. Aber ich hatte die notwendige Entscheidung über zwei Jahre lang vor mir hergeschoben und immer wieder abgewogen, ob ich es auch wirklich tun sollte. Doch eines wusste ich schon damals: Die Veränderungen, welche wir am meisten fürchten, sind die Veränderungen, die uns die größten Durchbrüche bringen. Und noch etwas half mir: Ich hatte eine riesige Vision. Ich wusste ganz genau, was ich einmal erreichen wollte, und ich sah mich schon damals auf großen Bühnen stehen. Was ich nicht wusste, war, wie ich dort hinkommen sollte. Trotzdem habe ich irgendwann einfach angefangen und auf dem Weg gelernt. Einer meiner ersten Schritte bestand darin, meine Entscheidung öffentlich zu verkünden. Soziales Commitment sagt man auch dazu. Eines Abends habe ich meine Kum-

> Haben Sie sich auch schon von Ihrem Umfeld anhören müssen, wie aussichtslos, unnötig oder verrückt Ihr Vorhaben sei?

pels zum Bier eingeladen und ihnen voller Stolz verkündet: »Jungs, hört zu, ich gründe mein eigenes Unternehmen und werde Redner und Buchautor.« Wenn ich es mir heute so überlege, es gehörte nicht zu meinen besten Ideen. Wenn Sie ein großes Ziel haben, suchen Sie sich einen Experten, einen Mentor oder jemanden, der schon da ist, wo Sie noch hinwollen, aber fragen Sie auf keinen Fall Ihre Kumpels. Und nur, damit wir uns richtig verstehen, ich mag meine Kumpels. Sie sind nett, sie sind cool, und sie sind … also sie sind cool. Aber als ich Ihnen mit leuchtenden Augen erzählte, dass ich mein eigenes Unternehmen gründen wollte, hörte ich so aufmunternde Dinge wie: »Bist du verrückt, weißt du nicht, dass sieben von zehn Unternehmen im ersten Jahr pleite gehen?«, »Viel zu riskant, wer garantiert dir denn, dass es auch klappt?« oder »Lass es lieber, mein Schwager hat's auch mal probiert, mittlerweile lebt er von Hartz IV«. Zack, war das Leuchten in meinen Augen wieder weg.

Aber zum Glück war meine Vision stark. Also rief ich meinen ehemaligen Chef Walter an. Ich sagte: »Walter, was soll ich machen? Ich bin mir unsicher, ob es die richtige Entscheidung ist.« Und was er mir antwortete, hat sich bis heute in mein Gedächtnis eingebrannt: »Ilja, es wird immer Menschen geben, die dich zu sich runterziehen wollen. Lass dich davon nicht beeinflussen und beweise ihnen, dass sie falsch liegen. Du redest seit Jahren von nichts anderem und es ist dein großer Traum. Was ist denn das Schlimmste, das passieren kann? Wenn wirklich alles schiefgehen sollte, dann fängst du eben noch einmal von vorne an. Wenn du es jetzt nicht wagst, dann wirst du der verpassten Chance vielleicht ewig nachtrauern. Ich bin auch der erste, der dich für einen Vortrag bucht.«

Fragen Sie sich: Was ist das Schlimmste, das passieren kann? Und dann fangen Sie an.

Wie hätten Sie nach einem solchen Gespräch reagiert? Ich konnte gar nicht anders, als mich mit Leidenschaft und Herzblut an die Umsetzung meines Traums zu machen. Aber was wäre gewesen, wenn ich nicht diesen Mentor gehabt hätte, sondern stattdessen auf die negativen Menschen meines Umfeldes gehört hätte? Wahrscheinlich hätte ich mich mit dem Leben im seelischen Niemandsland abgefunden, meine Ansprüche gesenkt und mir regelmäßig eingeredet, dass es genau richtig war, vernünftig zu sein, und das Luftschloss der eigenen Firma nicht weiter zu verfolgen. Ich hätte ein Leben in stiller Verzweiflung geführt. Aber wäre ich dann glücklich gewesen? Seitdem stelle ich mir die Frage, woher eine solche negative Einstellung überhaupt kommt, und vor allem, wie man mit den jammernden und nörgelnden Zeitgenossen am besten umgeht. Und da Sie andere nicht ändern können, gibt es nur eine einzige Möglichkeit: bei sich selbst anzufangen. Wenn Sie sich und Ihre Einstellung ändern, dann ändern sich nämlich auch die Menschen um Sie herum. Jede Situation ist, wie sie ist. Erst Ihre Bewertung macht sie gut oder schlecht. Wenn jemand also eine extrem negative Einstellung hat, dann bedeutet das nichts anderes, als dass sein Fokus vor allem auf den Dingen liegt, die schiefgehen können, oder vor denen er Angst hat. Und genau darin liegt der Schlüssel.

> **Da Sie andere nicht ändern können, gibt es nur eine Möglichkeit: bei sich selbst anzufangen.**

Vereinfacht gesagt gibt es zwei Wege, wie Veränderung entsteht. Entweder, Sie wollen Schmerz vermeiden, oder Sie streben nach Glück. Mit anderen Worten: Entweder Sie haben Angst vor der Veränderung oder Sie freuen sich auf die neuen Möglichkeiten. Sie können sich das als Metapher so vorstellen, dass jeder Mensch in einer Art Blase lebt. Die Grenzen dieser Blase werden von Ihrem Wissen, Ihren Fähigkeiten und natürlich Ihrer Komfortzone bestimmt. Und nun ist es so, dass Sie entweder ein Problem innerhalb Ihrer Blase haben, das Sie da rausschaffen möchten, oder es gibt ein Ziel außerhalb der Blase, das Sie gerne erreichen wollen. Ob nun weg vom Problem oder hin zum Ziel – die Lösung ist in beiden Fällen die gleiche. Sie besteht darin, Ihre Grenzen zu verschieben. Und diese Grenzen befinden sich ausschließlich im Kopf. Erfolgreiche Veränderung ist niemals da draußen. Sie ist immer in uns drinnen. Kurzfristig ist die »Weg-vom-Problem-Motivation« wesentlich kraftvoller. Der Impuls zu einer Veränderung entspringt immer einem gewissen Grad an Unzufriedenheit. Je größer dieser ist, desto eher kommen Sie ins Handeln. Ein handfestes Problem ist also ein guter Ausgangspunkt. Aber langfristig brauchen Sie einfach große und magnetische Ziele, für die es sich zu leben lohnt. Jürgen Klopp gilt als der modernste und erfolgreichste Fußballtrainer der letzten Jahre. Er hat genau die richtigen Worte für dieses Prinzip gefunden und es als Erfolgsphilosophie bei Borussia Dortmund eingeführt: »Die Gier auf Siege ist bei uns viel größer als die Angst vorm Verlieren!« Seine Spieler und der gesamte Verein leben diese in einen Satz verpackte Einstellung mit voller Überzeugung. Klopp hat der im Jahr 2005 so gut wie insolventen Borussia mit dieser Attitüde neues Leben eingehaucht. Die Folge einer solchen Gier aufs Gewinnen können Sie an der Spielweise, vor allem aber am Trophäenschrank erkennen: zwei deutsche Meisterschaften, ein Pokalsieg und die unglückliche Niederlage in letzter Minute im Finale der Champions League im Jahr 2013. Und wenn Sie Jürgen Klopp heute fragen würden, was ihn trotz all dieser Erfolge immer wieder antreibt, so würde er Ihnen folgende Antwort geben: »Ganz einfach, unsere Gier auf Siege ist noch lange nicht gestillt!«

So wichtig große Träume auch sind, es ist völlig normal, Angst vor etwas zu haben. Und ich kenne einfach keine Veränderung, bei der Sie nicht zumindest ein mulmiges Gefühl verspüren. Wenn Ihnen alles vollkommen leicht fällt, ist das meist ein Anzeichen, dass Ihre Vorhaben nicht groß genug sind. Machen Sie die Angst also zu einem wertvollen Verbündeten. Auch die erfolgreichsten Menschen zweifeln und haben Sorgen. Doch im Gegensatz zu Menschen mit einer negativen Einstellung, die in diesen Gefühlen baden und von ihnen dominiert werden, schaffen sie es, diese Emotionen als etwas sehr Wichtiges zu akzeptieren und dann wieder loszulassen. Erfolgreiche Menschen stellen das Glas rechtzeitig wieder ab. Und richten stattdessen ihren Fokus auf die riesigen Chancen und Möglichkeiten. Sie lassen ihre Gier auf Siege viel größer werden als die Angst vorm Verlieren. Und das sollten Sie auch tun. Und wenn Sie einen Fehler machen und fallen? Dann haben Sie jedes Mal aufs Neue die Gelegenheit, wieder aufzustehen. Je stärker Sie wissen, warum und wofür Sie es tun, desto mehr lohnt es sich.

Lassen Sie Ihre Gier auf Siege größer werden als die Angst vorm Verlieren.

Was würde Zuckerberg tun?

Wissen Sie noch, was Sie am 4. Februar 2004 gemacht haben? Wenn es Ihnen wie mir geht, dann können Sie sich wahrscheinlich nicht mehr daran erinnern. Das ist erstaunlich, denn an diesem Mittwoch vor zehn Jahren wurde Weltgeschichte geschrieben. Nur wusste das damals niemand, schon gar nicht Mark Zuckerberg, der gemeinsam mit zwei Freunden die kleine Webseite facebook.com ins Internet stellte. Alles begann mit einer Idee. Und der Rest ist, wie man so schön sagt, Geschichte. Heute ist Facebook mit über 1,2 Milliarden Nutzern das weltweit größte soziale Netzwerk und in Deutschland hinter Google die Webseite, die täglich am häufigsten angeklickt wird. Vor allem aber ist Facebook aus dem Leben der meisten Menschen nicht mehr wegzudenken und hat einen festen Platz im Tagesablauf eingenommen. Und Hand aufs Herz, liebe Leserin, lieber Leser, wie häufig haben Sie heute bereits Ihren Facebook-Account geöffnet, weil Sie nachschauen wollten, was sich in Ihrem Netzwerk von Freunden, Bekannten und Kollegen so tut? (Übrigens, vergessen Sie bitte nicht, sich mit mir zu verbinden: facebook.com/igrzeskowitz)

> **Mark Zuckerberg hat verstanden, dass Veränderung eine innere Haltung ist.**

Wie aber kam es dazu, dass aus der simplen Idee, die gedruckten Jahrbücher der amerikanischen Universitäten in digitaler Form nachzubilden, nur wenige Jahre später ein milliardenschwerer und an der Börse notierter Global Player werden konnte? Zum einen war es natürlich die Fähigkeit von Mark Zuckerberg, bereits im Jahr 2004 zu antizipieren, welche wichtige Rolle das Internet im Leben der Menschen einmal spielen würde. Vor allem aber erkannte er die menschliche Sehnsucht nach sozialer Vernetzung und bot dafür eine passende Lösung an. Natürlich, auch andere hatten eine ähnliche Idee. Aber während Plattformen wie MySpace, StudiVZ oder Yahoo auf dem heutigen Markt keine oder nur noch eine minimale Rolle spielen, ist aus dem Facebook-Projekt ein weltweites Imperium geworden. Und dies hängt hauptsächlich damit zusammen, dass Mark Zuckerberg verstanden hatte, dass Veränderung eine innere Haltung ist, und seine gesamte Firmenphilosophie auf diesem Fundament aufbaute.

Von Anfang an implementierte er im Unternehmen Facebook eine sogenannte »Hacking Culture«. Dabei bezieht sich das Wort »Hack« vor allem auf ein paar ganz spezielle Grundwerte, nämlich einfache, schnelle und effiziente Lösungen für aktuelle und potenzielle Probleme zu finden. Besonderen Wert legte der Facebook-Boss seit jeher darauf, unkonventionelle Wege zu suchen und sämtliche Möglichkeiten auszuloten, um die gesetzten Ziele zu erreichen. Sein großes Geheimnis bei der Umsetzung dieser Philosophie waren drei Wahlsprüche. Auch hier ging Zuckerberg neue Wege. Während die große Masse der Unternehmen viel Geld für hippe Werbeagenturen ausgibt, welche dann wohlklingende Leitsätze entwickeln, die zwar auf dem Papier schön aussehen, aber selten Akzeptanz bei den Kunden und Mitarbeitern finden, lebte der Facebook-Gründer seine drei Wahlsprüche jeden Tag aufs Neue selbst vor. Und die Ideen verbreiteten sich wie ein Virus. Sie beeinflussten die Kultur eines ganzen Unternehmens, und mit der Zeit auch immer mehr die einer ganzen Generation. Wie diese drei Wahlsprüche lauten? Hier sind sie:

1. What would you do, if you weren't afraid?

Was würden Sie tun, wenn Sie keine Angst hätten? Diese Frage beschreibt wunderbar, welche Kräfte es freisetzen kann, wenn man nicht in Problemen, sondern ausschließlich in Möglichkeiten denkt. Mark Zuckerberg motivierte seine Mitarbeiter von Anfang an, mutig zu sein und groß zu denken. Auf diese Weise trauten sich die Leute, Fehler zu machen. Sie konnten aus diesen lernen und somit langfristig wachsen. Sie richteten ihren Fokus aus und stellten das Glas rechtzeitig ab.

2. Done is better than perfect

Etwas umzusetzen ist immer besser, als auf ein perfektes Ergebnis zu warten. Zuckerberg war schon immer ein Macher. Er schaffte es, diese Mentalität auch in seinem Unternehmen zu implementieren. Natürlich, wer handelt, der macht Fehler. Aber gerade aus diesen Fehlern sind bei Facebook oft die besten Ideen entstanden. Das Erfolgsrezept ist einfach: Lieber unperfekt anfangen und auf dem Weg Erfahrungen sammeln, als die Zeit mit Planungen zu verschwenden, die im End-effekt nichts bringen, nur bremsen und viel Geld kosten.

3. Move fast and break things

Beweg Dich schnell und mach Dinge kaputt. Dieser Satz fasst den gesamten Erfolg von Facebook in fünf einfachen Wörtern zusammen. Die Philosophie dahinter ist eindeutig: Wenn Sie gewinnen wollen, sollten Sie schneller sein als die große Masse. Trauen Sie sich, den Status quo permanent zu hinterfragen, und denken Sie in neuen Wegen. Es darf keine heiligen Kühe geben, nur weil Sie etwas »schon immer so gemacht« haben. Ganz im Gegenteil, trauen Sie sich unbedingt, Dinge kaputt zu machen, an traditionellen Denkweisen zu rütteln und so manches Porzellan zu zerbrechen.

Und nun Butter bei die Fische, wie man in Norddeutschland zu sagen pflegt: Wie gefallen Ihnen diese drei Wahlsprüche der Facebook-Hacking-Philosophie? Können Sie sich damit identifizieren oder ist Ihnen doch ein wenig mulmig zumute, weil Ihnen die Ansätze so radikal und neu erscheinen? Aber genau das ist das Wesen der Veränderung. Alles, was neu ist, fühlt sich anfänglich etwas ungewohnt an. Weil man bisher immer in den gewohnten Bahnen und Verhaltensweisen unterwegs war. Aber die Herausforderungen der nächsten Jahre werden mit den Mitteln, Ideen und Konzepten der Vergangenheit nicht zu lösen sein. Ein fröhliches »Weiter so« und das Vertrauen, dass bisher schließlich noch immer alles gut gegangen sei, werden nicht genügen. Das Aussitzen von Problemen mag bei Altkanzler Helmut Kohl noch funktioniert haben. Sie sollten sich bei der Wahl Ihrer Veränderungsstrategie aber lieber nicht darauf verlassen.

> Alles, was neu ist, fühlt sich anfänglich etwas ungewohnt an. Das ist das Wesen der Veränderung.

Es bedarf einer gehörigen Portion Mut, die liebgewonnenen alten Zöpfe abzuschneiden und stattdessen neue Besen zu schwingen. Aber wenn Sie die volle Verantwortung für Ihr Leben übernehmen, dann können Sie gar nicht mehr anders, als sich voller Freude und mit viel

Mut in die Veränderung zu stürzen. Vor welchen Herausforderungen Sie auch immer stehen, fragen Sie sich regelmäßig: »WWZD? What would Zuckerberg do?« Und dann beherzigen Sie die drei Wahlsprüche und fangen an, Ihre Einzigartigkeit zu leben. Was würden Sie tun, wenn Sie keine Angst hätten? Fangen Sie an und nutzen Sie die Motivation des Machens. Lernen Sie, während Sie auf dem Weg sind, und trauen Sie sich, Fehler zu machen. Bewegen Sie sich schnell und haben Sie den Mut, Dinge kaputt zu machen. Und wenn Sie einmal fallen sollten? Dann haben Sie die wunderbare Gelegenheit, zu lernen, wieder aufzustehen. Genau darin besteht nämlich die große Kunst der Veränderung. Einmal mehr aufzustehen, als hinzufallen.

Erfolgreiche Veränderung bedeutet einmal öfter aufzustehen, als hinzufallen.

Change-Impulse, um Veränderung einfach zu machen:

▶ Es gibt eine Konstante im Leben: Sie werden hinfallen. Ob Sie liegen-
bleiben oder wieder aufstehen, ist Ihre Entscheidung.

▶ Schauen Sie regelmäßig in den Spiegel. So erkennen Sie rechtzeitig,
wann es Zeit ist, sich zu verändern.

▶ Wie Ihr Leben heute aussieht, ist das Resultat Ihrer Gedanken und
Handlungen.

▶ Übernehmen Sie die Verantwortung für alles, was Ihnen im Leben passiert.
Für das Gute wie auch für das Schlechte.

▶ Die Motivation des Machens ist das Resultat, nicht die Voraussetzung
erfolgreicher Veränderung.

▶ Führen Sie ein Leben, das diesen Namen auch verdient. Und zwar an
sieben Tagen in der Woche.

▶ Lassen Sie Ihre Gier auf Siege größer werden als die Angst vorm
Verlieren.

▶ Die Kunst besteht darin, Probleme zu antizipieren und dann Lösungen
dafür anzubieten.

▶ Setzen Sie die drei Wahlsprüche der Facebook-Hacking-Philosophie um:
1) Was würden Sie tun, wenn Sie keine Angst hätten?
2) Etwas umzusetzen ist besser, als auf ein perfektes Ergebnis zu warten.
3) Bewegen Sie sich schnell und machen Sie Dinge kaputt.

▶ Die Kunst besteht darin, einmal mehr aufzustehen, als hinzufallen.

Die Illusion der Sicherheit

Es ist besser, unvollkommene Entscheidungen durchzuführen,
als ständig nach vollkommenen Entscheidungen zu suchen,
die es niemals geben wird.
Charles de Gaulle, ehemaliger französischer Präsident

Vor kurzem saß ein Klient in meinem Büro und berichtete über zwanzig Minuten von seiner Unzufriedenheit in den unterschiedlichsten Lebensbereichen: »Ich bin einfach mit der Gesamtsituation nicht so richtig zufrieden«, beschrieb er mir seine Gefühlslage. Er hatte zwar noch keinen besonders großen Leidensdruck, so richtig glücklich war er allerdings auch nicht. Das klassische seelische Niemandsland. Deshalb hatte er beschlossen, unseren Termin dafür zu nutzen, seinem Leben eine neue Richtung zu geben. Er wusste auch ganz genau, was er alles nicht mehr haben wollte: Sein Chef nervte ihn, die Beziehung zu seiner Frau kriselte und auch auf seinem Konto sah es nicht besonders rosig aus. Allerdings fiel es ihm sehr schwer, mir zu beschreiben, welche Erwartungen genau er denn nun an die Zukunft hatte. Da er immer mehr herumeierte und sich auf keinen Fall festlegen wollte (»Es ist halt alles nicht nur schwarz oder weiß, Ilja«), stellte ich ihm die Frage aller Fragen: »Sind Sie denn bereit, sich zu verändern?« Nach einigen Sekunden des Zögerns antwortete er mir: »Grundsätzlich schon, aber wer kann mir denn garantieren, dass es danach auch wirklich besser wird?« Was glauben Sie, liebe Leserin, lieber Leser, ist es in diesem Fall zu einer Veränderung gekommen?

Das Leben ist nun mal kein Wunschkonzert und eine Garantie wird und kann Ihnen niemand geben. Ob es wirklich besser wird, werden Sie nur herausfinden, wenn Sie damit beginnen, etwas zu verändern. Aber obwohl das Leben im seelischen Niemandsland nicht besonders attraktiv ist, scheuen die meisten Menschen diese Entscheidung wie der Teufel das Weihwasser. Und selbstverständlich fand auch mein Klient einen sehr guten und ziemlich plausibel klingenden Grund, warum er den notwendigen Schritt nicht machen konnte. Und so blieb am Ende eben alles beim Alten. Es blieb bei den alten Ergebnissen, den alten Sorgen und auch der alten Unzufriedenheit. Er klammerte sich mit einer verzweifelten Vehemenz am Status quo fest und fand plötzlich einen Grund nach dem anderen, warum er doch lieber so bleiben wollte, wie er war.

> **Das Leben ist kein Wunschkonzert. Niemand kann Ihnen garantieren, dass alles besser wird.**

Genau dieses Verhaltensmuster erlebe ich täglich immer wieder. Sie können sich gar nicht vorstellen, wie gut Menschen darin sind, die fantasievollsten Ausreden zu finden, warum sie sich am Ende trotz aller Sorgen und Nöte doch nicht verändern wollen. Natürlich würden sie es niemals so formulieren, sondern bezeichnen ihre verbalen Nebelkerzen als eine realistische Einschätzung. Oder noch besser, als Tatsache. Und natürlich würden sie auch niemals ehrlich zugeben, dass sie nicht wollen, sondern behaupten voller Inbrunst, dass sie es nicht können, weil es einfach nicht möglich ist. Ein paar Beispiele gefällig? Vielleicht kommen Ihnen ja einige der folgenden Floskeln sogar bekannt vor, weil sie ein ganz bestimmter Mensch auch manchmal verwendet (Wink mit dem Zaunpfahl): »Ja, aber …«, »Man muss realistisch bleiben …«, »So einfach geht das nicht …«, »Man müsste etwas ändern …«, »Das geht ja nicht …«, »Das ist unmöglich …«, »Das mag bei anderen funktionieren, bei mir auf keinen Fall …«, und die Königin aller Ausreden: »Du verstehst das nicht, Ilja, bei mir ist das etwas anderes. Mein Fall ist speziell …«

Entweder Sie verändern sich oder Sie bleiben, wie Sie sind. Eine Grauzone gibt es nicht.

Und natürlich stimmt es, jeder Mensch ist einzigartig und hat mit seinen ganz persönlichen Herausforderungen zu kämpfen. Eine meiner tiefsten Überzeugungen ist, dass Sie ein ganz besonderer Mensch sind, der jeden nur denkbaren Erfolg verdient hat. Aus diesem Grund werden wir uns dem Ausbau Ihrer Einzigartigkeit auch noch sehr genau widmen. Aber wenn es um das Thema Veränderung geht, dann gibt es nur zwei Möglichkeiten: Entweder Sie verändern sich oder Sie tun es eben nicht. Punkt. Es gibt nur Schwarz oder Weiß. Machen oder Reden. Entwicklung oder Stillstand. Eine Grauzone existiert nicht. So wie Sie nicht »ein bisschen schwanger« sein können, so können Sie sich auch nicht nur ein bisschen verändern. Es tut mir also leid, wenn ich Ihnen die Illusion nehmen muss, aber es gibt wohl kaum ein anderes Thema, bei dem wir alle einander dermaßen gleichen. Sie. Ich. Jeder andere. Und das ist gut so, denn das ganze Leben ist Veränderung. Sie können sich dem nicht entziehen, es sei denn, Sie leben als Eremit in einem Loch in der Wüste. Und selbst dann wären Sie permanenten Veränderungen ausgesetzt.

Es bringt nichts, die Augen zu verschließen. Alles ändert sich. Die Menschen in Ihrem Umfeld. Das Wetter. Die Konjunktur. Die öffentliche Meinung. Die Mode. Die wirtschaftlichen Rahmenbedingungen. Ihre Karriere. Sämtliche Bereiche Ihres Lebens. Einfach alles. Obwohl, ein paar Dinge gibt es dann doch noch, die sich wahrscheinlich niemals ändern. Schließlich hat Bruce Willis im Film *The Last Boyscout* folgende ewig in Stein gemeißelte Wahrheit ausgesprochen: »Der Himmel ist blau. Das Wasser ist nass. Und Frauen haben Geheimnisse.« Aber mal abgesehen von diesen Dingen steht eines fest: Es bleibt einfach alles anders, und Sie kommen nicht daran vorbei, sich den Veränderungen zu stellen. Und dabei haben Sie zwei Möglichkeiten. Entweder Sie sitzen passiv wie das Kaninchen vor der Schlange, flüchten sich in Ausreden und reden sich die eigene Unzufriedenheit schön. Oder Sie übernehmen die Verantwortung für Ihr Leben und hinterfragen aktiv den Status quo. Die äußeren Umstände können Sie sowieso nicht immer beeinflussen. Was Sie aber sehr wohl bestimmen können, ist die Art und Weise, wie Sie darauf reagieren. Ob Sie auf eine Garantie warten, die es niemals geben wird, oder ob Sie das Risiko eingehen, den Schritt ins Unbekannte zu wagen. Ob Sie sich aktiv verändern. Oder passiv so bleiben, wie Sie sind.

> **Alles ändert sich. Es bringt nichts, die Augen davor zu verschließen.**

Der Flügelschlag eines Schmetterlings

»Was kann ich für Sie tun?« Das ist die Frage, die ich in meiner Rolle als Berater und Changemaker immer zuerst stelle. Die Antworten, die ich daraufhin bekomme, ähneln sich meistens sehr. Da ich viel mit Unternehmern, Selbständigen und Führungskräften arbeite, geht es häufig um anstehende Veränderungen im Job. Ein neuer Chef, ein kräftezehrendes Projekt, der eigene Karriereplan, nachhaltige Mitarbeitermotivation oder die strategische Ausrichtung der Firma sind nur einige der immer wiederkehrenden Herausforderungen. Ein weiteres klassisches Thema ist die berühmte Work-Life-Balance, hinter der sich meistens folgender Wunsch verbirgt: Man will mehr Kohle verdienen und gleichzeitig mehr Zeit für sich und seine Familie haben. Anspruchsvoll, aber durchaus machbar. Andere Bereiche, in denen Veränderungen angestrebt werden, sind die eigene Beziehung, die Gesundheit, die Erfüllung des Lebenstraumes, finanzielle Unabhängigkeit und vor allem bei Männern der Umgang mit der irgendwann auftretenden Midlife-Crisis. Die Vielfalt der Veränderungen, die Menschen im Leben begegnen oder die sie anstreben, ist nahezu unendlich.

> **Es ist nicht möglich, an einem isolierten Ziel zu arbeiten, denn alles hängt miteinander zusammen.**

Ich möchte Ihnen deshalb einen weiteren Baustein im großen Mosaik der Veränderung vorstellen. Ich spreche von den wechselseitigen Auswirkungen unterschiedlicher Veränderungen. Es ist nicht möglich, an einem isolierten Ziel zu arbeiten, ohne dass es zu Übertragungen auf andere Bereiche kommt. Alles hängt miteinander zusammen, auch wenn das auf den ersten Blick nicht immer offensichtlich ist. Jede Veränderung in einem Lebensbereich hat automatisch Auswirkungen auf alle anderen Bereiche. Eine schöne visuelle Metapher hierfür ist ein großes Spinnennetz, das aus hunderten von Einzelfäden zu einem Gesamtkunstwerk verwoben ist. Manche Fäden sind besonders stabil und andere bereits ein wenig brüchig. Einige Bereiche des Netzes werden besonders häufig genutzt, während es am Rand ein paar sehr einsame Fleckchen gibt. In der Mitte des Netzes befindet sich der stabilste Bereich. Und dieser wird umso größer, je mehr sich das Netz insgesamt ausdehnt. Wenn es jetzt an einer Stelle zu Veränderungen kommt, dann hat es immer Auswirkungen auf die Gesamtkonstruktion. Natürlich, die direkt benachbarten Bereiche sind am stärksten betroffen, aber auch die weit entfernten Fäden verändern sich mit.

Jede Veränderung hat Auswirkungen auf alle Lebensbereiche.

Auch Ihr Leben besteht aus vielen solcher Einzelfäden, die je nach Fokus und Nutzung entweder besonders dick oder hauchdünn und brüchig sind. Jede Veränderung beeinflusst das ganze große Netz, das Sie Leben nennen. Es gibt einfach keine isolierten Handlungen. In dieser Erkenntnis liegt ein weiterer Schlüssel, um das Wesen der Veränderung zu verstehen. Alles hängt miteinander zusammen. Wenn Sie gerade Probleme in der Firma haben, hat dies immer auch Auswirkungen auf Ihre Beziehung. Wenn Sie frisch verliebt sind, dann steigt auch Ihre Arbeitsmotivation. Wenn Sie topfit und gesund sind, dann entwickeln Sie sich auch auf spiritueller Ebene weiter. Und wenn Sie ein neues Unternehmen aufbauen, dann leidet für einen gewissen Zeitraum zwangsläufig Ihr Familienleben. Business und Leben sind einzig und allein im seelischen Niemandsland getrennt. Ansonsten hängen persönliche Entwicklung und geschäftlicher Erfolge immer eng miteinander zusammen. Nicht umsonst lautet einer meiner Wahlsprüche: Wenn die Menschen sich verändern, dann verändern sich die Unternehmen. Was das für Ihr Leben und Ihre Karriere bedeutet? Wenn Sie besser werden, dann werden Sie ein besserer Verkäufer. Wenn Sie besser werden, dann werden Sie ein besserer Chef. Wenn Sie besser werden, dann werden Sie ein besserer Unternehmer. Sobald Sie damit beginnen, als Persönlichkeit zu wachsen, Ihre Stärken auszubauen und Ihre Fähigkeiten zu trainieren, wird die Qualität der Ergebnisse in sämtlichen Lebensbereichen ansteigen.

Wenn die Menschen sich verändern, dann verändern sich die Unternehmen.

Doch nicht nur Ihr eigenes Leben ist ein großes Netz, welches von Veränderung beeinflusst wird. Es gibt auch hunderte kleiner Fäden innerhalb der einzelnen Lebensbereiche, die Ihr Leben mit Ihrem sozialen Umfeld verbinden. Aus diesen Knotenpunkten entstehen dann wieder neue Netze, die mal kleiner und mal größer sein können. Das kleinste soziale Netz ist Ihre Familie. Dann gibt es das Team in der Firma, die

Kumpels aus dem Sportverein, die Nachbarn aus Ihrem Viertel, verschiedenste Berufsvereinigungen, Menschen, die mit Ihnen ein Hobby teilen, und natürlich Ihre besten Freunde. Auch hier gilt wieder: Ändert sich ein Teil des Netzes, dann ist dies kein isoliertes Ereignis, sondern es hat Auswirkungen auf das gesamte Netz. Wenn Sie da noch etwas skeptisch sind, dann lade ich Sie zu einem kleinen Gedankenspiel ein. Stellen Sie sich vor, Ihr Lebenspartner hat beschlossen, sich radikal zu verändern, färbt sich die Haare grün, lebt ab sofort vegan und tritt den Zeugen Jehovas bei. Glauben Sie, dass diese Veränderungen auch einen Einfluss auf Ihr Leben haben würden? Auf die Nachbarn und die Kollegen im Büro? Was für dieses extreme Beispiel gilt, hat natürlich auch bei kleineren und alltäglicheren Veränderungen seine Gültigkeit. Das können Sie täglich an sich selbst überprüfen. Es macht einfach einen Unterschied, ob Sie abends mit blendender Laune heimkommen, oder ob Sie ein Gesicht wie sieben Tage Regenwetter machen, weil Sie die Probleme aus der Firma mit nach Hause bringen. Ihr Verhalten hat eine konkrete Auswirkung auf die gesamte Stimmung Ihrer Familie.

Es gibt keine isolierten Veränderungen.
Alles hat eine Auswirkung.

Diese Wechselwirkungen sind das Wesen der Veränderung. So wie der Flügelschlag eines Schmetterlings in Brasilien einen Tornado in Texas zur Folge haben kann, so hat jede Veränderung in Ihrem Leben Auswirkungen auf sämtliche Lebensbereiche und auf Ihre sozialen Beziehungen. Wenn sich ein Faden des großen Netzes ändert, dann verändern sich auch alle anderen. Und genau deshalb gilt einer der wichtigsten Sätze des gesamten Buches: Wenn Sie Ihre Einstellung ändern, dann ändert sich alles um Sie herum. Und dieser Satz führt dann zu einer Schlussfolgerung, die Sie sich am besten aufschreiben sollten. Warum? Weil sie so wichtig ist, und damit Sie den Zusammenhang nie wieder vergessen: Wenn sich um Sie herum alles ändert, dann ändern Sie sich, und wenn Sie sich ändern, dann ändert sich alles um Sie herum.

> **Wenn sich um Sie herum alles ändert, dann ändern Sie sich, und wenn Sie sich ändern, dann ändert sich alles um Sie herum.**

Ein Problem ist ein Problem

Mittlerweile sollte sich eine Idee in Ihrem Kopf eingenistet haben. Veränderung ist immer das, was Sie daraus machen. Und damit kann sie entweder einfach oder kompliziert werden. Kraftvoller und nachhaltiger Wandel ist immer das Ergebnis von einfachen Prinzipien, mutigen Ideen und einer ordentlichen Portion gesunden Menschenverstands. Trotzdem scheint eine anstehende Veränderung bei vielen Menschen einen Reflex auszulösen: Obwohl man um die Kraft der einfachen Ideen, die Notwendigkeit der Entscheidung und die Bedeutung der Umsetzung weiß, flüchtet man sich in die erstbeste Ausrede und macht dann weiter mit dem alten Trott. Dies führt dann dazu, dass man zwar selbst nichts ändert, aber ganz genau weiß, was und wer sich um einen herum alles ändern müsste, damit man so bleiben kann, wie man ist. Aber warum ist das überhaupt so? Warum sehen so wenige Menschen die riesigen Chancen und Möglichkeiten, die ihnen eine Veränderung bieten würde, sondern verharren stattdessen lieber in der selbst gewählten Lethargie?

> Veränderung kann einfach oder kompliziert werden. Sie ist immer, was Sie daraus machen.

Die Antwort ist so einfach, wie verblüffend. Es herrscht ein weit verbreiteter Irrglaube, dass Veränderung kompliziert sein müsse. Diese Überzeugung hat sich tief in das gesellschaftliche Bewusstsein eingebrannt und ist über viele Jahrhunderte kultiviert und zu einer sich selbst erfüllenden Prophezeiung geworden. Zusätzlich ist es natürlich auch die perfekte Ausrede, warum man bestimmte Ziele nicht angehen und seine tief sitzenden Träume nicht leben kann. Es ist ja schließlich so ungemein kompliziert und schwer. Beim Umgang mit Veränderung ist der Fokus entscheidend: Richten Sie diesen auf die Lösung oder auf die Dinge, die schiefgehen können? Schauen Sie sich um, worum kümmern sich die meisten Menschen? Richtig, sie sind komplett auf das Problem fixiert. Die Idee dahinter stammt noch aus der Zeit von Sigmund Freud: Wenn Sie nur genau verstehen, warum Sie ein Problem haben, und tief genug darin herumwühlen, dann können Sie es irgendwann auch lösen. Aber kennen Sie nicht auch jemanden, der schon seit fünf Jahren zur Therapie geht, jede Woche dreimal über sein Problem redet, es aber immer noch hat? So funktioniert

Veränderung einfach nicht. Wenn Ihr Fokus auf dem Problem liegt, dann können Sie nicht gleichzeitig an der Lösung arbeiten. Es geht einfach nicht. Stattdessen werden Sie schleichend zu jemandem, für den sein Problem ein wichtiger Teil seines Lebens geworden ist. So wichtig, dass Sie irgendwann nicht mehr darauf verzichten können, oder besser: wollen. Doch zum Glück geht es auch anders. Es sind immer die gleichen, einfachen Schritte.

Wenn Ihr Fokus auf dem Problem liegt, können Sie nicht gleichzeitig an der Lösung arbeiten.

Aber Vorsicht, das heißt auf keinen Fall, dass Sie ab heute nur noch mit der rosaroten Brille durch Ihr Leben laufen sollen. Zu meiner Zeit als Trainee war ich einmal auf einem Seminar, in dem der Trainer einen wunderlichen Vorschlag machte, den Sie wahrscheinlich auch schon häufig gehört haben. Er sagte nämlich: »Ich empfehle Ihnen Folgendes: Ab sofort streichen Sie das Wort Problem aus Ihrem Wortschatz und sprechen stattdessen nur noch von tollen Gelegenheiten.« Wie bitte? Ich war zwar damals noch recht jung, aber ich spürte instinktiv, dass Verdrängung ja wohl kaum der Weg zu erfolgreicher Veränderung sein konnte. Heute kann ich mit Fug und Recht behaupten, dass es der größte Unsinn ist, den ich je gehört habe. Ich weiß nicht, wie es Ihnen geht, aber ich habe Probleme. Kleine und auch große. Manche, die kurz andauern, und andere, bei denen es etwas länger dauert. Lassen Sie uns daher Klartext reden. Ein Problem ist keine tolle Gelegenheit. Ein Problem ist ein Problem. Punkt. Und das ist auch gut so. Denn ein handfestes Problem ist ein deutlicher Indikator, dass es Zeit für eine Veränderung ist. Entscheidend ist einzig und allein, wie Sie damit umgehen. Ob Sie Ihren Fokus ausschließlich in die Vergangenheit richten, tief in der Ursache herumwühlen und schließlich Teil des Problems werden. Oder ob Sie sich darauf konzentrieren, wie eine mögliche Lösung aussehen könnte. Statt Schönfärberei empfehle ich Ihnen folgende drei Schritte für den richtigen Umgang mit Problemen:

Drei einfache Prinzipien für den Umgang mit Problemen:

1. Akzeptieren Sie, dass Sie ein Problem haben.
2. Lösen Sie das Problem.
3. Putzen Sie sich den Mund ab, und machen Sie weiter.

Einfach, oder? Habe ich doch gesagt. Warum tun es dann die wenigsten? Weil es zwar einfache Schritte sind, die Umsetzung aber ziemlich hart sein kann. Sie erfordert Mühe, viel Einsatz und oftmals eine Menge Arbeit. Diese drei Schritte können Sie nämlich nur machen, wenn Sie Ihre Einstellung ändern. Echte Veränderung findet immer außerhalb Ihrer eigenen Komfortzone statt, dann, wenn Sie etwas Neues denken oder tun. Wenn Sie mit einem riesigen Problem konfrontiert sind und trotzdem nach einer Lösung suchen. Wenn Sie als Persönlichkeit wachsen, folgen die äußeren Ergebnisse auf dem Fuß. Doch dafür ist es notwendig, dem alten Trott Lebewohl zu sagen und nach vorne zu denken. Die Sicherheit des Bekannten gegen die Unsicherheit des Neuen einzutauschen. Und genau das fällt vielen sehr schwer. Die meisten Menschen wählen nämlich lieber die genau entgegengesetzte Strategie. Sie tun »mehr desselben«: Sie arbeiten härter, länger, kürzer, schneller, langsamer, lauter oder intensiver. Aber Sie tun trotzdem immer noch dasselbe und wundern sich am Ende, warum auch die Ergebnisse gleich bleiben.

> Wenn das, was Sie tun, nicht funktioniert, dann probieren Sie so lange etwas anderes aus, bis Sie mit dem Resultat zufrieden sind.

Dabei ist die Erfolgsformel wiederum einfach: Wenn das, was Sie tun, nicht funktioniert, dann probieren Sie so lange etwas anderes aus, bis Sie mit dem Resultat zufrieden sind. Das ist Flexibilität. Wie ist es um diese bei Ihnen bestellt? Es gibt einen einfachen Test. Stellen Sie sich bitte vor, Sie fahren mit Ihrem Auto durch die Stadt. Im Radio läuft Ihr absoluter Lieblingssong. Sie schmettern leidenschaftlich mit und gehen so richtig in der Melodie und dem Text auf. Sie sind voll und ganz im Moment gefangen, als Sie an einer Ampel halten müssen. Während Sie immer noch so richtig laut mitsingen, nehmen Sie im Augenwinkel wahr, dass ein Auto neben Ihnen hält. Also schauen Sie vorsichtig nach rechts. Und blicken in die weit geöffneten Augen einer Frau, die Sie ziemlich verstört anblickt. Wie Sie jetzt reagieren, sagt Ihnen viel darüber, wie gut Sie mit ungewohnten Situationen umgehen können. Ob Sie flexibel reagieren, oder lieber den bequemen Weg wählen. Lächeln Sie ihr zu und singen dann einfach weiter, oder schauen Sie verschämt zur Seite und möchten am liebsten im Boden versinken?

Ob an der Ampel oder in anderen Alltagssituationen, wenn Sie flexibler werden wollen, gibt es nur einen Weg: Sagen Sie dem Mittelmaß und den ausgetretenen Pfaden Lebewohl. Veränderung ist sowieso überall. Aber je flexibler Sie darauf reagieren können, desto einfacher wird es. Das bringt mich zu einer weiteren Frage: Wann haben Sie eigentlich das letzte Mal etwas zum ersten Mal getan? Das ist nämlich der Hauptgrund, warum das Leben von Kindern so aufregend ist und warum es ihnen so leicht fällt, mit Veränderungen umzugehen. Sie erleben jeden Tag irgendetwas, was vollkommen neu für sie ist. Das macht ihre Realität bunt und vielfältig. Doch je älter und routinierter man wird, desto mehr hält das trübe Grau des Mittelmaßes Einzug und man versinkt im Einheitsbrei der eigenen Komfortzone. Es nützt einfach alles nichts, wenn Sie andere Ergebnisse erzielen wollen, dann gilt es, das bequeme »Weiter so« gegen Mut und Abenteuergeist einzutauschen, unbequeme zu Wege gehen, über den Tellerrand hinaus zu blicken und alte Denkmuster zu verlassen. Das lässt sich einfach trainieren. Tun Sie jeden Tag etwas, das Sie vorher noch nie getan haben. Nehmen Sie einen anderen Weg zur Arbeit. Wählen Sie ein exotisches Gericht in der Betriebskantine. Oder gehen Sie mit Ihrem Partner in die Oper, obwohl Sie sonst immer ins Kino gehen. Und trauen Sie sich, ein wenig verrückt zu denken. Denn außerhalb der Komfortzone geht die Post so richtig ab.

> **Wann haben Sie das letzte Mal etwas zum ersten Mal getan?**

Das Beste habe ich mir natürlich bis zum Schluss aufgehoben. Es gibt nämlich eine Fähigkeit, welche die unbedingt Voraussetzung für sämtliche Impulse ist, die ich Ihnen gerade vorgestellt habe. Ich spreche von der Fähigkeit, Entscheidungen treffen zu wollen. Nein, nicht zu können. Jeder *kann* Entscheidungen treffen. Sie genauso wie ich. Doch die wenigsten sind dazu bereit. Weil jede Entscheidung auch immer eine Konsequenz nach sich zieht. Weil sie die Gefahr birgt, dass man sich falsch entscheidet und einen Fehler macht. Gerade in Behörden, großen Unternehmen und hierarchischen Organisationen können Sie die Auswirkungen dieser Denkweise täglich aufs Neue erleben: Es wird überhaupt nichts entschieden. Denn wer nicht entscheidet, der macht auch keine Fehler. Aber er wächst eben auch nicht, sondern nistet sich allmählich im persönlichen Mittelmaß ein. Auch beim Thema Entscheidungen sind Ausreden weit verbreitet: »Ich brauche erst noch mehr Informationen«, »Entscheidungen treffen ist so kompliziert«, »Die Entscheidung will gut überlegt sein«, oder »Woher soll ich denn wissen, welche Entscheidung die richtige ist?«. Gerade vor der letzten Frage stehen wir alle täglich. Und es gibt eine gute und eine schlechte Nachricht. Fangen wir mit der schlechten an: Weder Sie noch ich wissen, welche Entscheidung die richtige ist. Weil es eben immer viele Unbekannte, so manche Unwägbarkeit und niemals eine Garantie gibt. Doch nun die gute Nachricht: Das alles spielt überhaupt keine Rolle. Da Sie sowieso niemals wissen, ob eine Entscheidung richtig ist, können Sie dieses Bewertungskriterium ganz einfach weglassen. Statt bis zum Sankt-Nimmerleins-Tag auf die Eingebung zu warten, die Ihnen verrät, welche Entscheidung die richtige ist, sollten Sie Ihre Entscheidung einfach richtig treffen.

> **Sie wissen niemals sicher, ob eine Entscheidung die richtige ist, also können Sie dieses Kriterium einfach weglassen.**

Es kommt nicht darauf an, die richtige Entscheidung zu treffen, sondern die Entscheidung richtig zu treffen.

Eine Entscheidung richtig zu treffen ist einfacher, als Sie denken. Wann immer Sie vor einer Wahl stehen, deren Ausgang Sie nicht prognostizieren können, gibt es sieben einfache Schritte, die Sie dabei unterstützen, trotz ungewisser Rahmenbedingungen ins Machen zu kommen und aus der eigenen Komfortzone auszubrechen. Je häufiger Sie diese sieben Schritte trainieren, desto besser werden Sie darin, Entscheidungen zu treffen. Dadurch wird Ihre gesamte Lebensqualität einen enormen Schub erfahren.

7 Schritte, um Entscheidungen richtig zu treffen:

1. Entscheiden Sie sich, auf jeden Fall eine Entscheidung zu treffen.
2. Analysieren Sie die Ausgangslage, wägen Sie Ihre Optionen ab.
3. Akzeptieren Sie die Tatsache, dass Sie niemals genau wissen, welche Entscheidung richtig oder falsch ist.
4. Kombinieren Sie Ihr Wissen mit Ihrer Intuition und entscheiden Sie sich.

5. Übernehmen Sie die volle Verantwortung für die Konsequenzen Ihrer Entscheidung.
6. Halten Sie durch, auch wenn Sie auf Gegenwind stoßen.
7. Haben Sie den Mut, eine Entscheidung auch einmal zu revidieren.

Freiheit ist die neue Sicherheit

Der Mensch ist ein Gewohnheitstier. Er fühlt sich besonders wohl, wenn er auf sicherem Terrain unterwegs ist und auf vertraute Verhaltensweisen zurückgreifen kann. Aus diesem Grund wählen viele Menschen jeden Tag den gleichen Weg zur Arbeit, gehen immer wieder in den gleichen Restaurants essen, unterhalten sich über die immer gleichen Themen und verbringen den Urlaub schon seit fünfzehn Jahren im gleichen Hotel auf Mallorca. Diese gewohnten Abläufe und Umgebungen geben uns einfach ein Gefühl der Sicherheit. Wir brauchen das, damit es uns gut geht. Doch wie so häufig macht auch hier die Dosis das Gift. Während es sehr ratsam ist, sich möglichst viele kraftvolle und effektive Routinen anzueignen, führen die schlechten und bremsenden Gewohnheiten direkt in die berühmt-berüchtigte Komfortzone. Diese ist vor allem von Bequemlichkeit und in der extremen Ausprägung sogar von Phlegma und Lethargie gekennzeichnet. Zudem kann der Preis für die vermeintliche Sicherheit innerhalb des Status quo sehr schnell in die Höhe schießen. Je bequemer Sie sich einrichten und je öfter Sie immer wieder die gleichen Dinge tun, desto weniger lernen Sie dazu und nutzen das riesige Potenzial, das in Ihnen schlummert. Wenn Sie immer nur das tun, was Sie immer tun, immer auf die gleichen Fähigkeiten und das gleiche Wissen zurückgreifen, und immer das denken, was Sie bisher gedacht haben, dann werden Sie auch immer nur die gleichen Ergebnisse erzielen, die Sie bisher erzielt haben. Und das bedeutet eben auch, dass Sie bleiben, wer Sie heute sind. Lassen Sie uns also gar nicht erst drumherum reden. Im besten Fall bedeutet das für Sie Stillstand, in den meisten Fällen aber einen Rückschritt.

> Gewohnheiten geben uns das Gefühl von Sicherheit, können uns aber auch bremsen. Die Dosis macht hier das Gift.

Um dies zu überprüfen, brauchen Sie sich einfach nur ein wenig umzuhören. Denn nicht umsonst wird Sprache auch als die Kleidung der Gedanken bezeichnet. Floskeln wie »Wo kämen wir denn da hin?«, »Das funktioniert so nicht«, »Das kann ich nicht« oder natürlich das berühmt-berüchtigte »Warum sollte ich etwas ändern? Das habe ich schon immer so gemacht« bilden die perfekte Grundlage für ein gepflegtes »Weiter so«, um ja nicht den ersten Schritt der Veränderung gehen zu müssen.

Wie so häufig, steckt auch im Falle der Komfortzone der Teufel im Detail. Gewohnheit und Gleichgültigkeit tauchen nämlich nicht mit einem Paukenschlag aus heiterem Himmel im Leben auf, sondern beanspruchen schleichend und fast unbemerkt immer mehr Platz in Ihrem Alltag. Es fühlt sich ja gut an, deshalb bemerken Sie es meistens gar nicht, dass Sie gerade dabei sind, es sich immer konsequenter in der eigenen Komfortzone bequem zu machen. Wenn Sie es dann irgendwann mitbekommen, ist es zu spät. Dann bedarf es eines großen Kraftaufwands, um aus der Lethargie des Mittelmaßes auszubrechen und neue Wege zu gehen. Nicht gerade eine besonders zielführende Strategie, oder? Der Grund, warum es manchmal so schwer ist, die mentalen Barrieren zu durchbrechen und außerhalb der bequemen Meinungen, Entscheidungen und Verhaltensweisen zu wachsen, liegt in einem weiteren wichtigen Faktor der Veränderung: Unbewusst wägen Sie nämlich immer zwei Werte gegeneinander ab, die sich diametral gegenüberstehen. Ich spreche von Sicherheit auf der einen und Freiheit auf der anderen Seite. Weil diese beiden Werte nun mal nicht unter einen Hut zu bringen sind, läuft unbewusst ein Prozess ab, der Sie im Endeffekt dazu veranlasst, entweder die Sicherheit oder eben die Freiheit zu wählen. Und nun sind wir wieder beim Thema der Grauzone, die es auch in diesem Fall nicht gibt. Es gibt nur Schwarz oder Weiß. Sie können entweder Sicherheit haben oder Freiheit. Beides gleichzeitig geht nicht. Ein klein wenig Freiheit mit einer großen Portion Sicherheit ist leider nicht möglich.

> Sie können entweder Sicherheit haben oder Freiheit. Beides gleichzeitig geht nicht.

Unbewusst wägen Sie immer zwei Werte gegeneinander ab: Freiheit oder Sicherheit.

Ein echtes Dilemma. Sicherheit ist nämlich eines der wichtigsten menschlichen Grundbedürfnisse. Oder besser gesagt: das Gefühl der Sicherheit. Denn tatsächlich handelt es sich meistens nur um eine vermeintliche Sicherheit. Aber unbewusst tun Menschen alles dafür, um permanent dieses Gefühl von Sicherheit zu haben. Und dann geben sie sich einer Illusion hin, vor der sie tief in ihrem Innersten spüren, dass sie nur ein wackeliges Konstrukt ist, das bei der erstbesten Erschütterung in sich zusammenfällt. Dahinter steht eine relativ einfache Denkweise: Was Sie haben, das kennen Sie. Möglicherweise sind Sie nicht hundertprozentig zufrieden, aber Sie haben sich mit den Gegebenheiten eben arrangiert. Und dann kommen Gedanken wie:»Wer weiß, ob es nicht noch schlimmer kommt.« Jetzt sind wir wieder bei den Garantien. Niemand weiß, was die Zukunft bringt. Jedes Vorhaben kann scheitern. Jedes Luftschloss sich in selbiger auflösen. Und auch jeder Traum kann platzen. Um dieses mögliche Scheitern zu vermeiden, bleibt man lieber bei dem, was man hat. Man entscheidet sich für das Gefühl der Sicherheit und gegen die Möglichkeiten der Freiheit. Und genau mit dieser Art von Denken richtet man sich dauerhaft in der Komfortzone ein.

Ich möchte Sie daher einladen, diese Dinge einmal aus einer ganz anderen Perspektive zu betrachten. Ich bin beruflich viel unterwegs und übernachte daher oft in Hotels. Und diese Zeit nutze ich dann für eine meiner Lieblingsbeschäftigungen: Ich liege quer ausgestreckt auf dem Bett und zappe durch die TV-Kanäle. Es gibt ein paar Sendungen, die ich besonders gerne sehe, zum Beispiel *Rach, der Restauranttester*. In diesem preisgekrönten Format rettet Sternekoch Christian Rach kränkelnde Restaurants vor der drohenden Pleite, indem er den Inhabern hilft, mittelmäßige Konzepte loszulassen und sich selbst zu verändern. Einmal arbeitete er in der Nähe von Berlin mit einem Restaurantbesitzer, dem es nicht besonders gut, aber auch noch nicht wirklich schlecht ging. Die Qualität von Essen und Service waren mittelmäßig, die Zahl der Besucher und die Umsätze ebenfalls. Und jetzt kommt das Kuriose: Der Mann hatte zwar einen großen Traum im Kopf, aber nicht den Mut, ihn in die Tat umzusetzen. Seine Standardausrede war:»Wer kann mir denn sagen, dass es auch wirklich funktioniert?« Die Antwort von Christian Rach hat mich sehr beeindruckt. Er sagte nämlich: »Niemand gibt dir eine Garantie, und keiner weiß, ob du mit dem neuen Konzept am Ende erfolgreich bist. Aber ein Traum kann nur dann platzen, wenn man einen hat. Du hast einen. Und das unterscheidet dich von 99 Prozent der Menschen da draußen. Glaub an dich und gib dein Bestes. Den Rest lernst du auf dem Weg von ganz allein.«

Ein Traum kann nur platzen, wenn Sie einen haben.

Neue Wege zu gehen erfordert Mut. Sämtliche Erfindungen der Geschichte, die großen Ideen, die tollkühnen Träume und epochalen Entwicklungen lagen außerhalb der Komfortzonen derjenigen, die sie verwirklichten. Sie waren immer das Resultat von verrückten Plänen, unbequemen Entscheidungen und konsequentem Umsetzen. Sie können heute den Eiffelturm in Paris bewundern, weil Gustave Eiffel den Mut hatte, seine bequemen Pfade zu verlassen. Schwarze haben mittlerweile die gleichen Rechte wie Weiße, weil Menschen wie Martin Luther King oder Rosa Parks den Mut zu unbequemen Handlungen hatten. Und die digitale Revolution findet heute nur deshalb so rasant statt, weil Konrad Zuse (der als Erfinder des modernen Computers gilt) im Jahr 1941 die Chance ergriff, die Freiheit seiner tollkühnen Idee der Sicherheit des Gewohnten vorzuziehen. Menschen wie ihm sollten wir dankbar sein, denn ansonsten würden wir unsere Briefe heute immer noch mit einer Feder schreiben, per Pferdekutsche in zwei Wochen von Berlin nach Frankfurt reisen oder unser Essen sogar noch über offenem Feuer zubereiten. Jeder Fortschritt, jedes Wachstum und jede Veränderung kann immer nur außerhalb der eigenen bequemen Komfortzone stattfinden.

> **Neue Wege zu gehen erfordert Mut.**

Als ich im Jahr 2008 meinen Job als Geschäftsführer kündigte, hielten mich viele meiner damaligen Kollegen für verrückt. Wie konnte ich so etwas tun und die vermeintliche Sicherheit eines festen (und einigermaßen guten) Gehalts, den schicken Dienstwagen und den hohen Status für eine berufliche Idee aufgeben, von der niemand wusste, ob sie Erfolg bringen würde? Und in der Tat, es war ein recht hohes (aber durchaus kalkulierbares) Risiko, das ich für meinen Traum von der Freiheit eingehen musste. Zur gleichen Zeit hatte ich ein Haus gebaut und meine erste Tochter war gerade zwei Jahre alt. In den Augen vieler war meine Entscheidung dadurch erst recht unverantwortlich. Wie konnte ich, wenn ich eine so große Verantwortung zu tragen hatte, den Schritt ins Ungewisse wagen? Der Grund lag in meinem ausgeprägten Freiheitsdrang. Dieser war so stark, dass ich bereit war, alles dafür zu tun, um erfolgreich zu sein. Und wenn ich alles sage, dann meine ich wirklich alles. Ich war bereit, jeden Preis zu zahlen. Meine Gier auf Siege war so riesig, dass ich die vorhandene Angst vor Niederlagen in produktive Ideen und Gedanken transformieren konnte. Ich stellte das Glas rechtzeitig ab und mein Geld, meine Zeit und meine Energie flossen in die Umsetzung meines Traums. Ich hatte mir mein Wort gegeben. Und da ich wusste, wofür und vor allem warum ich es tat, stellte ich mir die Frage »Wer weiß, ob es nicht noch schlechter wird?« überhaupt nicht. Tief in meinem Inneren spürte ich, dass ich auf jeden Fall erfolgreich sein würde. Und genau so kam es. Außerhalb meiner eigenen Komfortzone ging so richtig die Post ab. Von einem Tag auf den anderen musste ich mich plötzlich auf meine vielen Talente und Fähigkeiten verlassen. Alles hing nur noch von mir ab. Auf einmal war ich meines eigenen Glückes Schmied. Und ich schmiedete, wie ich vorher noch nie ein Projekt angegangen war. Der Rest ist mittlerweile Geschichte und viele meiner damaligen Kritiker klopfen mir heute auf die Schulter und sagen mir, dass sie es ja schon immer gewusst haben.

> Mit der vermeintlichen Sicherheit kann es schnell vorbei sein, wenn die Rahmenbedingungen sich ändern.

Erstaunlich ist aber noch etwas anderes. Von den Kollegen, die damals am lautesten genörgelt und am intensivsten auf die Sicherheit des Arbeitsplatzes verwiesen haben, sind viele kurze Zeit später selbst gekündigt worden. Die Bequemlichkeit ihres Status quo war so stark ausgebaut, dass sie zu lethargisch waren, um das durch die wirtschaftlichen Rahmenbedingungen drohende Unheil wahrzunehmen. Weil sie sich nicht entsprechend vorbereitet hatten, wurden sie von den Ereignissen regelrecht überrollt. Als das Leben ihnen dann den Schritt zur Veränderung abnahm, waren viele von ihnen im ersten Moment wie gelähmt. Aber da sie quasi über Nacht aus ihrer Komfortzone gestoßen wurden, mussten sie sich verändern. Ob sie wollten oder nicht. Die meisten haben es geschafft. Manche jedoch auch nicht. Und das ist tragisch.

**Das Gefühl der Sicherheit existiert nur in Ihrem Kopf.
Es ist eine Illusion.**

Viel größer als das Risiko der Freiheit ist das blinde Vertrauen auf eine Sicherheit, die es sowieso niemals gibt. Sie existiert nur in Ihrem Kopf. Sie ist eine Illusion, die sich jederzeit in Luft auflösen kann. Vor allem aber ist sie von äußeren Faktoren abhängig, die Sie niemals vollständig beeinflussen können. Die Welt befindet sich in einem rasanten Wandel. Die Konstanten der Vergangenheit verlieren schnell Ihre Gültigkeit. Den sicheren Arbeitsplatz gibt es schon lange nicht mehr. Die unterschiedlichsten Währungen, das Klima und die Weltwirtschaft sind ebenso instabil. Unter diesen unsicheren Rahmenbedingungen gibt es nur eine einzige Konstante. Und das sind Sie. Nehmen Sie Ihr Schicksal in die eigenen Hände. Je mehr Sie Ihre eigene Freiheit ausbauen, desto mehr Sicherheit werden Sie verspüren.

Ich behaupte sogar, dass es Ihre einzige Chance sein wird, sich aktiv zu verändern und den äußeren Umständen immer einen Schritt voraus zu sein. Im Wandel der nächsten Jahre wird die persönliche Freiheit zur neuen Sicherheit. Zur einzigen Konstante, auf die Sie sich verlassen können. Doch dafür ist es notwendig, zuallererst Ihr Denken zu ändern und im nächsten Schritt Ihre Komfortzone zu verlassen. Um Ihnen dies zu erleichtern, möchte ich Ihnen ein einfaches Frühwarnsystem an die Hand geben, das Ihnen die möglichen Risiken von verschiedenen Handlungsoptionen sehr anschaulich vor Augen führt. Es besteht aus vier kurzen, aber wirkungsvollen Fragen:

Ihr persönliches Veränderungs-Frühwarnsystem:

1. Was passiert, wenn ich mich verändere?
2. Was passiert, wenn ich mich nicht verändere?
3. Was passiert nicht, wenn ich mich verändere?
4. Was passiert nicht, wenn ich mich nicht verändere?

Mit diesen vier Fragen erhalten Sie sehr schnell Klarheit über die wichtigsten Eckpfeiler einer jeden Veränderung. Sie werden sich der Chancen und Möglichkeiten bewusst, ohne dabei die Risiken zu übersehen. Sie erhalten ebenfalls einen schnellen Überblick, welche Auswirkungen mögliche Entscheidungen auf die verschiedensten Netze in

Ihrem Leben haben. Vor allem aber halten Sie sich selbst den Spiegel vor, der Ihnen dabei hilft, Ihre Komfortzone zu verlassen und dadurch wachsen zu können.

Im immer schneller werdenden Wandel wird die persönliche Freiheit zur neuen Sicherheit.

Das letzte eine Prozent

Echte Veränderung findet immer außerhalb Ihrer eigenen Komfortzone statt. An diesem für viele Menschen so unbekannten Ort geschehen Dinge, die man sich häufig in seinen kühnsten Träumen nicht vorstellen kann. Aber sie geschehen. Gigantische Erfindungen werden gemacht, innovative Unternehmen gegründet, sportliche Rekorde aufgestellt und persönliche Lebensträume erfüllt. Und das alles nur, weil Menschen den Mut hatten, die vermeintliche Sicherheit gegen die persönliche Freiheit einzutauschen. Auch wenn der folgende Satz sich wie eine ausgelutschte Floskel anhört, ist er eines der wichtigsten Prinzipien von Veränderung: Wie weit der Weg auch sein mag, wie hoch die Trauben auch hängen und wie viele Hindernisse auf Sie warten mögen, jede Reise beginnt mit dem allerersten Schritt. In meinem Buch *Attitüde – Erfolg durch die richtige innere Haltung* habe ich es so formuliert: »Motivation lässt Sie loslaufen und kraftvolle Gewohnheiten führen Sie ans Ziel«.

Motivation Lässt Sie Loslaufen und kraftvolle Gewohnheiten führen Sie ans Ziel.

Trotzdem gibt es immer wieder Menschen, die sich voller Motivation und Tatendrang auf den Weg machen, sich auch erfolgreiche Gewohnheiten aneignen, aber am Ende doch nicht ihr Ziel erreichen. Wenn Sie solche Menschen kennen, oder sogar selbst schon einmal in einer solchen Situation waren, dann möchte ich Ihnen nun eine weitere Prise Goldstaub schenken, mit dem Veränderung einfach wird. Es ist so etwas wie die besondere Zutat, mit der jede Herausforderung zu einem Husarenritt wird, den Sie mit Spaß und vor allem großem Erfolg genießen können. Es ist der entscheidende Faktor, warum Muhammad Ali der größte Champion aller Zeiten ist, warum Tiger Woods es nach seinem medial gehypten Absturz von ganz unten wieder nach ganz oben geschafft hat und warum Udo Jürgens auch mit fast achtzig Jahren immer noch die größten Konzertsäle in Europa füllt. Diese besondere Zutat lässt Veränderung einfach werden und nach außen hin leicht erscheinen. Sie macht den Unterschied zwischen gut und sehr gut. Zwischen sehr gut und exzellent. Und in seiner vollen Ausprägung zwischen exzellent und Weltklasse. Aber was genau ist dieser Goldstaub denn nun? Manche Menschen sagen Commitment dazu. Auch die Begriffe Disziplin oder Durchhaltevermögen treffen es ganz gut. Wiederum andere nennen es Willenskraft. Ich nenne diese entscheidende Zutat der Veränderung »das letzte eine Prozent«. Wirkliche Veränderung funktioniert nur dann, wenn Sie sich Ihrer Entscheidung mit Haut und Haaren verschrieben haben. Wenn Sie bereit sind, auch Rückschläge in Kauf zu nehmen und auf dem Weg ins Ziel liegende Steine beiseite zu räumen. Wenn Sie bereit sind, den Preis der Veränderung zu zahlen. Und je nach Vorhaben kann dieser ganz schön hoch sein.

> Wenn Sie bereit sind, den Preis der Veränderung zu zahlen, auch wenn er hoch ist, ist dies das letzte eine Prozent.

Das letzte eine Prozent sorgt dafür, dass Ihre Träume wahr werden.

Wenn Sie schon einmal für einen Marathon oder eine ähnliche Ausdauersportart trainiert haben, dann wissen Sie, was ich meine, nicht wahr? Ich bin früher sehr viel gejoggt. Nie, weil es mir richtig Spaß gemacht hat, sondern weil ich wusste, wie gut es meiner Gesundheit tut, und dass ich mir so manche kulinarische Schlemmerei mehr leisten konnte. Es war eine intellektuelle Entscheidung, aber keine Herzensangelegenheit. Meistens im Frühjahr beschloss ich, ab sofort täglich direkt nach dem Aufwachen laufen zu gehen. Schließlich will man die Welt ja im Sommer nicht mit seiner riesigen Wampe beglücken. Regelmäßig bin ich voller Motivation gestartet, und auch die Rahmenbedingungen hätten besser nicht sein können. Ich wohne direkt an einem Wald, in dem es morgens herrlich idyllisch ist und der zum Joggen geradezu einlädt. Nachdem die ersten Tage immer recht hart waren, spürte ich schon nach wenigen Wochen, dass meine Kondition sich stark verbesserte. Ich fing sogar an, meine neue Gewohnheit ein wenig zu genießen. Doch es gab ein weiteres Phänomen, das sich ebenfalls jedes Jahr aufs Neue nach ungefähr vier bis fünf Wochen einschlich. Bei gutem Wetter und gerade am Wochenende konnte ich es gar nicht abwarten, in meine Laufschuhe zu schlüpfen und im Wald meine Runden zu drehen. Allerdings gab es auch Tage, wo es morgens so richtig ungemütlich war, es draußen in Strömen regnete und der Tag zu allem Überfluss auch noch mit wichtigen Terminen aufwartete.

An diesen Tagen trat sie dann in Aktion, die fiese innere Stimme der Bequemlichkeit, die mir schon beim ersten müden Blinzeln des Augenlides in einem verführerischen Ton zuflüsterte: »Ach komm schon, Ilja, bleib heute doch lieber liegen. Morgen ist auch noch ein Tag. Draußen ist es furchtbar ungemütlich und hier im Bett ist es so schön warm. Dann kannst du auch deine Termine viel besser koordinieren. Einmal ist doch keinmal.« Und wissen Sie was? Da die Stimme richtig nett zu mir sprach und auch so gute Argumente hatte, machte ich eine Ausnahme. Und öffnete damit die Büchse der Pandora. Anfangs kam diese Ausnahme nur einmal in der Woche vor. Aber sie hatte es geschafft, einen festen Platz in meinem Leben einzunehmen. Aus einer Ausnahme wurden dann schnell zwei und kurz darauf drei. Ehe ich mich versah, war aus der Ausnahme die Regel geworden und ich lief gar nicht mehr. Ich hatte meine Entscheidung komplett aus den Augen verloren und war zurückgekehrt zu meiner bequemen Gewohnheit. Leider brachte diese dann auch die alten Ergebnisse mit sich. Alles zurück auf Los. Bye-bye Strandfigur. Heute weiß ich, warum ich jahrelang immer wieder in die gleichen Muster verfallen bin, obwohl ich doch eigentlich eine Entscheidung getroffen hatte. Das letzte eine Prozent fehlte. Mit nur neunundneunzig Prozent Einsatz und nur neunundneunzig Prozent Motivation schaffen Sie es nicht. Es sind oft nur Kleinigkeiten, ein bestimmter Gedanke oder ein winziges Detail, aber dieses letzte eine Prozent macht am Ende den Unterschied, ob Sie Ihr Ziel erreichen. Ob Sie sich nachhaltig verändern oder in alte Gewohnheiten zurückfallen.

Das letzte eine Prozent macht den Unterschied, ob Sie sich nachhaltig verändern oder in alte Gewohnheiten zurückfallen.

Im Jahr 2005 wurde dann alles anders. Es begann mit einem dieser berühmten Silvestervorsätze. Vom guten Essen und dem vielen Champagner leicht benebelt, beschloss ich in der Neujahrsnacht, dass ich mein Vorhaben im folgenden Jahr auf jeden Fall durchhalten würde. Ich hielt mein Glas in die Luft und sagte zu meiner Frau: »Schatzi, dieses Mal schaffe ich es. Komme, was da wolle. Bis zum 30. Juni werde ich jeden Tag direkt nach dem Aufwachen laufen gehen. Keine Ausnahmen, keine Kompromisse, keine Entschuldigungen.« Und ich schwor mir, dass ich dieses Mal durchhalten würde. Ich gab mir selbst mein Wort. Und mein Wort ist mir heilig. Daher wusste ich, dass ich meine Einstellung ändern musste, wenn ich es halten wollte. Also schaute ich mir Menschen an, die täglich liefen, und stellte mir eine einzige Frage: »Was muss ich denken und tun, damit ich die gleichen Ergebnisse erzielen kann wie diese erfolgreichen Menschen?« Denn irgendetwas machten sie anders. Und ich fand schnell heraus, was es war.

Für das letzte eine Prozent müssen Sie Ihre Einstellung ändern.

Die Anfänge waren wie immer gleich. Meine Kondition verbesserte sich schnell, und ich genoss die ersten Wochen. Ich fühlte mich gut und war mir sicher, dass ich es dieses Mal schaffen würde. Doch eines Tages tauchte sie wieder auf. Aus dem Nichts. Die Stimme. Schlaftrunken schaute ich aus dem Fenster und sah so gut wie nichts. Es war grau, der Regen prasselte auf unser Dach und das Thermometer machte auch nicht gerade Hoffnung auf eine angenehme Lauferfahrung. Hinzu kam, dass ich wenig geschlafen hatte und sich auf meinem Schreibtisch die Arbeit auftürmte. Die Stimme schien das zu spüren, denn sie säuselte wieder verführerisch in mein Ohr und präsentierte mir die stichhaltigen Argumente für die erste Ausnahme auf dem Silbertablett: »Ach komm schon, Ilja, bleib heute doch lieber liegen. Morgen ist auch noch ein Tag. Draußen ist es furchtbar ungemütlich und hier im Bett ist es so schön warm. Dann kannst du auch deine Termine viel besser koordinieren. Einmal ist doch keinmal.«

Es gibt nichts Heiligeres als ein Wort, das Sie gegeben haben. Ganz besonders sich selbst.

Doch ich hatte mich entschieden. Dieses Mal würde es keine Ausnahme geben. Obwohl sich mein ganzer Körper dagegen sträubte, stand ich auf, schlüpfte in meine Laufsachen und lief in den Wald. Während ich den Morgen trotz des miesen Wetters genoss, spürte ich, dass dieser Tag ein Durchbruch in Richtung Veränderung war. Ich hatte keine Ausnahme gemacht und damit das Tor zur Rückkehr in die Bequemlichkeit verriegelt. Es war verteufelt schwer, und es gab viele Tage, an denen die Versuchung besonders groß war. Aber dieses Mal war ich zu hundert Prozent meiner Entscheidung und meinem Wort verpflichtet. Ich wollte den Vertrag mit mir selbst unbedingt erfüllen. Das letzte eine Prozent machte am Ende den Unterschied. Und am 30. Juni hatte ich es tatsächlich geschafft. Ich war ein halbes Jahr lang jeden Tag gejoggt. Nun konnte ich es mir leisten, eine weitere Entscheidung zu treffen und dem Laufen Lebewohl zu sagen. Seitdem spiele ich übrigens Golf, was mir wesentlich mehr Spaß macht. Ich glaube, ich werde alt.

> **Die Entscheidung ist nur dann eine Entscheidung, wenn Sie mit sich selbst einen Vertrag schließen.**

Durch diese Erfahrung weiß ich um die Kraft des letzten einen Prozents. Es reicht einfach nicht, sich nur ein bisschen verändern zu wollen. So nach dem Motto »Wasch mich, aber mach mich dabei bitte nicht nass.« Eine Entscheidung ist nur dann eine Entscheidung, wenn Sie mit sich selbst einen Vertrag schließen. Wenn Sie sich selbst Ihr Wort geben. Immer, wenn die kleine fiese Stimme in Aktion tritt, und Sie mit säuselnden Argumenten dazu überreden will, doch eine kleine Ausnahme zu machen, dann wird Ihr Wort Sie daran erinnern, dass es auf der Welt nichts Heiligeres gibt als ein Versprechen, das Sie gemacht haben. Mit dem letzten einen Prozent werden Sie auch die vielen Steine aus dem Weg räumen, die Ihnen unterwegs begegnen werden. Und glauben Sie mir, je tollkühner Ihre Vorhaben sind, desto mehr wird Sie das Leben prüfen, ob Sie es auch wirklich ernst meinen. Es wird Ihnen so manche Aufgabe stellen, die es zu bewältigen gilt, bevor Sie die Ziellinie überschreiten können.

Veränderung funktioniert nicht mit angezogener Handbremse.

Solange die Handbremse angezogen ist, wird Veränderung nicht funktionieren. Selbst wenn Sie zu neunundneunzig Prozent überzeugt sind, fehlt eben noch das letzte eine Prozent. Und dieses macht den Unterschied. Zwischen Veränderung und Stillstand. Zwischen persönlicher

Entwicklung und einem Leben im seelischen Niemandsland. Und vergessen Sie bitte eines nicht: Fehler zu machen gehört auf diesem Weg dazu, denn manchmal verlangt das Leben von uns, auf verschlungenen Pfaden ans Ziel zu kommen. Mehr noch, wenn Sie keine Fehler machen, ist das immer ein großes Warnsignal. Dann ist entweder die Tragweite der Entscheidung nicht groß genug, oder Sie befinden sich immer noch in der Komfortzone des Status quo und bemerken es vor lauter Gemütlichkeit gar nicht.

Apropos, haben Sie sich schon einmal gefragt, was für Sie das Gegenteil von Erfolg ist? Immer wieder bin ich erstaunt, dass viele Menschen Scheitern als das Gegenteil von Erfolg definieren. Dabei ist es genau umgekehrt. Fehler zu machen ist nicht nur ein Teil, sondern sogar eine notwendige Voraussetzung für das Erreichen Ihrer persönlichen Ziele und Träume. Für mich ist deshalb das Gegenteil von Erfolg etwas ganz anderes. Und wenn Sie sich jetzt fragen, was genau ich meine, dann will ich es Ihnen verraten: Es ist das Mittelmaß und das Verharren in der eigenen Komfortzone. Ich habe jahrelang dort gelebt und mich entschieden, nie mehr dorthin zurückzukehren. Machen Sie keine halben Sachen. Geben Sie die ganzen hundert Prozent oder lassen Sie es. Geben Sie alles oder nichts. Das gilt für die großen Vorhaben, aber noch viel mehr für all die kleinen Aufgaben, die wir so gerne »mal schnell nebenbei« erledigen. Und denken Sie immer daran, Sie tun das niemals für andere, sondern ausschließlich für sich selbst. Werden Sie zur besten Version von sich selbst und entfalten Sie Ihr volles Potenzial. Nur wer handelt, der macht auch Fehler. Und Fehler sind unbedingt notwendig, wenn Sie wachsen und lernen wollen. Genießen Sie den Weg und feiern Sie jeden Fehler. Er zeigt Ihnen, dass Sie vorankommen.

> **Fehler sind unbedingt notwendig, wenn Sie wachsen und lernen wollen.**

Change-Impulse, um Veränderung einfach zu machen:

▶ Im Leben gibt es keine Garantien. Ob etwas besser oder schlechter wird, finden Sie nur heraus, wenn Sie sich verändern.

▶ Veränderung ist schwarz oder weiß. Entweder Sie verändern sich oder Sie bleiben, wie Sie sind.

▶ Wenn Sie besser werden, wird Ihr gesamtes Leben besser.

▶ Ein Problem ist ein Problem und keine tolle Gelegenheit.

▶ Es gibt drei einfache Prinzipien, wie Sie erfolgreich mit Problemen umgehen: 1. Problem akzeptieren. 2. Problem lösen. 3. Mund abputzen und weitermachen.

▶ Wenn Ihr Fokus auf dem Problem liegt, können Sie nicht gleichzeitig die Lösung umsetzen.

▶ Niemand weiß, ob eine Entscheidung richtig oder falsch ist. Konzentrieren Sie sich lieber darauf, die Entscheidung richtig zu treffen.

▶ Ein Traum kann nur platzen, wenn Sie einen haben.

▶ Es gibt zwei Werte, die sich diametral gegenüberstehen: Freiheit und Sicherheit.

▶ Im immer schneller werdenden Wandel wird die persönliche Freiheit zur neuen Sicherheit.

▶ Das letzte eine Prozent macht den Unterschied, ob Sie sich nachhaltig verändern oder in alte Gewohnheiten zurückfallen.

▶ Schließen Sie einen Vertrag mit sich selbst und geben Sie sich Ihr Wort.

Mut zur Verantwortung

The man who passes the sentence should swing the sword.
If you would take a man's life, you owe it to him to look into his eyes
and hear his final words. And if you cannot bear to do that,
then perhaps the man does not deserve to die.
Eddard Stark in *A Song of Ice and Fire*

Kennen Sie die Geschichte von dem Fisch, der seit Tagen durch den großen Ozean schwimmt und völlig verzweifelt ist, weil er das Wasser einfach nicht findet? Vor einigen Wochen habe ich genau diese Metapher einem Freund erzählt. Er lachte laut und sagte dann: »Auweia, ziemlich doof, dieser Fisch!« Dann schüttelte er den Kopf und berichtete mir davon, wie unzufrieden er mit seiner aktuellen Situation im Job sei. Was er dabei anscheinend übersah, war die Tatsache, dass er sich in exakt der gleichen Situation befand wie der Fisch, über den er so lachen musste. Er fühlte sich als Opfer der Umstände, sah überall nur Schwierigkeiten und Probleme und hatte das Gefühl, für jedes noch so kleine Erfolgserlebnis hart kämpfen zu müssen. Dabei waren die Chancen und Möglichkeiten im Überfluss vorhanden und es wäre ein Leichtes gewesen, sie zu ergreifen. Wenn er sie denn nur wahrgenommen hätte. Doch er war noch nicht so weit.

Und so geht es sehr vielen Menschen, die häufig gar nicht wissen, was sie alles können. Jeden Tag aufs Neue warten die größten Chancen darauf, genutzt zu werden. Die vielen Möglichkeiten klopfen nicht nur einmal, sondern wieder und wieder an die Tür. Doch die wenigsten erkennen diese Chancen als das, was sie sind: wundervolle Gelegenheiten, sich zu verändern, besser zu werden und sich zur besten Version von sich selbst zu entwickeln. Warum ist das oft nicht sofort ersichtlich? Weil viele Menschen so sehr damit beschäftigt sind, das Wasserglas mit aller Macht festzuhalten. Weil sie ihren Fokus ausschließlich auf die Dinge richten, von denen sie der Meinung sind, dass sie ihnen vermeintlich fehlen. Der Blick fürs Wesentliche und vor allem für die eigenen Erfolge ist im Laufe der Zeit verloren gegangen. Und wenn Sie jetzt denken, dass ich hier vor allem von Menschen spreche, die nicht besonders viel auf die Reihe bekommen, dann täuschen Sie sich gewaltig. Es sind häufig Persönlichkeiten, die von ihrem Umfeld für ihre einzigartigen Eigenschaften bewundert werden. Nur bekommen Sie es selbst nicht mehr mit.

> Jeden Tag aufs Neue warten die größten Chancen darauf, genutzt zu werden.

Vor kurzem durfte ich mit einer fantastischen Unternehmerin arbeiten, die ihre Firma für die anstehenden Veränderungen der nächsten Jahre fit machen wollte. Sie sprühte nur so vor Energie, steckte die Mitarbeiter mit ihrer Leidenschaft an und wurde von sämtlichen Geschäftsinhabern der Straße für ihren Unternehmergeist, ihre Leidenschaft und ihre Power bewundert. Der einzige Mensch, der das komplett anders sah, war sie selbst. Sie grübelte, sie zweifelte und sabotierte ihren eigenen Erfolg. Sie stand sich selbst im Weg, weil sie sich permanent fragte, was sie denn alles falsch machte. Dabei machte die Dame gar nichts falsch. Ganz im Gegenteil. Sie war richtig klasse. Nur nahm sie es nicht wahr. Erst als sie begann, ihren Fokus auf die Dinge zu richten, die sie richtig gut machte, erkannte sie langsam, aber sicher, wie großartig sie tatsächlich war. Und in dem Moment änderte sich alles.

Kennen Sie solche Menschen? Verschließen Sie manchmal sogar selbst Ihre Augen vor dem eigenen Erfolg? Lassen Sie sich bitte niemals täuschen. Weder von sich selbst noch von anderen. Manche sind wahre Meister darin, Ihnen in epischer Breite zu erzählen, wie groß ihre Probleme doch wären, wie schwer sie es hätten und dass sie selbst für die kleinsten Dinge hart kämpfen müssten. Wenn man doch nur eine einzige Chance bekommen würde. So wie die anderen, die einfach viel erfolgreicher sind. Begründung? Ist doch klar, die anderen haben mehr Geld, bessere Startvoraussetzungen, verfügen über nützlichere Kontakte, haben einen Studienabschluss oder einfach mehr Glück als man selbst. Aber so wie der Fisch das Wasser nur finden wird, wenn er bereit ist, es um sich herum wahrzunehmen, so werden nur diejenigen erfolgreich sein, die auch bereit sind, Erfolg zu haben. Behalten Sie diesen Satz von nun an bitte immer im Hinterkopf, wenn wir uns in diesem Kapitel einigen universellen Prinzipien der Veränderung widmen werden.

Um Erfolg zu haben, müssen Sie bereit sein, ihn auch zu empfangen.

Okay, schon wieder so eine Idee, die sich einfach anhört. Sie müssen also den Erfolg auch haben wollen. Und das ist auch einfach. Eigentlich. Doch die große Masse macht es wieder einmal kompliziert und ist lieber jahrelang unglücklich, anstatt den einen Schritt zu machen, mit dem man der Lösung der eigenen Probleme näher kommen würde. Ich habe mich lange gefragt, woran das liegt. Und heute glaube ich es zu wissen. Die Antwort liegt in der Fokussierung und Ihrer Haltung zur Frage, was die Welt in ihrem Innersten zusammenhält. Und nur falls Sie jetzt Bedenken haben, dass wir ins Philosophische abdriften, dieses Kapitel gehört zu den Stellen im Buch, die eine besonders starke Hebelwirkung auf Ihren persönlichen Erfolg ausüben werden. Vielleicht ist es sogar das Kapitel mit der größten Praxisrelevanz von allen. Wenn Sie die Ideen und Konzepte auch tatsächlich anwenden. Die folgenden Seiten werden sich voll und ganz um Verantwortung drehen. Diese ist nämlich unabdingbar, wenn Veränderung gelingen soll. Ohne Verantwortung keine Veränderung.

> **Ohne Verantwortung keine Veränderung.**

Mangel oder Überfluss?

Ich erinnere mich an einen meiner Abteilungsleiter, der in einem Hamburger Warenhaus für den gesamten Bereich Heimtextilien verantwortlich war. Von außen betrachtet konnte man schwer einschätzen, wie alt er genau war. Er hätte sowohl ein früh gealterter Enddreißiger als auch ein noch einigermaßen fitter Mitsechziger sein können. Er sah immer sehr abgekämpft aus und fühlte sich permanent erschöpft. Sein Standardsatz ist mir bis heute im Gedächtnis geblieben:

»Herr Grzeskowitz, haben Sie bitte Verständnis, aber Sie wissen doch, wie schwer das alles ist. Ich kann auch nicht mehr als arbeiten.« Er klagte über den Standort, erklärte mir, dass die Kunden ab dem Fünfzehnten des Monats kein Geld mehr hätten, dass die Personaldecke einfach zu dünn sei und dass die Ware nicht mehr so attraktiv sei wie noch ein paar Jahre zuvor. Er jammerte, er nörgelte und lief permanent mit einer Trauermiene durch unser Kaufhaus. Egal, was er auch anpackte, für ihn war alles ein ewiger Kampf, den er gemäß seines eigenen Weltbilds auf keinen Fall gewinnen konnte. Unsere Kommunikation war wie ein Pingpong-Spiel. Wenn ich ihn fragte, warum die Umsätze im Keller waren, antwortete er: »Herr Grzeskowitz, haben Sie bitte Verständnis, wir haben zur Zeit einen so hohen Krankenstand.« Wollte ich wissen, warum die aktuelle Werbung noch nicht aufgebaut war, sagte er: »Herr Grzeskowitz, haben Sie bitte Verständnis, der zuständige Mitarbeiter steht heute an der Kasse.« Und selbst wenn er am wichtigsten Tag des Monats frei nahm, dann klagte er als Antwort auf meine Nachfrage: »Herr Grzeskowitz, haben Sie bitte Verständnis, aber ich muss auch auf meine Gesundheit achten. Der freie Tag steht mir schließlich zu.«

> Wer die Welt als einen Ort sieht, der von Mangel bestimmt wird, empfindet das Leben als einen permanenten Kampf.

Ich muss wohl nicht erwähnen, dass sich mein Verständnis sehr in Grenzen hielt. Es verging nicht ein Tag, an dem er die Opferkarte nicht ausspielte. Denn leider war sie der einzige Trumpf, den er überhaupt hatte. Statt Verantwortung für seine Mitarbeiter, seine Ergebnisse und vor allem für sich selbst zu übernehmen, flüchtete er sich in Ausreden, Schuldzuweisungen und Zynismus. Und nach ein paar intensiven Einzelgesprächen verstand ich, woher seine Opfermentalität und das daraus resultierende Anspruchsdenken kamen. Sie waren nichts anderes als eine direkte Folge seines ausgeprägten Mangeldenkens. Er sah die Welt ausschließlich durch die Knappheitsbrille und verhielt sich dementsprechend. Wie ein moderner Don Quijote kämpfte er um die wenigen Kunden, den schrumpfenden Umsatz, die Gunst seiner Mitarbeiter und auch um meine Anerkennung. Denn wenn man die Welt als einen Ort sieht, der von Mangel bestimmt wird, dann wird das Leben immer nur ein verzweifelter Kampf sein, der entsprechende Ergebnisse nach sich zieht.

Ausgeprägtes Mangeldenken führt zur Opfermentalität und zum Anspruchsdenken.

Und nun Hand aufs Herz, liebe Leserin, lieber Leser: Wie sehen Sie die Welt? Ist Ihr gedanklicher Fokus auf Mangel oder auf Überfluss ausgerichtet? Glauben Sie, dass Erfolg, Kunden, Gefühle, Geld, Liebe und jede andere Ressource knapp sind, oder haben Sie tief in Ihrem Inneren die Gewissheit, dass alles im Überfluss vorhanden und genug für alle da ist? Es macht einfach einen riesigen Unterschied, mit welcher Philosophie Sie durchs Leben gehen. Ob Sie sich wie mein Abteilungsleiter in einem permanenten Kampf befinden, davon ausgehen, dass die Menschen von Natur aus schlecht sind, und erwarten, dass Ihre Kunden und Geschäftspartner nur auf die beste Gelegenheit warten, Sie übers Ohr zu hauen. Oder ob Sie darauf vertrauen, dass im Universum das Prinzip des Überflusses gilt und Sie jederzeit mit den benötigten Ressourcen versorgt wird.

Woran Sie erkennen, worauf Ihr Fokus liegt? Ganz einfach, achten Sie einmal auf Ihre Gedanken, Ihre Sprache und vor allem auf Ihre Überzeugungen. Zusammen sind diese Dinge ein guter Indikator, der Ihnen verrät, ob Sie in der Gewissheit des Überflusses agieren, oder ob Sie vom Gefühl des Mangels und der Verlustangst getrieben werden. Ein kleines Beispiel gefällig? Vor kurzem war mein Stammfrisör krank, so dass ich auf einen anderen Salon ausweichen musste. Die Frisörin, die mir die Haare schnitt, erzählte mir von ihrem Wochenende, an dem sie auf der Hochzeit einer Freundin zu Gast war. Sie geriet ins Schwärmen: »Es waren über hundert Leute da, es gab ein Fünf-Gänge-Menü, Champagner bis zum Abwinken, eine große Torte und eine geniale Blues-Band hat bis in die frühen Morgenstunden gespielt.« Ich dachte gerade: »Wow, was für eine tolle Feier«, als meine Frisörin das schöne Bild mit einem Schlag zerstörte. Sie schüttelte nämlich den Kopf und sagte dann: »Was das alles gekostet hat! Welch eine Verschwendung!«

Solche Sätze sind ein deutliches Zeichen für Mangeldenken. Und nur, damit wir uns richtig verstehen: Ich möchte auf keinen Fall dazu aufrufen, sinnlos mit Geld um sich zu schmeißen, das man eigentlich gar nicht hat. Ich kenne viele Fälle von Paaren, die für den einen Tag ihrer Hochzeit mehrere zehntausend Euro ausgegeben haben, sich aber die Raten für ihr kleines Reihenhäuschen in den Jahren danach vom

Munde absparen mussten. So eine Entscheidung führt ja fast schon mit Ansage ins Unglück. Die große Kunst besteht stattdessen darin, sich beides leisten zu können, weil Sie ganz genau wissen, dass Sie jederzeit genug Ideen haben, mit denen Sie das benötigte Geld verdienen werden. Während Sie diese Zeilen lesen, schreien auf der ganzen Welt Menschen »Heureka, ich hab's!«. Sie haben ihre ganz persönliche Millionen-Euro-Idee in die Tat umgesetzt und nutzen ihre Kreativität und Leistungsbereitschaft, um ein Leben im Überfluss zu führen. Und das geht einfach nur dann, wenn Sie Ihren Fokus darauf ausrichten.

> Sie können sich vieles leisten, wenn Sie wissen, dass Sie genug gute Ideen haben, mit denen Sie das benötigte Geld verdienen werden.

Wann haben Sie Ihren Heureka-Moment?

Doch schauen Sie sich um: Das allgemeine Denken wird von Mangel und Angst beherrscht. Von der Grundhaltung, dass es ein Hauen und Stechen um die knappen Ressourcen geben müsse. Die Folge? Man hat Angst vor Konkurrenz, vor zu wenig Erfolg oder vor zu wenig Anerkennung. Man redet sich ein, dass die erfolgreichen Menschen immer »die anderen« sind und dass man selbst nicht genug wert sei. Das führt dann zur weit verbreiteten Überzeugung, wenn jemand ein Gewinner ist, dann müsse es auch einen Verlierer geben, auf dessen Kosten der Gewinn gemacht wurde. Doch wohin führt ein solches Denken? Zu erfolgreicher Veränderung auf keinen Fall. Und zu einem glücklichen und zufriedenen Leben erst recht nicht. Ich möchte Sie daher zu einer anderen Philosophie einladen. Wie wäre es, wenn Erfolg immer bedeuten würde, dass zwei Menschen Gewinner sind, weil jeder von ihnen seinen persönlichen Wert erhöhen kann? Wie wäre es, wenn die Möglichkeiten und Ressourcen wirklich unendlich wären? Wie wäre es, wenn das Leben nicht aus komplizierten Problemen, sondern aus einfachen Lösungen bestehen würde?

Es ist genug für alle da.

Ich möchte Ihnen eine meiner fundamentalsten Überzeugungen mitteilen: Es ist genug für alle da. Und es ist genug von allem da. Mittlerweile sollten Sie mich aber auch gut genug kennen, um zu wissen, dass ich Ihnen nun ganz bestimmt nicht erzählen werde, dass der Erfolg wie Manna vom Himmel fällt, während Sie bequem auf Ihrem Sofa sitzen und nur noch die Hände aufhalten müssen. Nein, ganz im Gegenteil. Für mich ist diese Philosophie eine vollkommen praktische Erfahrung, die ich jeden Tag aufs Neue mache. Und »machen« ist hier das Schlüsselwort. Denn ohne machen, ohne etwas dafür zu tun, wird der Überfluss niemals Einzug in Ihr Leben halten. Den müssen Sie sich schon erarbeiten. Jeden Tag aufs Neue. Haben wir das geklärt? Gut, dann lassen Sie es mich noch einmal wiederholen: Es ist genug für alle da. Und es ist genug von allem da. Genug Umsatz, genug Kunden, genug Geschäftsmöglichkeiten, genug Vertrauen, genug Gelegenheiten oder genug Liebe. Und auch das in den Augen vieler so verwerfliche Geld ist im Überfluss vorhanden.

Es ist genug von allem da.

Ja, Sie haben richtig gelesen. Es ist auch genug Geld für alle da. Es liegt nur so auf der Straße herum. »Aber Ilja, wie kann denn Geld im Überfluss vorhanden sein, wenn so viele Menschen so wenig davon haben?« Ich bin mir natürlich sehr bewusst, dass es zu keinem Thema der Welt so viele hinderliche Überzeugungen gibt wie zum Thema Geld. Schon von frühester Kindheit bekommen wir eingetrichtert, dass Geld den Charakter verdirbt und die Wurzel allen Übels sei. Aber wie wollen Sie etwas in Ihr Leben einladen, das Sie auf diese Art und Weise definieren? Dabei ist Geld nichts anderes als der Wert im Kopf des Gegenübers. Wann immer Sie jemandem Geld zahlen, tun Sie das, weil Sie als Gegenwert eine entsprechende Leistung erhalten. Sie bekommen ein Produkt oder eine Dienstleistung, für die Sie bereit sind, einen oder mehrere Euro auf den Tisch zu blättern. Und zwar, weil Ihnen diese Leistung die entsprechende Summe in Euro, Dollar oder Yen wert ist. Der Preis ist immer nur der Wertmaßstab, den Sie entweder zu zahlen bereit sind, oder eben auch nicht. Geld ist daher etwas Tolles. Wann immer es fließt, wann immer es den Besitzer wechselt, können Sie sicher sein, dass es gerade zu einem Austausch von Werten gekommen ist.

> Wann immer Geld den Besitzer wechselt, kommt es zu einem Austausch von Werten.

Wenn Sie etwas tiefer in die Thematik einsteigen wollen, dann empfehle ich Ihnen mein Buch *Denk Dich Reich*, in dem ich mich mit den Eigenschaften von Geld sehr intensiv auseinander gesetzt habe. Für den
Moment möchte ich nur noch einmal wiederholen, dass auch Geld
im Überfluss vorhanden ist. Vor dem Hintergrund der letzten Absätze
wage ich es sogar, eine noch kühnere Behauptung aufzustellen: Wenn
die Prämisse stimmt, dass sämtliches Geld, das Sie in Zukunft besitzen
werden, sich zurzeit in den Händen von anderen Menschen befindet,
dann haben Sie niemals zu wenig Geld, sondern immer nur zu wenige Ideen. Und dies ist wieder so ein Satz, über den es sich lohnt, ein
wenig länger nachzudenken. Er kann zu einem großen Durchbruch in
Richtung Erfolg führen.

Sie haben niemals zu wenig Geld. Sie haben nur zu wenige Ideen.

Zurück zum Mangeldenken. Sobald Sie die bewusste Entscheidung fällen, Ihren Fokus auf Überfluss auszurichten, geben Sie der Veränderung die Chance, ihr riesiges Potenzial zu entfalten. Und ob Sie es mir
jetzt schon glauben oder diesen Gedanken erst noch ein wenig sacken
lassen müssen, die Frage ist nicht, ob Sie in einer Welt des Überflusses
leben, sondern einzig und allein, ob Sie es so wahrnehmen. Die Frage
ist nicht, ob das Leben schön ist, sondern ob Sie seine Schönheit bemerken. Um also nicht wie der Fisch zu werden, der im großen Ozean
das Wasser nicht findet, ist es wichtig, den Fokus auf die unendlich
vielen Chancen auszurichten und bereit zu sein, diese auch wahrzunehmen und zu nutzen. Alles steht und fällt mit Ihrer grundlegenden
Lebensphilosophie, die sich schließlich in einer Zunahme von Kunden, Umsatz und Erfolg manifestieren kann. Klingt stark nach Esote-
rik, ist aber zu hundert Prozent Praxis.

**Die Frage ist nicht, ob das Leben schön ist, sondern ob Sie seine
Schönheit wahrnehmen.**

Alles beginnt damit, die volle Verantwortung für Ihre Gedanken zu
übernehmen. Statt zu resignieren, zu jammern oder vor einer großen
Herausforderung zu kneifen, möchte ich Sie einladen, bei nächster
Gelegenheit eines der folgenden Denkmuster auszuprobieren. Wie
muss ich umdenken, um das Problem zu lösen? In welche Richtung
muss ich denken, um mehr Umsatz zu machen? Welche Idee benötige

ich, um mir sowohl ein krachendes Hochzeitsfest als auch die Raten für mein Traumhaus leisten zu können? Lassen Sie sich überraschen, welche grandiosen Dinge passieren werden. Doch bevor Sie sich direkt an die Umsetzung machen, möchte ich Ihnen eine spannende Frage stellen: Haben Sie sich eigentlich schon mal gefragt, wer Ihre eigenen Gedanken denkt und steuert? Wenn Sie jetzt ganz spontan gedacht haben: »Na ich, wer denn bitte schön sonst?«, dann sollten Sie jetzt besonders aufmerksam weiterlesen. Es könnte nämlich sein, dass ich dabei bin, an einer weiteren festen Überzeugung von Ihnen zu rütteln.

Die Zukunft gehört den kritischen Denkern

»A man is literally what he thinks, his character being the complete sum of all his thoughts.« Dieses Zitat stammt aus dem 1902 erschienen Buch *As a man Thinketh* von James Allen, welches in mehrfacher Hinsicht faszinierend ist. Obwohl es nur aus knapp fünfzig Seiten besteht, enthält dieses kleine Büchlein mehr Weisheit als die meisten Werke unserer Zeit zusammen. Allen vergleicht dabei in einem Kapitel unseren Geist mit einem Garten und stellt im nächsten Schritt die Frage, wer die Verantwortung für dessen aktuelle und zukünftige Gestaltung trägt. Haben Sie Lust, dass wir uns Ihren metaphorischen Garten einmal anschauen? Ist dieser eher ein Zufallsprodukt, das von äußeren Umständen beeinflusst wurde und mit dem Sie sich irgendwann arrangiert haben? Haben Wind und Wetter die unterschiedlichsten Samen hineingeweht und wachsen die Blumen und Pflanzen wild und vollkommen durcheinander? Oder ist es ein Garten, der von Ihnen sorgfältig geplant wurde? In dem die einzelnen Blumen und Pflanzen von Ihnen persönlich mit Liebe ausgewählt und strategisch gesät wurden, damit Sie sich jeden Tag an dem perfekten Ergebnis erfreuen können? Und wie sieht es mit der Pflege aus? Bekommen die Blumen nur dann Wasser, wenn es zufällig regnet? Wird das Unkraut als unausweichlich akzeptiert und das Ganze mit der Ausrede begründet, dass so ein wilder Garten doch viel natürlicher sei? Oder erfreuen Sie sich so sehr am wunderschönen

> Ihr Geist ist wie ein Garten, für dessen Gestaltung und Pflege Sie die Verantwortung tragen.

Garten, dass Sie sich mit besonders viel Sorgfalt der Pflege des Natur-arrangements widmen?

Auch wenn diese Metapher auf den ersten Blick sehr harmlos wirkt, könnten die Konsequenzen für die Praxis größer nicht sein. Wie im ersten der beiden beschriebenen Gärten sieht es nämlich auch in vielen Köpfen aus. Die Gedanken der meisten Menschen sind selten das Ergebnis von stabilen Werten, kraftvollen Überzeugungen und einer visionären Lebensphilosophie. Vielmehr handelt es sich im Regelfall um Zufallsprodukte, die von äußeren Programmierungen und den Meinungen anderer beeinflusst wurden. Das Fernsehen, die unterschiedlichsten Radiosender und heutzutage auch viele Internetforen leisten da ganze Arbeit. Da werden die skurrilsten Meinungen, sinnlose Botschaften und falsche Informationen verbreitet und ungefiltert als offizielle Wahrheit angenommen. Es muss ja stimmen, schließlich hat es jemand im Fernsehen gesagt. Auf eine kritische Betrachtung oder eigenständiges Mitdenken wird komplett verzichtet, weil es einfach bequemer ist, wenn man das Denken der Glotze überlässt.

> **Es ist heute leider nicht selbstverständlich, eigenständig zu denken und die volle Verantwortung für das eigene Leben zu übernehmen.**

Ich finde es immer wieder erstaunlich, dass manche Menschen zwar morgens eine geschlagene Stunde im Badezimmer verbringen, um sich zu stylen, die Frisur in Form zu bringen und sich äußerlich penibelst zu pflegen, aber für die eigene Gedankenhygiene nicht eine einzige Minute aufbringen. Für künstliche Fingernägel, Haarverlängerungen und fragwürdig aufgepumpte Köperteile wird ein Vermögen ausgegeben. Doch die geistige Nahrung und mentale Pflege wird vor allem RTL II, dem Stammtisch oder der Bildzeitung anvertraut. Eigenverantwortliches Denken? Leider Fehlanzeige. Und warum auch, das Denken wird einem ja fast überall abgenommen. Es ist normal geworden, dass andere für einen denken und handeln. Die gesellschaftliche Rundumversorgung beginnt mittlerweile bei der Geburt und findet in so gut wie jedem Lebensbereich statt. Die Politiker entscheiden, was wir essen sollen, wie hoch wir eine Hecke pflanzen dürfen, ob wir uns im Auto anschnallen müssen und wie hoch der Lohn sein muss, den ein Unternehmer seinen Angestellten zahlt. Sie bestimmen insgesamt, wie wir leben und was wir denken sollen. Manchmal ganz offen, viel öfter jedoch sehr subtil. Bereits in der Schule lernen Kinder genau die Fähigkeiten, die benötigt werden, um ein erfolgreiches Schaf der großen Herde zu werden, das fleißig seine Steuern zahlt und das Denken dem fürsorglichen Nanny-Staat überlässt. In der Ausbildung oder an der Uni geht es dann genauso weiter. Und ehe man sich versieht, hat man völlig verlernt, eigenständig zu denken und die volle Verantwortung für das eigene Leben zu übernehmen.

Veränderung heißt Verantwortung übernehmen.

Sie denken, ich übertreibe? Ich glaube nicht. Schauen Sie sich um, und gehen Sie mit einem kritischen Blick durch die Welt. Die Zahl der Menschen, die andere für sich denken lassen, wächst stetig. Und natürlich gibt es mindestens genauso viele Menschen, welche es sich zur Lebensaufgabe gemacht haben, mit viel Engagement (und natürlich mit fürstlicher Bezahlung) zu bestimmen, wie andere zu leben haben. Weil diese Aufteilung für alle Beteiligten bequem ist, hat man sich längst damit arrangiert. Aber ist es nicht das höchste Gut überhaupt, die volle Verantwortung für das eigene Denken und Handeln zu tragen? Das Leben in die eigenen Hände zu nehmen und sich an der Achterbahnfahrt aus Erfolgen und Lernerfahrungen zu erfreuen? Die Gipfel genauso zu genießen wie die zwangsläufig auftretenden Täler? Ich glaube fest daran, dass es nichts Wichtigeres gibt. Doch wenn Sie die volle Verantwortung für Ihre Ergebnisse im Leben übernehmen wollen, dann müssen Sie den Mut haben, das schwarze Schaf in der gleichförmigen Herde zu sein. Sie müssen es wagen, unpopuläre Entscheidungen zu treffen, kritisch zu denken und sich selbst immer wieder in Frage zu stellen. Überlassen Sie die Dinge, die in den fünfzehn Zentimetern zwischen Ihren Ohren passieren, nicht dem Zufall, sondern erklären Sie Ihre Gedankenhygiene zur Chefsache.

> **Haben Sie den Mut, das schwarze Schaf in der gleichförmigen Herde zu sein?**

Eine wichtige Tatsache gilt es dabei zu verinnerlichen: Kein einziger Gedanke ist zufällig da und keine Idee fällt einfach vom Himmel. Der Prozess des Denkens läuft nach einem ganz einfachen Prinzip ab, das den Gesetzen von Ursache und Wirkung folgt. Was James Allen schon zum Anfang des letzten Jahrhunderts wusste, gilt im Zeitalter der digitalen Revolution und des Information Overloads noch viel mehr. Die Ergebnisse, die Sie im Leben erzielen und aus denen schlussendlich Ihre Realität entsteht, werden einzig und alleine durch die Gesamtheit der Gedanken bestimmt, die Ihnen den ganzen Tag im Kopf herumschwirren. Sie werden, was Sie den ganzen Tag denken. Und ja, ich kenne den Witz, dass die meisten Männer dann wahrscheinlich Cindy Crawford oder Heidi Klum wären (falls Sie jünger sein sollten, können Sie an dieser Stelle gerne ein aktuelles Beispiel einfügen). Doch ich denke, es wird deutlich, worauf ich hinauswill, nicht wahr?

Kein Gedanke ist zufällig da. Die Frage ist nur:
Kommt er von innen oder außen?

Um Ihre Träume in die Tat umzusetzen und anstehende Veränderungen zu Ihrem Vorteil zu nutzen, müssen Sie wieder zum Denker Ihrer eigenen Gedanken werden. Das bedeutet nichts anderes, als dass Sie die Fähigkeit trainieren müssen, kritisch und unkonventionell zu denken. Und damit meine ich nicht die weit verbreitete »Anti-Haltung«, die darin besteht, erst einmal dagegen zu sein, nur um dagegen zu sein, egal um was es geht. Nein, was ich mit kritischem Denken meine, ist etwas anderes. Fragen Sie sich einfach so häufig wie möglich und ganz bewusst: »Ist der Gedanke, den ich gerade denke, wirklich mein Gedanke, oder kommt er von außen? Ist dies meine Meinung, oder habe ich sie so oft im Fernsehen gehört, dass ich sie irgendwann einfach unkritisch übernommen habe?«
Stellen Sie die Dinge in Frage. Ganz besonders Ihre eigenen Meinungen und Vorurteile. Warum tun Sie dies? Warum glauben Sie jenes? Weil Sie es einfach schon immer so gemacht haben? Weil es einen Sinn hat? Vermeintlich eigene Gedanken finden nämlich von überall den Weg in unsere Köpfe und nisten sich dort ein. Aus den Medien, von Politikern, dem Internet, und natürlich dem Umfeld, in dem wir uns aufhalten.

Werden Sie zum Denker Ihrer eigenen Gedanken.

Je mehr Sie die Fähigkeit des kritischen Denkens trainieren, desto häufiger werden Sie feststellen, dass bestimmte Gedanken einfach da sind, weil Sie sich über viele Jahre haben konditionieren lassen. Aber erfolgreiche Veränderung erfolgt nun mal nur mit unkonventionellen Ideen und entsprechendem Denken. Wenn die große Masse »Hü« schreit, braucht es den Mut, »Hott« zu denken, um dem berühmt-berüchtigten Lemminge-Phänomen zu entgehen. Was das ist? Können Sie sich noch an die riesige Dotcom-Blase kurz nach der Jahrtausendwende erinnern, als viele Unternehmen einen milliardenschweren Börsenwert hatten, obwohl die Firmen in Wirklichkeit nur aus Briefkästen in Amsterdam bestanden? In der Endphase dieser Börsenblase kannte die Euphorie kein Grenzen, jeder wollte ein Stück vom Kuchen abhaben und es wurde einfach alles gekauft, was auf dem Markt war. Und zwar ohne nachzudenken, einfach weil es alle machten. Selbst als kurz vor dem Platzen der Blase von Manfred Krug in der Bildzeitung dazu aufgerufen wurde, auf den Aktienzug aufzuspringen, wurde niemand stutzig.

> **Nur weil alle etwas Falsches tun, wird es nicht richtiger.**

Die kritischen Denker hatten sich zu diesem Zeitpunkt längst ihre eigenen Gedanken gemacht, riesige Gewinne mitgenommen und die wertlosen Aktien abgestoßen. Als es dann zum großen Crash kam und die Masse der Verlierer in ein kollektives Wehklagen einstimmte, waren die Gewinner schon längst auf der Suche nach der nächsten Gelegenheit, ein Geschäft zu machen und ihren Wohlstand zu vergrößern. Und dies gelang ihnen nur, weil sie nicht mit den Wölfen heulten, sondern um die Ecke dachten und im Kopf nach Lösungen für die anstehenden Probleme suchten. Machen Sie sich so häufig wie möglich klar: Nur weil alle etwas Falsches tun, wird es nicht richtiger. Natürlich bedarf es dafür einer gewissen Courage. Den Popularitätspreis werden Sie auf diese Weise mit Sicherheit nicht erhalten. Aber der leichte Weg führt eben auch nicht zu Ihrem Ziel, sondern direkt ins Mittelmaß. Denken Sie also groß. Denken Sie mutig. Denken Sie unkonventionell. Denken Sie kritisch. Und stellen Sie nachhaltig sicher, dass Sie der Denker Ihrer eigenen Gedanken werden.

Wenn die große Masse »Hü« schreit, müssen Sie den Mut haben, »Hott« zu denken.

Raus aus der Opfermentalität

Mein Freund Tim hatte vor über zwanzig Jahren ein Vorstellungsgespräch für seinen absoluten Traumjob. Er hat den Job nicht bekommen. Und schleppt die Bürde dieses vermeintlichen Misserfolges noch immer mit sich herum. Statt Topmanager in einem renommierten Unternehmen zu sein, hat er sich nach diesem Tiefschlag entschieden, Beamter in einer Behörde zu werden. Das regelmäßige Einkommen und die Sicherheit des Arbeitsplatzes waren damals seine Hauptargumente. Doch wenn Sie ihn heute fragen würden, ob er glücklich ist, dann würde er dies vehement verneinen. Und schuld an der Misere ist seiner Meinung nach der arrogante Personaler, der ihm vor über zwanzig Jahren nicht die Chance gab, seine wahren Stärken zu zeigen. Ob es sich um seine vielen gescheiterten Beziehungen, die Unzufriedenheit im Job oder seine angeknackste Psyche handelt, immer wenn er kurz davor ist, etwas zu ändern, schlüpft er wieder in die Opferrolle und kramt das Erlebnis von damals hervor. Aber ist eine solche Strategie wirklich zielführend? Unterm Strich haben Sie zwei Möglichkeiten: Sie können sich als Opfer der äußeren Umstände fühlen oder eine bewusste Wahl für eine Einstellung treffen, mit der auch in schweren Zeiten erstklassige Ergebnisse möglich sind. Doch die große Masse scheint vergessen zu haben, dass diese zweite Alternative existiert, und gibt sich hemmungslos den Ausreden und der Jammerei hin. Beim ersten Anzeichen von Schwierigkeiten wird die beliebte Opferkarte gezogen und nach allen Regeln der Kunst ausgespielt. Ich möchte Ihnen daher ein weiteres einfaches Prinzip vorstellen. Im Leben gibt es Dinge, die Sie beeinflussen können. Und es gibt Dinge, die Sie nicht beeinflussen können. Und die alles entscheidende Frage ist: Wofür verwenden Sie Ihre Zeit, Energie und Kraft?

> **Sie können sich als Opfer der Umstände fühlen oder sich bewusst für eine Einstellung entscheiden, die auch in schwierigen Zeiten Erfolge ermöglicht.**

Im Leben gibt es Dinge, die Sie ändern können. Und es gibt Dinge, die Sie nicht ändern können. Worauf konzentrieren Sie sich?

Stellen Sie sich vor, Sie hätten einen großen Baumstamm in Ihrem Garten liegen. Diesen sägen Sie mit Ihrer schärfsten Säge in viele Holzscheiben. Aber anstatt diese zu verbrennen, zu verarbeiten oder zu verkaufen, holen Sie sich den guten alten Holzleim aus der Garage und kleben alles wieder fein säuberlich zusammen. Warum? Damit Sie den gleichen Baumstamm immer und immer wieder sägen können. Hört sich nicht gerade nach einer super Idee an, nicht wahr? Aber genau das ist es, was die meisten Menschen mit ihren Problemen tun. Sie schleppen die schlechten Erfahrungen und Erlebnisse ihr gesamtes Leben lang wie einen schweren emotionalen Rucksack mit sich herum, den sie dann als Ausrede benutzen, sich als Opfer fühlen zu können und die eigenen Träume nicht verfolgen zu müssen. Neulich sagte jemand zu mir: »Ach Ilja, wenn das mit der Veränderung doch so einfach wäre. Aber als ich sieben Jahre alt war, wurde ich in der Schule von meinen Klassenkameraden gemobbt.«

Hören Sie auf, die immer gleichen Baumstämme zu sägen.

Keine Frage, so etwas ist nicht schön. Aber mittlerweile war die gute Frau über fünfzig. Das Erlebnis war ganze dreiundvierzig Jahre her. Trotzdem hatte sie sich entschieden, den Baumstamm immer wieder zu sägen und schleppte die schwere Bürde ihres emotionalen Rucksacks brav mit sich herum. Um es auf den Punkt zu bringen. Natürlich gibt es einschneidende und sehr belastende Erfahrungen. Doch irgendwann muss es auch mal gut sein. Die Vergangenheit entspricht nämlich niemals der Zukunft. Es sei denn, Sie entscheiden sich dafür, in der Vergangenheit zu leben. Und jetzt sind wir wieder beim Denken. Denn es ist ja nicht das Erlebnis selbst, das man da mit sich herumschleppt, sondern einzig und allein die Erinnerung und die Bewertung des Erlebnisses. Bei meinem Freund Tim ist nicht die Firma oder sein damaliger Gesprächspartner an seinen schlechten Gefühlen schuld. Er kann das Erlebte nicht mehr ändern. Was er aber ändern kann, ist die Art, wie er das Ereignis bewertet und wie er heute darüber denkt. Dies ist einfacher als Sie glauben, aber erstaunlicherweise wollen viele Menschen ihre Art zu Denken überhaupt nicht verändern. Stattdessen bevorzugen sie das stete und fleißige Sägen des immer gleichen Baumstammes. Und darin werden sie dann richtige Profis. Denn wenn sie das Problem

> Die Vergangenheit entspricht niemals der Zukunft, es sei denn Sie entscheiden sich dafür, in der Vergangenheit zu leben.

gelöst hätten, dann könnten sie es niemandem mehr erzählen. Und genau das gehört nun mal zu den größten Hobbys vieler Menschen. Setzen Sie sich einmal einen ganzen Vormittag in das Wartezimmer einer durchschnittlichen deutschen Arztpraxis, und Sie wissen, was ich meine. Statt das Problem zu lösen, jammern diese Menschen lieber, suchen nach Ausreden, warum sie sich nicht verändern können, und haben im Laufe der Zeit eine regelrechte Meisterschaft darin entwickelt, die Opferkarte perfekt auszuspielen. Das Resultat: Man redet sich täglich ein, dass andere Menschen und die äußeren Umstände daran schuld sind, dass man ja doch nie eine Chance hatte. Und irgendwann ist es dann soweit und man glaubt es selbst. Man fühlt sich nicht mehr nur als Opfer, sondern ist es tatsächlich geworden. Die Realität hat sich der eigenen Einstellung angepasst.

Wenn Sie sich nur lange genug einreden, ein Opfer zu sein, werden Sie es eines Tages auch.

Natürlich würden Menschen niemals zugeben, dass sie nach Ausreden suchen, jammern und sich der Opfermentalität hingeben. Eher sagen sie Dinge wie:»Weißt du, Ilja, ich bin einfach Realist« oder »Früher ging so etwas noch, heute ist das nicht mehr so einfach« oder »Manche Menschen werden echt mit einem goldenen Löffel im Mund geboren, und ich warte heute noch darauf, dass man mir eine einzige Chance gibt.« Aber trotz aller blumigen Formulierungen sind und bleiben es Ausreden. Ausreden, um sich nicht zu verändern und seine Träume nicht angehen zu müssen. Ich nehme es gerne in Kauf, mich noch einmal zu wiederholen: Sie sind für Ihre Ergebnisse und Ihr Leben verantwortlich. Niemand anderes wird Ihnen jemals eine Chance geben. Sie müssen sich diese Möglichkeiten selbst erschaffen und dann in die Tat umsetzen. Wenn Sie es nicht tun, tut es niemand. Doch weil viele dafür einfach nicht bereit sind, nutzen sie die Flucht in die Opferrolle als perfekte Begründung, warum sie nicht das geschafft haben, was sie sich vor langer Zeit einmal vorgenommen hatten. Stattdessen lebt man lieber im seelischen Niemandsland und macht es sich in seiner eigenen Komfortzone so richtig schön gemütlich. Das Wachstum ist gleich null. Und das macht auf Dauer unzufrieden. Sehr unzufrieden.

Niemand serviert Ihnen die Chancen auf dem Silbertablett. Sie müssen sich die Möglichkeiten selbst erschaffen.

Das liest sich alles recht einleuchtend, nicht wahr? Aber warum schaffen es dann so wenige, sich aus dem Teufelskreis der Opfermentalität zu befreien und die Verantwortung für die eigene Einstellung zu übernehmen? Der Grund ist, dass man selbst meistens gar nicht richtig wahrnimmt, dass man sich in einer solchen Negativspirale befindet. Man ist so damit beschäftigt, auf die komplizierten Probleme zu achten, dass man die naheliegende einfache Lösung schlichtweg übersieht. Woher ich das so genau weiß? Weil es eine Zeit in meinem Leben gab, wo ich dieses Muster selbst gerne angewendet habe. Früher hatte ich fast hundert Geschäftsführerkollegen, von denen sich der Großteil den ganzen Tag gegenseitig anrief, um sich über die furchtbaren Umstände zu beklagen. Man verfiel jeden Tag aufs Neue in eine kollektive Jammerei, warum man einfach keine Umsätze mehr machen konnte, und prophezeite sich gegenseitig den Untergang des Unternehmens im Speziellen und des Abendlandes im Allgemeinen.

> **Wer zu sehr auf vermeintlich komplizierte Probleme fixiert ist, gerät in eine Negativspirale. Die einfachen Lösungen werden übersehen.**

Auch ich hatte ein paar solcher Telefonfreunde, mit denen ich meine eigene Opfermentalität ausleben konnte. Wir teilten unsere gemeinsamen Opfergeschichten und sorgten dafür, dass wir auf keinen Fall etwas dagegen unternahmen. Schließlich waren niemals wir, sondern immer die anderen schuld. Mit diesem kleinen Trick erlaubten wir uns gegenseitig, im Mittelmaß zu verharren. Doch zum Glück hatte ich auch ein paar Kollegen, mit denen ich gut befreundet war, und die sich deshalb trauten, mir schonungslos den Spiegel vorzuhalten. Komischerweise waren es auch diejenigen, die trotz der gleichen Rahmenbedingungen hervorragende Umsätze generierten, motivierte Teams führten und erfolgreiche Standorte leiteten. Als ich eines Tages meinen Kollegen Michael anrief, um ihm davon zu erzählen, wie schlecht ich die aktuelle Herbstkollektion fand, machte dieser eine deutliche Ansage: »Lass mich bloß mit der Jammerei in Ruhe. Ich habe für das ganze Genörgel und das Suchen nach Ausreden keine Zeit. Ich muss Umsatz machen und erfolgreich sein!« Rumms, das saß. Aber die Bemerkung brachte mich auch zum Nachdenken. Und damit ins Handeln. Sollte ich tatsächlich einer dieser Jammerer geworden sein, über die ich mich selbst so gerne beschwerte? Als ich abends in den Spiegel schaute, wurde mir auf einmal sehr bewusst, dass ich nur zwei Möglichkeiten hatte: Entweder ich konnte so weitermachen, mich als Opfer fühlen und meine Reise Richtung Mittelmaß fortführen. Oder ich konnte die Entscheidung treffen, die volle Verantwortung für meine Ergebnisse zu übernehmen und meine Einstellung zu verändern. Also suchte ich den Kontakt zu Menschen mit der richtigen Attitüde und fand schnell heraus, worin der Unterschied lag. Sie übernahmen Verantwortung und dachten anders, als es die Kollegen taten, die den ganzen Tag am Telefon hingen. Sie hatten begriffen, dass Veränderung eine innere Haltung ist, und ließen sich auch von schwierigen Rahmenbedingungen nicht aufhalten. Vor allem aber waren sie die Denker ihrer eigenen Gedanken und legten somit die notwendige Grundlage für die richtigen Entscheidungen und in der Folge für erstklassige Ergebnisse.

Und nun kommt die Quintessenz der letzten Absätze: Sie können im Leben entweder Opfer oder Gestalter sein. Aber niemals beides gleichzeitig. Sie können ein Problem nicht lösen, wenn Sie gerade dabei sind, es in aller Kunst zu zelebrieren, zu analysieren und Ihren gesamten Fokus darauf richten. Natürlich ist es einfach, sich in die Opferrolle zu flüchten und sich damit abzufinden, dass man ja doch nichts ändern kann. Doch es ist und bleibt eine Ausrede, um in der eigenen Komfortzone bleiben zu können. Wenn Sie sich als Opfer der äußeren Umstände fühlen, dann können Sie nicht gleichzeitig aktiv Ihre Zukunft gestalten und Ihre Träume leben. Lassen Sie das bitte nicht zu. Alles beginnt damit, dass Sie die komplette Verantwortung für Ihre Einstellung, Ihre Ergebnisse und Ihr Leben übernehmen. Für alles Gute, was Ihnen passiert, und auch für die negativen Dinge.

Sie können im Leben entweder Opfer oder Gestalter sein.

Sie können im Leben entweder Opfer sein oder die Verantwortung für Ihre Ergebnisse übernehmen. Aber niemals beides gleichzeitig.

Dies war eine der härtesten Lektionen, die ich in den letzten zehn Jahren lernen durfte. Gerade dann, wenn die Umstände am schwersten waren, eben nicht in die Opferrolle zu flüchten und die Verantwortung von mir wegzuschieben, sondern mir die Frage zu stellen: »Wie muss ich umdenken, damit ich die Situation ändern kann?« Geholfen hat mir hier das Golfspiel. Wenn Sie selbst nach dem kleinen, weißen Ball süchtig sind, dann wissen Sie, dass es beim Golfspiel vor allem darauf ankommt, die eigenen Fehlschläge bestmöglich auszubügeln. Die Kunst besteht eben nicht darin, sich über den 280-Meter-Drive zu freuen, den man in die Mitte des Fairways schlägt. Spannend wird es, wenn der Abschlag im tiefen Gras auf der rechten Seite abseits der Spielbahn landet. Scheinbar unmögliche Situationen zu meistern und das Loch trotzdem erfolgreich abzuschließen, das ist es, worauf es ankommt. Diese Erfahrungen bringen die größten Lerneffekte, egal, wie schwer die Ausgangslage auch scheint. Es ist niemals hoffnungslos und es ist auch niemals unmöglich, ein positives Endergebnis zu erzielen.

Wie gut Sie sind, zeigt sich in den Situationen, in denen alles gegen Sie spricht.

Das geht natürlich nur, wenn Sie Ihren Fokus auf das Ziel richten, auf das, was Sie erreichen wollen. Das ist nicht immer leicht und es gibt auch keine Garantie, dass es immer funktioniert. Aber was glauben Sie, ist langfristig erfüllender? Es jedes Mal wieder zu versuchen, auch wenn Sie wissen, dass es nicht immer klappt? Oder von vornherein zu resignieren, sich in die Opferrolle zu flüchten und dann zu jammern, wie schwer doch alles ist? Sobald Sie beginnen, Ihr Leben in die eigenen Hände zu nehmen, werden auf dem Weg so viele wundervolle Dinge geschehen, dass Sie sich fragen werden, wie Sie jemals ohne diese Vielfalt und Zufriedenheit leben konnten. Doch dafür müssen Sie bereit sein, immer ein wenig mehr zu geben als die große Masse. Mehr Einsatz, mehr Motivation und vor allem mehr Anspruch an sich selbst. Und es lohnt sich, denn auf der Extrameile gibt es niemals Stau, weil es sich um Wege handelt, die von den meisten Menschen gemieden werden. Klingt das für Sie erstrebenswert?

Es lohnt sich, die Extrameile zu gehen, denn dort gibt es niemals Stau.

Schluss mit dem Anspruchsdenken

Sind Sie bereit für die nächste Runde einer kritischen Überprüfung des Status quo? Dann nichts wie los. Lassen Sie bitte die folgende Aussage auf sich wirken: Jeder Mensch hat ein Recht auf Bildung, bezahlbare Mieten und einen staatlich garantierten Mindestlohn, von dem man auch wirklich leben kann. Finden Sie nicht auch? Wenn Sie jetzt gerade heftig mit dem Kopf genickt haben, dann ist es an der Zeit, das unkonventionelle Denken in die Tat umzusetzen und diese Aussagen kritisch zu hinterfragen. Dies ist wichtig, weil wir uns an einem entscheidenden Punkt im magischen Universum der Veränderung befinden. Die Opfermentalität hat nämlich einen pfiffigen Zwillingsbruder, der es sich zur Aufgabe gemacht hat, seinem Geschwisterchen in nichts nachzustehen. Das Phänomen, welches ich meine, breitet sich zurzeit rasant aus, und es ist wirklich nicht leicht, sich davor zu schützen. Aber wenn Sie die Kraft der Veränderung in seiner vollen Intensität nutzen wollen, dann führt kein Weg daran vorbei, diese Eigenschaft schleunigst zu erkennen. Und dann zügig abzulegen. Ich rede vom sich immer mehr ausbreitenden Anspruchsdenken und der festen Überzeugung, ein Recht auf die unterschiedlichsten materiellen Dinge und immateriellen Leistungen im Leben zu haben. Und zwar – und das ist der entscheidende Punkt – ohne dass man irgendeine Gegenleistung dafür liefern müsste.

> **Hinter dem Anspruchsdenken steht die Überzeugung, ein Anrecht auf Dinge und Leistungen zu haben – und zwar, ohne eine Gegenleistung liefern zu müssen.**

Wir leben mittlerweile in einer Welt, in der das Wesentliche häufig durch leere Worthülsen und äußere Programmierungen verschleiert wird. Ich weiß nicht, wie es bei Ihnen ist, aber wenn ich jemandem mein Wort gebe oder mich entscheide, einen Vertrag einzugehen, dann ist das für mich das Heiligste, was es überhaupt gibt. Meine Geschäftspartner können sich darauf verlassen, dass ein Handschlag bei mir genauso viel wert ist wie die Unterschrift unter einem zehnseitigen Dokument. Weil ich mir sehr bewusst bin, dass ein Vertrag immer zwei Seiten beinhaltet. Gehe ich ihn ein, dann weiß ich, dass ich Rechte habe, aber genauso auch Pflichten. Ein praktisches Beispiel. Wenn Sie heute einen Arbeitsvertrag als Bäcker unterschreiben, dann wissen Sie genau, was Sie erwartet. Sie haben sich freiwillig verpflichtet, mitten in der Nacht aufzustehen, morgens die Brötchen in der Backstube zu produzieren und hinter der Theke die frische Ware an die Kunden zu verkaufen. Im Gegenzug räumt Ihnen der Inhaber der Bäckerei mit seiner Unterschrift auch Rechte ein. Sie bekommen für diese Tätigkeiten ein Gehalt (auf welches Sie sich beide vorher einvernehmlich geeinigt haben), haben Anspruch auf Urlaub und erhalten eventuell die Möglichkeit, sich regelmäßig weiterzubilden. Sowohl Sie als auch Ihr Chef wissen ganz genau, welche Konsequenzen die beiden Unterschriften unter dem Vertrag in Bezug auf Rechte und Pflichten nach sich ziehen.

Doch in der Realität vergisst die große Masse mittlerweile sehr gerne, dass mit dem Erwerb von Rechten immer auch ein paar Pflichten einhergehen. Denn nur so kommt ein Vertrag zwischen zwei Personen zustande. Wenn für alle Beteiligten der Wertzuwachs durch die Vereinbarung größer ist als ohne. Immer dann, wenn ein freiwilliger Vertrag eingegangen wird, in dem Rechte und Pflichten in Balance sind, profitieren alle Beteiligten von diesem Deal. Um es daher auf den Punkt zu bringen: Sie haben nur ein Anrecht auf das, was Ihnen jemand per Handschlag oder Unterschrift aufgrund einer freiwillig getroffenen Vereinbarung mit gegenseitigem Werteaustausch zusichert. Alle anderen Ansprüche beruhen auf Scheinrechten, die andere Ihnen einreden wollen, weil sie zufällig genau diejenigen sind, die von diesen vermeintlichen Rechten profitieren. Doch diese Ansprüche sind nicht nur eine Illusion, sondern führen auch auf direktem Wege ins Mittelmaß und Richtung seelisches Niemandsland.

> **Anspruchs-denken beruht nicht nur auf einer Illusion, sondern führt auch auf direktem Weg ins Mittelmaß und seelische Niemandsland.**

Ein freiwillig eingegangener Vertrag führt zu einer Win-win-Situation, weil es zu einem Wertzuwachs auf beiden Seiten kommt.

Natürlich, Verantwortung zu übernehmen ist hart. Deshalb gehen so viele Menschen wohl auch lieber den leichten und bequemen Weg. Eher zieht man vor Gericht, verklagt jemanden und beruft sich auf vermeintliche Rechte, anstatt selbst etwas zu tun. Und früh übt sich, wer es im Anspruchsdenken einmal weit bringen will. Mein amerikanischer Speakerkollege Eric Chester hat vor einiger Zeit ein Video auf YouTube veröffentlicht, in dem er jungen Menschen folgende Frage stellt:»Warum glauben Sie, nach Ihrem Collegeabschluss ein Recht auf einen Arbeitsplatz zu haben?« Die Antworten ähnelten einander und waren durch die Bank bezeichnend. Hier ein kleiner Auszug:»Weil ich es verdient habe«,»Weil ich so hart gelernt habe«,»Weil ich viel Geld für das College bezahle« oder auch:»Damit ich gut leben und meine Krankenversicherung bezahlen kann.« Nicht ein einziger kam auf die Idee, dass er auch etwas leisten und einen Wert für den zukünftigen Arbeitgeber erbringen müsste. Heutzutage weiß jeder scheinbar ganz genau, welche vermeintlichen Rechte er hat. Doch die im Gegenzug notwendigen Pflichten geraten schnell in Vergessenheit. Ich werde es nie vergessen, wie ich vor Jahren ein Einstellungsgespräch mit einem Kandidaten für eine vakante Abteilungsleiterposition führte. Als ich den Herrn zum Abschluss der Unterhaltung fragte:»Was ist denn der Hauptgrund, warum ich Sie einstellen sollte?«, bekam ich als Antwort: »Naja, ich habe gerade ein Reihenhaus gebaut und muss die monatlichen Raten ja irgendwie bezahlen.« Noch Fragen?

Es läuft immer wieder auf den Austausch und das Vermehren von Werten hinaus. Doch dafür ist es notwendig, dass jeder einen Beitrag leistet. Wenn einer immer nur nimmt, während der andere geben muss, dann ist dieses Modell ganz einfach zum Scheitern verurteilt. Auch hier bei uns in Deutschland wächst die Anspruchsmentalität immer mehr. Schlagen Sie an einem beliebigen Tag eine große Tageszeitung auf, und Sie können meine Behauptung auf jeder zweiten Seite in lautstarken Überschriften nachlesen. Man hat einen Anspruch auf öffentlich-rechtliches Fernsehen ohne Zensur, auf einen sicheren Arbeitsplatz oder auf regelmäßige (Weiter-)Bildung. Für die Erfüllung dieser Ansprüche sind dann die verschiedensten Institutionen und Behörden und natürlich der Arbeitgeber verantwortlich. Nur man selbst eben nicht. Warum auch, die anderen können es ja viel besser. Und schön bequem ist es ja auch. Woher dieses Denken stammt? Es erstaunt nicht, dass die Opfer- und

> Opfer- und Anspruchsmentalität treten fast immer zusammen auf und vervielfachen so ihre Wirkung.

die Anspruchsmentalität fast immer zusammen auftreten, und somit ihre Wirkung noch vervielfachen.

Doch worauf basieren diese Ansprüche und das vermeintliche Anrecht auf die unterschiedlichsten Leistungen? Auf Freiwilligkeit jedenfalls nicht. Sämtliche Ansprüche, die man Ihnen täglich einzureden versucht, basieren nämlich einzig und allein auf Zwang und der Tatsache, dass andere für Sie denken und wiederum andere für Sie zahlen sollen. Die Politiker, die Medien und gerne auch das eigene Umfeld versprechen Ihnen die unterschiedlichsten Rechte, ohne dass Sie die Verantwortung für die notwendigen Pflichten übernehmen müssten. Und die sind für den gegenseitigen Austausch von Werten nun mal entscheidend. Von Eigenverantwortung keine Spur. Die Anspruchsmentalität ist die klassische Fortsetzung der Opfermentalität. Weil man ja nichts für die eigene Situation kann, müssen einem eben auch andere helfen, aus der misslichen Lage wieder herauszukommen. Und die Menschen, die diese Rolle nur zu gerne übernehmen, stehen bereits Schlange. Doch denken Sie auch hier bitte kritisch. Sämtliche Menschen, die Ihnen suggerieren wollen, dass Sie bestimmte Ansprüche haben, verdanken ihre eigene Position vor allem der Tatsache, dass man sie braucht, um diese Ansprüche zu erfüllen. Was aber würde passieren, wenn die große Masse auf einmal Verantwortung für das eigene Leben übernehmen würde? Was würde passieren, wenn die Menschen den Mut hätten, eigenständig zu denken und eigenverantwortlich zu handeln? Was würde passieren, wenn ein Vertrag wieder ein Vertrag wäre und ein Wort mehr zählen würde als sämtliche Paragraphen in den Verordnungen, Abgabenlisten und Verbotsvorschriften? Die Beantwortung dieser kleinen Frage überlasse ich ganz allein Ihrer Fantasie. Oder Sie lesen *Atlas Shrugged* von Ayn Rand, eines meiner Lieblingsbücher.

> Was würde passieren, wenn die Menschen den Mut hätten, eigenständig zu denken und eigenverantwortlich zu handeln?

Der Teufel liegt auch hier im Detail. Weil das Ganze nämlich so abstrakt ist, und fast die ganze Gesellschaft betrifft, machen wenige Menschen den Übertrag auf ihre persönliche Lebenssituation. Das Anspruchsdenken ist so normal geworden, dass es nur noch wenige kritische Denker gibt, die sich daran stören. Dabei könnten die Auswirkungen einer solchen Lebensphilosophie gravierender nicht sein. Vor allem auf Ihre ganz persönliche Zufriedenheit und das generelle Wachstum in Ihrem Leben. Und weil sich auch das so harmlos und abstrakt anhört, möchte ich Ihnen eine kleine Geschichte erzählen. Diese habe ich in etwas abgewandelter Form zum ersten Mal von Randy Gage gehört, der sie aber auch wieder von jemand anderem hat. Den Urheber des folgenden Gedankenspiels kann ich Ihnen daher nicht nennen. Viel wichtiger ist sowieso die Botschaft. Die können Sie nämlich täglich in Ihrem ganz persönlichen Umfeld beobachten. Wenn Sie kritisch denken und mit offenen Augen durch die Welt gehen.

Das Anspruchsdenken schadet unserer Zufriedenheit und verhindert generelles Wachstum im Leben.

Stellen Sie sich bitte vor, dass wir mit einer kleinen Gruppe von fünfundzwanzig Personen in einem Privatflugzeug nach Hawaii zu einem exklusiven Seminar unterwegs sind. Mitten über dem Ozean hat unsere Maschine einen Motorschaden und dem Piloten gelingt es gerade noch so, eine mustergültige Notlandung hinzulegen. Ehe wir uns versehen, befinden wir uns auf einer einsamen Insel mitten im Nirgendwo. Wir haben keine Ahnung, wo wir sind, und da die Blackbox auf dem Meeresgrund liegt, weiß es auch niemand sonst. Da wir offiziell als verschollen gelten, machen wir das Beste aus der Situation und beginnen, die Insel zu erkunden. Nach einem halben Tag Fußmarsch entdecken wir eine große Lichtung, die wir als unser zukünftiges Lager auswählen.

Dort gibt es genügend Holz, um Hütten zu bauen, einen kleinen Wald, in dem sich Beeren zum Sammeln und Tiere zum Jagen befinden. Weiterhin gibt es in der Nähe einen Berg mit einer Trinkwasserquelle, aus der wir unser Wasser beziehen können. Es ist zwar ein beschwerlicher Weg von jeweils zwei Stunden hin und zwei Stunden zurück, doch wenn wir überleben wollen, müssen wir da durch. Und so vergehen die ersten Tage. Wir sind vollends damit beschäftigt, unsere Hütten zu bauen, Eichhörnchen zu jagen, Beeren zu sammeln, Wasser zu holen und uns etwas zu essen zu kochen. Nachdem alles mehr oder weniger routiniert funktioniert, fangen wir sogar an, untereinander Tauschhandel zu treiben. So holt Jürgen die doppelte Menge an Wasser, dafür sammelt Renate für ihn ein paar Beeren mit. Ja, man könnte sagen, dass wir es in unserem kleinen Inselparadies recht gut getroffen haben. Wir arbeiten hart und über zwölf Stunden am Tag. Eigentlich sollten wir glücklich sein. Doch irgendwie will es nicht recht vorangehen und unbewusst spüren wir, dass uns etwas fehlt. Wir wachsen nicht.

Eines Tages jedoch liegt Paul nach einem harten Arbeitstag völlig erschöpft in seiner Holzhütte und hat eine Idee. Wie wäre es, wenn er einen Brunnen bauen würde, um das Trinkwasser direkt an seiner Hütte aus dem Boden zu fördern? Wenn ihm dies gelänge, könnte er sich die täglichen vier Stunden Fußmarsch zum Wasserholen sparen und die Zeit anderweitig nutzen. Doch wie soll er diese Idee neben seiner harten Arbeit schaffen? Es gibt nur eine Möglichkeit. Paul nutzt die knappe Zeit nach Feierabend für sein Projekt. Während alle anderen erschöpft schlafen, baut er sich Werkzeuge, konstruiert sein Pumpensystem aus Holz und beginnt zu graben. Nach über drei Monaten harter Extra-Arbeit ist er endlich fertig.

Feierlich verkündet Paul eines Abends die Fertigstellung des Brunnens und seines ausgeklügelten Rohrsystems, welches das Trinkwasser direkt aus dem Boden in eine riesige Tonne vor seiner Hütte befördert. »Hört zu Leute«, sagt er voller Stolz, »ich habe einen Brunnen gebaut, und würde das Wasser gerne gegen Beeren, Kleidung oder andere eurer Produkte eintauschen. Die Rechnung ist einfach: Ihr profitiert von dem Deal, weil ihr euch die vier Stunden Fußmarsch pro Tag spart. Und ich gewinne, weil ich nicht mehr so lange jagen, sammeln und arbeiten muss. Wer ist dabei?« Natürlich sind alle begeistert und wir beschließen, dass jeder von uns eine Stunde seiner Arbeit gegen das frische Wasser eintauscht. Eine klassische Winwin-Situation, denn wir alle sparen uns drei Stunden Arbeit. Und Paul spart sogar 24 Stunden durch all die schönen Dinge, die er dafür im Austausch erhält. Obwohl seine Idee komplett eigennützig gewesen war, haben alle gewonnen. Und was noch viel wichtiger ist: Niemand wurde zu dem Deal gezwungen. Jeder einzelne hätte natürlich auch weiterhin täglich vier Stunden sein Wasser vom Berg holen können. Nur wollte das natürlich keiner.

> Paul hatte eine komplett eigennützige Idee – doch alle haben gewonnen.

Paul geht es jetzt richtig gut. Vorher hat er zwölf Stunden am Tag gearbeitet, die er sich nun komplett spart – ein sattes Plus von zwölf Stunden Zeit. Also beschließt er, einen kleinen Laden zu eröffnen, in dem er die vielen Produkte und Dienstleistungen weiterverkauft, die er im Austausch für sein Wasser bekommen hat. Sein Wohlstand wächst rasant und er baut sich eine größere Hütte, eine große Terrasse und als großer Golffan sogar ein kleines Puttinggreen mit Blick auf den Ozean. Nun kommt Paula ins Spiel, die auch gerne den Golfschläger schwingt und sich überlegt, wie sie ebenfalls Zeit für ihre Leidenschaft finden könnte. Sie nutzt ihre gesparten drei Stunden aus dem Wassertausch, um ein großes Gatter aus Holzpfählen zu bauen. Dann macht sie sich auf den Weg, um Hühner und andere Tiere zu finden. Nach zwei Monaten intensiver Suche kommt sie mit vier Hühnern und sogar zwei großen Wildschweinen wieder. Sofort beginnt sie damit, ihre Tiere zu füttern und zu pflegen. Nach weiteren drei Monaten hat sie eine florierende Geflügel- und Schweinezucht aufgebaut und eröffnet ein Restaurant mit angeschlossener Bar. Schon bald ist sie für ihre berühmten »Island-Baby-Back-Ribs« bekannt und das Geschäft läuft so gut, dass sie ihre beiden Nachbarinnen als Bedienung und als Barkeeperin einstellt. Schnell expandiert sie und eröffnet eine weitere Filiale von »Paula's Famous Chicken and Rib House«. Es geht ihr großartig und sie hat endlich mehr Zeit für ihre Hobbys und Leidenschaften.

Dunkle Wolken ziehen auf im Inselparadies: Opfer- und Anspruchsmentalität siegen über Innovation.

Gemeinsam mit Paul beschließt sie, auf der Insel einen 18-Loch-Golfplatz zu bauen. Die beiden werden schnell beste Freunde, spielen Golf, malen viel und liegen in bequemen Hängematten vor ihren Hütten. Sie genießen die karibische Sonne und die paradiesischen Zustände in vollen Zügen. Doch am Himmel ziehen die ersten dunklen Wolken auf. Denn der Rest des Dorfes bewertet den neuen Lebensstil der beiden »reichen Säcke« natürlich komplett anders. Sie finden, dass es »einfach nicht gerecht« ist, dass Paul und Paula den ganzen Tag faul in ihren Hängematten liegen, während sie selbst so hart arbeiten müssen. Sie beharren darauf, dass auch der Rest einen Anspruch auf Freizeit hätte. Also wird eine Dorfversammlung einberufen, auf der Erich ein Programm vorstellt, das sich für die Rechte der Gemeinschaft einsetzt. Die Wahl endet mit einem Erdrutschsieg, und Erich wird mit dreiundzwanzig zu zwei Stimmen zum ersten Bürgermeister unseres kleinen Inseldorfes gewählt. Umgehend installiert er ein politisches System, welches natürlich auch seinen Preis hat. Er selbst muss bezahlt werden und er braucht selbstverständlich auch eine Sekretärin. Für sein neues Büro wird ein Rathaus gebaut und ein Hausmeister eingestellt. Weiterhin braucht er Kontrolleure für die Überwachung der Wasserversorgung, ein paar Beamte, welche die Lizenzen für die Geflügel- und Schweinezucht vergeben, sowie eine Gewerkschaft für die Kontrolle der nun auf acht Stunden pro Tag festgelegten Arbeitszeiten. Es gibt nur ein Problem. Da es all das nicht umsonst gibt, muss Erich ein Steuersystem einführen, um all die neuen Ausgaben auch bezahlen zu können. Dies finden die Dorfbewohner natürlich überhaupt nicht gut und protestieren vehement. Da hat der neue Bürgermeister eine geniale Idee. Erich verkündet, dass jeder einzelne ein Recht auf Wasser und auf eine regelmäßige Grundversorgung hätte. Kurzerhand werden der Brunnen sowie die Geflügel- und Schweineindustrie verstaatlicht. Das Pumpensystem und das Gatter werden Paul und Paula weggenommen und gehören ab sofort der Gemeinschaft. Diese stimmt begeistert zu, weil sie begriffen hat, dass sie nicht länger eine Stunde ihrer Arbeit den beiden »reichen Säcken« zum Tausch anbieten muss. Ab sofort übernimmt die Regierung diesen Job für sie. Und die Steuern zahlen sie nun auch gerne, weil jetzt alles »sozial gerecht« abläuft. Die Opfer- und Anspruchsmentalität hat am Ende über die Innovation gesiegt. Das seelische Niemandsland nimmt seinen Lauf.

Wie geht es Ihnen beim Lesen dieser Zeilen, denken Sie, so etwas könnte im wahren Leben niemals geschehen? Ich glaube, wir erleben solche Entwicklungen jeden Tag. Wenn Sie genau hinschauen und manche Entwicklungen kritisch hinterfragen, werden Sie es bemerken. Ich kenne viele Menschen, denen es genauso ergeht wie Paul und Paula. Und die Erichs dieser Welt können Sie täglich in Ihrem ganz persönlichen Umfeld treffen. Sie finden sie immer dort, wo die Opfer- und Anspruchsmentalität in voller Ausprägung vorhanden sind. Der amerikanische Schriftsteller Robert A. Heinlein hat die Botschaft unseres kleinen Gedankenexperiments in seinem 1966 erschie-

Wachstum basiert immer auf den Austausch von Werten auf freiwilliger Basis.

nen Roman *The Moon is a Harsh Mistress* in einem berühmten Akronym zusammengefasst: TANSTAAFL. Ausgeschrieben: *There ain't no such thing as a free lunch.* Es gibt kein kostenloses Mittagessen. Oder frei übersetzt: Es gibt nicht »etwas« für »nichts«. Irgendjemand muss immer bezahlen. Doch was heißt das nun für Ihre persönlichen Veränderungen? Um etwas nehmen zu können, müssen Sie etwas geben. Um die Früchte Ihres Lebens ernten zu können, müssen Sie zuerst die richtigen Samen säen. Und um wachsen zu können, müssen Sie anderen beim Erhöhen der eigenen Werte helfen. Wachstum basiert immer auf dem Austausch von Werten. Allerdings auch nur, wenn dieser auf der freiwilligen Basis von Worten, Handschlägen oder Verträgen stattfindet.

Es gibt nicht »etwas« für »nichts«. Um etwas nehmen zu können, muss es zuerst erschaffen werden.

Die Realität sieht anders aus. Die große Masse überlässt die Verantwortung für die eigene Lebensgestaltung lieber anderen und vertraut auf Rechte und Ansprüche, die man zwar voll ausschöpfen und im Zweifelsfall auch einklagen kann, für deren Erfüllung aber immer andere aufkommen müssen. Dies schafft eine einseitige Abhängigkeit, von der diejenigen, die die Ansprüche erfüllen, profitieren, die den vermeintlichen Nutznießern aber langfristig nur schaden. Jetzt fragen Sie sich zu Recht, warum das so ist. Wir haben das Thema bereits gestreift. Viele Menschen werden von einer großen Sehnsucht getrieben, dass es vielleicht doch leicht ginge, dass irgendwo da draußen ein Geheimnis des Erfolgs wartet, und dass es doch gehen müsste, etwas zu erreichen, ohne dafür eine entsprechende Gegenleistung erbringen zu müssen. Die Folgen sind gravierend. Denn wenn andere sich um die Erfüllung der vermeintlichen Ansprüche kümmern, verlernt man selbst, wie das geht. Und wird dadurch noch abhängiger. Ein Teufelskreis entsteht, aus dem man nur schwer wieder entkommt. Das hatte wohl auch der pfiffige Kneipenwirt verstanden, als er eines Tages gefragt wurde, warum er über Jahre so erfolgreich war. Seine Antwort enthielt sein großes Marketinggeheimnis: »Die erste Zeit war sehr hart. Aber dann habe ich ein Schild über

Jede Veränderung hat ihren Preis. Daran erkennen Sie, wie viel Ihnen die Sache wert ist.

dem Tresen aufgehängt. Darauf stand: Morgen gibt's Freibier! Seitdem war der Laden jeden Tag voll.«

Wo immer Sie dem Geschwisterpaar der Opfer- und Anspruchsmentalität begegnen, können Sie davon ausgehen, dass Innovation, Wachstum und Veränderung der Gleichmacherei, dem Mittelmaß und dem Stillstand geopfert werden. Und genau deshalb sind Ihre täglichen Gedanken in Ihrer Gesamtheit so wichtig. Aus ihnen bildet sich Ihr Charakter und Ihr Verantwortungsbewusstsein. Jede Entscheidung hat immer eine Konsequenz. Und jede Veränderung hat ihren Preis. Das ist gut so, denn der Preis ist schließlich nichts anderes als der Maßstab dafür, wie viel Ihnen eine bestimmte Sache wert ist. Geld ist nichts anderes als der Wert im Kopf des Gegenübers.

Die Anspruchs- und Opfermentalität führt auf direktem Wege zu Stillstand und Mittelmaß.

Habe ich mit den Aussagen dieses Kapitels zu sehr an Ihren gewohnten Denkbahnen gerüttelt? Wenn ja, dann freue ich mich. Schließlich ist es nicht mein Ziel, Ihnen das zu sagen, was Sie hören wollen, und was Sie sowieso schon kennen und jeden Tag tun. Stattdessen möchte ich Sie dazu einladen, über neue Ideen und Sichtweisen nachzudenken. Sich genau die Gedanken zu machen, die nötig sind, wenn Sie herausfordernde Situationen in Ihrem Leben meistern, erfolgreich mit Veränderung umgehen und Ihre Träume leben wollen. Und dazu ist es nun einmal unbedingt notwendig, dass Sie Ihren Fokus auf Überfluss ausrichten. Dass Sie zu einem kritischen Denker werden, der viele Dinge, vor allem aber seine eigenen Überzeugungen und Meinungen permanent hinterfragt. Und wenn Sie dann noch der Anspruchs- und Opfermentalität bye-bye sagen und stattdessen zum Gestalter Ihrer eigenen Zukunft werden, dann haben Sie die entscheidenden Grundlagen gelegt, um das Leben Ihrer Träume zu führen und jeden Schritt auf dem Weg zu genießen. Übernehmen Sie Verantwortung. Für sich und für Ihre Ergebnisse. Täglich. Immer. Besonders, wenn es Ihnen schwer fällt.

Change-Impulse, um Veränderung einfach zu machen:

▶ Um erfolgreich sein zu können, müssen Sie zuallererst bereit sein, den Erfolg auch zu haben.

▶ Verantwortung ist die unbedingte Voraussetzung, wenn Veränderung gelingen soll.

▶ Sie können die Welt als einen Ort des Mangels oder des Überflusses sehen. Sie haben die Wahl.

▶ Sie haben nie zu wenig Geld, sondern nur zu wenige Ideen.

▶ Es ist genug von allem da. Es ist genug für alle da.

▶ Werden Sie wieder zum Denker Ihrer eigenen Gedanken.

▶ Wenn die große Masse »Hü« schreit, müssen Sie den Mut haben, »Hott« zu denken.

▶ Sie können sich entweder als Opfer fühlen oder die Verantwortung für Ihr Leben übernehmen. Aber niemals beides gleichzeitig.

▶ Niemand serviert Ihnen die Chancen auf dem Silbertablett. Sie müssen sich die Möglichkeiten selbst erschaffen.

▶ Die Opfer- und die Anspruchsmentalität sind wie ein pfiffiges Zwillings-pärchen, das auf direktem Wege in den Stillstand und ins Mittelmaß führt.

▶ Übernehmen Sie Verantwortung für Ihre Gedanken, Ihre Worte und Ihre Taten.

Das volle Potenzial entfalten

Denn indem ein Mensch mit den ihm von Natur gegebenen Gaben
sich zu verwirklichen sucht, tut er das Höchste und einzig Sinnvolle,
was er kann.

Hermann Hesse, *Narziss und Goldmund*

Neulich bekam ich von einem Manager eines bekannten Unternehmens der Unterhaltungsbranche nach einem Veränderungscoaching ein wundervolles Feedback. Nachdem wir fast zwei Stunden an seiner Karriereplanung gearbeitet hatten, plauderten wir noch ein wenig über seine Familie, den anstehenden Urlaub und die große Leidenschaft, die wir beiden teilen: das Golfspiel. Mitten in einem Satz wurde er plötzlich sehr nachdenklich und vertraute sich mir an: »Weißt du, Ilja, ich weiß gar nicht genau, wie du das machst. In der Firma habe ich permanent das Gefühl, nicht ich selbst sein zu können. Ich muss die unterschiedlichsten Masken tragen und so viele Dinge tun, mit denen ich mich gar nicht identifizieren kann. Wenn wir hier im Coaching über mich und meine anstehenden Veränderungen sprechen, dann habe ich immer das Gefühl, dass du mich so akzeptierst, wie ich bin, und dass ich einfach nur ich selbst sein kann.« Obwohl ich mich in dem Moment natürlich sehr über das Lob gefreut habe, bin ich direkt wieder in meinen Changemaker-Modus gewechselt. Ich antwortete ihm: »Vielen Dank für das Kompliment. Ich befürchte, meine Antwort wird dir nicht gefallen. Das Gefühl, du selbst sein zu können, hat nichts mit mir und auch nichts mit der Situation in deinem Unternehmen zu tun. Es ist einfach nur so, dass du dich in meinem Beisein traust, vollkommen du selbst

> Viele Menschen sehnen sich danach, einfach mal sie selbst sein zu können.

zu sein. Hier hast du den Mut, dich auf deine wirklichen Bedürfnisse zu konzentrieren, während du dich in der Firma viel zu oft von äußeren Umständen und den Erwartungen anderer beeinflussen lässt.« Nach dem ersten Schock dieser vermeintlich harten Aussage spürte er intuitiv, wie viel Wahrheit in meinen Worten steckte. Und ich weiß, wovon ich spreche. Durch meine Seminare, Beratungsaufträge und die vielen Gespräche nach meinen Vorträgen in den letzten Jahren zieht sich ein großer roter Faden. Sehr viele meiner Kunden haben Schwierigkeiten mit der Rolle als Chef, Kollege, Mitarbeiter oder Partner, die scheinbar von ihnen gefordert wird, zurechtzukommen. Sie fühlen sich als Spielball von unternehmenspolitischen Entscheidungen, von wirtschaftlichen Rahmenbedingungen und den vielen ausgesprochenen und unausgesprochenen Erwartungen ihres Umfelds.

In diesem Kapitel wollen wir uns daher einem Thema widmen, das ein wichtiges Fundament für jede Art von Veränderung und damit für das Leben Ihrer Träume bildet. Ich spreche von Ihrer individuellen Persönlichkeit. Ihrer Einzigartigkeit als Mensch. Eine Sache habe ich nämlich in den letzten Jahren herausgefunden: Was auch immer Sie über sich selbst denken, wie auch immer Sie sich selbst sehen, über kurz oder lang werden sich diese Gedanken und Bilder in der Realität manifestieren. Ihr Selbstbild ist nämlich das Ergebnis vergangener Erfahrungen und der daraus entstandenen Überzeugungen. Erfolgreiche Veränderung ist auch immer eine Frage der Identität, an der sich sämtliches Verhalten ausrichtet. Was glauben Sie, ist zielführender: sich als Gewinner zu sehen, der jeden Erfolg verdient hat, der andere liebt und von anderen geliebt wird und der sich aktiv auf die Suche nach Chancen und Möglichkeiten macht? Oder sich als Loser sehen, der es überhaupt nicht verdient hat, etwas zu erreichen, der für jeden Erfolg hart kämpfen muss und für den es nach jedem kleinen Erfolgserlebnis sofort wieder zwei Schritte zurück geht? Okay, das war jetzt mehr eine rhetorische Frage, viel entscheidender ist etwas ganz anderes: Wie bewusst sind Sie sich Ihrer Persönlichkeit, Ihren vielen Stärken und Fähigkeiten und Ihrer Einzigartigkeit?

Ihre Identität bildet die Grundlage für Ihre Gedanken, Ihre Entscheidungen und Ihr Verhalten.

Sie glauben gar nicht, wie viele Menschen es gibt, die wirklich Erfolg haben wollen, die sich nichts sehnlicher wünschen, als Karriere zu machen, oder die nichts lieber wären als wohlhabend. Aber egal, was sie auch anpacken, probieren oder versuchen, immer, wenn es mal einen Schritt vorangeht, geht es direkt danach zwei wieder zurück. Es kommt zu einer sich selbst verstärkenden Spirale aus Selbstsabotage, Misserfolgen und Rückschlägen. Aber woran liegt das, wenn sich diese Menschen doch so sehr wünschen, etwas zu sein, zu tun oder zu haben? Jetzt kommt die Verantwortung wieder ins Spiel. Es ist schlichtweg egal, was sich jemand wünscht, vornimmt oder welche Vorhaben er ankündigt. Das einzige, was zählt, ist das, was Sie tun. Es kommt auf Ihr Verhalten an. Und das basiert auf Ihrer Identität, Ihren Werten und dem, woran Sie fest glauben. Ob Sie Erfolg haben, sich verändern und Ihre Träume leben werden, entscheidet sich daher auf unbewusster Ebene. Genau dort befindet sich die Quelle der Kernüberzeugungen, die sich in Ihrem Selbstwert widerspiegeln. Wenn dieser nicht ausgeprägt ist, dann wird es einfach ungeheuer schwer, erfolgreich zu sein. Ich behaupte sogar, dass ein geringer Selbstwert der Hinderungsgrund Nummer eins ist, weshalb Menschen nicht die Veränderungen umsetzen, die sie sich so sehr wünschen.

> Ein geringer Selbstwert ist der Grund, warum so viele Menschen die Veränderungen nicht umsetzen, die sie sich so sehr wünschen.

Sie können Sie das vorstellen wie den Autopiloten in einem Airbus 380. Je nachdem, wie er programmiert ist, fliegt er Sie sicher und auf direktem Wege entweder nach London, Peking oder New York. Selbst wenn Sie einmal vom Kurs abkommen, nimmt das Programm so lange die notwendigen Korrekturen vor, bis Sie Ihr Ziel erreicht haben. Auch wir Menschen haben in unserem Unterbewusstsein einen solchen Autopiloten, der von unseren Überzeugungen, Werten und unserem Selbstbild gesteuert wird. Wenn dieser nun aber darauf programmiert wurde, nach Peking zu fliegen, dann nützt es leider überhaupt nichts, wenn Sie sich ganz fest wünschen, vornehmen oder ankündigen nach London zu reisen, weil Sie so gerne einmal die Wachablösung vor dem Palast der Königin sehen wollen. Sie werden erst in der englischen Hauptstadt ankommen, wenn Sie den Kurs umprogrammieren und neue Koordinaten eingeben. Und natürlich hart dafür arbeiten, dass Sie sich das Ticket auch leisten können. Die Basis für jede Form von erfolgreicher Veränderung ist ein hoher Selbstwert. Erst wenn Sie sich als wertvollen Menschen sehen, der es verdient hat, jeden Erfolg der Welt zu haben, werden Sie bereit sein, ihn auch zu empfangen. Erst wenn Sie sich als Gewinner sehen, werden Sie einer sein. Erst wenn Sie sich selbst als einen tollen Menschen mit vielen spannenden Facetten und Eigenschaften sehen, wird die Selbstsabotage ein Ende haben und Sie werden Ihren Weg zur Einzigartigkeit klar vor sich sehen.

Schluss mit der Selbstsabotage

»One day baby, we'll be old, oh baby we'll be old and think of all the stories, that we could have told.« Die Falsettstimme und die Botschaft des israelischen Sängers Asaf Avidan haben den Ohrwurm des Jahres 2012 zum Ausdruck des Lebensgefühls einer ganzen Generation werden lassen. Obwohl der Song nur aus dieser einen Textzeile besteht, hat er die Sehnsucht vieler Menschen nach einem erfüllten Leben erweckt, in dem die eigenen Träume nicht mehr ein tristes Dasein in der hintersten Schublade fristen, sondern täglich gelebt werden. Und dafür braucht es die richtige Vision. Doch was ist das genau? Dieser Begriff wird so häufig in den unterschiedlichsten Bedeutungen verwendet, dass ich kurz erläutern möchte, was ich darunter verstehe. Für mich ist eine Vision die glasklare und anziehende Vorstellung, was genau man sein, tun und haben wird. Man sieht die eigene Zukunft vor dem geistigen Auge, als wenn sie heute bereits real wäre. Und je mehr aktivierende Emotionen Sie mit Ihrer Vision verknüpfen, desto selbstverständlicher werden Sie von ihr angezogen, sodass es fast automatisch geschieht. Doch die Realität zeigt meist das gegenteilige Bild. Wie viele Menschen kennen Sie, die Weltmeister darin sind, die Vergangenheit bis ins letzte Detail zu analysieren, und ganz genau zu wissen, was sie alles nicht mehr wollen. Der Job ist Mist, die Beziehung eingeschlafen, die Finanzen im Keller, die Gesundheit angegriffen und die Lebensqualität auch nicht

> Haben Sie eine mit starken Emotionen verknüpfte Vision Ihrer Zukunft, werden Sie von dieser fast schon automatisch angezogen.

das, was man sich so wünscht. Aber wenn Sie diese Menschen fragen würden, was sie denn gerne stattdessen hätten, was sie verändern wollen und wie ihre Vision von der Zukunft aussieht, dann blicken Sie unter Garantie in fragende Gesichter.

Wie sieht Ihre Vision von der Zukunft aus? Was wollen Sie sein, haben und tun?

Wie sieht es bei Ihnen aus, haben Sie bereits eine starke Vision, die Sie antreibt und wie ein kraftvoller Magnet wirkt? Wenn Sie jetzt ohne zu überlegen »Ja!« gesagt haben, dann gehören Sie zu den erfolgreichen Menschen, die Ihr Leben aktiv planen und gestalten. Die große Masse tut dies jedoch nicht, sondern lässt sich lieber von äußeren Umständen und den Erwartungen anderer treiben. Die Folge davon ist dann ein passives Abwarten und das sporadische Reagieren auf eine Veränderung von außen. Doch auch wenn es scheint, dass ein solcher Lebensentwurf einer gewissen Beliebigkeit folgt, so sind die Resultate alles andere als Zufallsprodukte. Jede einzelne Realität passt sich auf Dauer immer der eigenen Vision an. Und die ist entweder bewusst gewählt oder von unbewussten Erwartungen und Überzeugungen geprägt. Ihre aktuelle berufliche Position, Ihr Kontostand, Ihre familiäre Situation, Ihre Gesundheit und der Erfolg in allen anderen Lebensbereichen ist die direkte Folge Ihrer Vision. Ihre Gedanken, Entscheidungen und Handlungen haben Sie zu genau dem Punkt geführt, an dem Sie sich heute befinden. Sie erinnern sich an die Übung mit dem Spiegel, nicht wahr? Veränderung funktioniert nicht ohne Verantwortung. Und das bedeutet eben auch, dass Sie für Ihre Vision verantwortlich sind. Wenn Sie diese bewusst wählen, dann ist die Chance riesig, dass auch Ihr Leben entsprechend aussehen wird.

> Jeder Mensch hat eine Vision von der Zukunft – entweder ist sie selbst gewählt oder das Produkt von Programmierungen und vergangenen Erfahrungen.

Aber auch die Menschen, die von sich behaupten »Nein, Ilja, ich habe keine Vision«, haben in Wahrheit eine. Nur ist diese eben nicht selbst gewählt, sondern das Produkt von äußeren Programmierungen und vergangenen Erfahrungen. Und das bedeutet dann, dass die Resultate im besten Fall mittelmäßig sind. Doch viel häufiger führt eine solch zufällige Lebensgestaltung dazu, dass man in eine Spirale der Selbstsabotage gerät, die am Ende meist in einer generellen Unzufriedenheit resultiert. Was hier möglicherweise noch etwas abstrakt klingt, hat im täglichen Leben sehr praktische Auswirkungen. Sie haben entweder eine positive, eine neutrale oder eine negative Vision. Da diese eine entscheidende Auswirkung auf Ihre persönliche Lebensqualität hat, wollen wir uns die drei Kategorien einmal genauer anschauen.

Eine positive Vision

Sie haben kraftvolle Ziele, die sich im Einklang mit Ihren hohen Erwartungen an sich selbst und Ihre Zukunft befinden. Ihre Identität ist stark ausgeprägt und Ihr Selbstwert hoch. Im Unterbewusstsein trägt Ihre Vision vom Leben daher auch folgendes Etikett: »Ich bin ein wertvoller Mensch, der jeden Erfolg verdient hat. Komme, was da wolle, meine Ziele sind so wichtig, dass sie auf jeden Fall erreicht und umgesetzt werden.« Dies führt zu einer hohen Selbstmotivation, einem ausgeprägten Verantwortungsbewusstsein und einem Zustand, den Sie als »im Flow sein« kennen dürften. Sie können gar nicht anders, als ins Handeln zu kommen und Ihre Pläne in die Tat umzusetzen.

Eine neutrale Vision

Dies ist der typische Fall im seelischen Niemandsland. Sie haben so gut wie keine Ziele und gerade noch genug Energie, um den Status quo aufrechtzuerhalten. Das, was Sie zurzeit sind, tun und haben, ist identisch mit dem, was Sie erwarten. Im Unterbewusstsein trägt Ihre Vision folgendes Etikett: »Ich bin ein typischer Durchschnittsmensch, der für alles im Leben hart kämpfen muss. Was soll ich auch machen, ich kann ja nichts für meine Ergebnisse. Also finde ich mich am besten damit ab. Wer weiß, ob es nicht noch schlimmer kommt.« Die Ergebnisse folgen auf dem Fuß. Sie wachsen nicht mehr, bauen sich Ihre eigene Bequemlichkeit konsequent aus und führen ein Leben in stiller Verzweiflung.

Eine negative Vision

Haben Sie eine negative Vision, dann stehen Sie sich selbst im Weg und blockieren Ihren Erfolg, wo Sie nur können. Ziele spielen hier kaum noch eine Rolle. Die Sorge, das zu verlieren, was man ist und hat, dominiert das Denken. Im Unterbewusstsein ist diese Vision natürlich auch mit einem Etikett versehen: »Das, was ich habe, ist viel mehr, als mir als Loser eigentlich zusteht. Ich habe es überhaupt nicht verdient, erfolgreich zu sein. Es wird Zeit, dass ich wieder auf den Boden der Tatsachen komme.« Dies führt dann zu einer permanenten Selbstsabotage, die verhindert, dass Sie im Leben nach vorne kommen, und Sie stattdessen nach unten zieht.

Es ist also sehr sinnvoll, sich intensiv mit der eigenen Vision auseinanderzusetzen und groß und mutig zu planen, wie die eigene Zukunft aussehen soll. Lassen Sie uns konkret werden. Wie sieht Ihre Vorstellung von dem aus, was Sie sein, tun und haben werden? Je bewusster Sie sich mit diesem Prozess auseinandersetzen, desto kraftvoller wird Ihre Vision. Dabei spielt es auch keine große Rolle, wenn Sie noch nicht genau wissen, wie Sie das alles erreichen werden. Fokussieren Sie sich ausschließlich auf das Ergebnis. Je tiefer Ihre Vision in Ihr Unterbewusstsein sinkt, desto mehr werden Sie Mittel und Wege finden, Ihre Vorstellung zu Ihrer ganz persönlichen Realität werden zu lassen. Vor allem aber werden Sie eine tiefe Zufriedenheit verspüren, weil Sie Ihr Leben nach Ihren eigenen Vorstellungen und Werten ausrichten und nicht nach den Erwartungen anderer Menschen, den Programmierungen Ihres Umfelds oder im schlimmsten Fall dem Zufall.

> **Wenn Sie eine kraftvolle Vision haben, werden Sie eine tiefe Zufriedenheit verspüren, weil Sie nach Ihren eigenen Vorstellungen leben.**

Eine wichtige Rolle bei der Entwicklung Ihrer Vision spielen die (meist unbewussten) Überzeugungen und Glaubenssätze. Diese können entweder Ihr größter Verbündeter sein oder dafür sorgen, dass Sie sich permanent selbst im Weg stehen und Ihren Erfolg sabotieren. Was Sie glauben, wovon Sie fest überzeugt sind, dass es wahr ist, trägt in einem großen Maße dazu bei, wie Sie die Welt sehen, erfahren und zukünftig gestalten. Wenn Ihre Vision den Zielkoordinaten Ihres inneren Autopiloten entspricht, dann bestimmen Ihre Überzeugungen die Reiseroute. Ihre derzeitige Realität ist das direkte Ergebnis Ihres unbewussten Navigationssystems, welches zuverlässig und effizient seinen Dienst für Sie verrichtet. Das, was Sie in den unterschiedlichsten Lebensbereichen sind, haben und tun, ist das direkte Ergebnis Ihrer vergangenen Gedanken, Entscheidungen und Verhaltensweisen. Das, was Sie den ganzen Tag denken, prägt Ihre Überzeugungen. Aus diesen Überzeugungen heraus treffen Sie dann Ihre Entscheidungen, die konkrete Handlungen nach sich ziehen.

Aber wie entstehen Überzeugungen überhaupt? Auf keinen Fall zufällig. Stattdessen sind sie das direkte Ergebnis der unterschiedlichsten Prägungen durch Ihr Umfeld. Sie entwickeln sich aus den Einflüssen, denen Sie sich permanent aussetzen. Den Informationen, die Sie konsumieren, den Menschen, mit denen Sie sich umgeben, und den Orten, an denen Sie sich bewegen. Sie können sich das vereinfacht so vorstellen: Sie nehmen einen Glaubenssatz in Form einer Meinung, einer Idee oder eines Vorurteils auf und übernehmen diesen unkritisch. Und schon geht es los. Auf einmal finden Sie im Alltag überall »Beweise«, welche die neue Überzeugung bestätigen. Und je mehr »Beweise« Sie finden, desto tiefer nistet sich der Glaubenssatz im Unterbewusstsein ein. Unsere Kernüberzeugungen werden vor allem in der Kindheit und Jugend gebildet, doch auch noch im Erwachsenenalter läuft dieser Prozess nach genau dem gleichen Schema ab. Und ehe man sich versieht, glaubt man tief und fest daran, dass Erfolg schwer ist, Geld den Charakter verdirbt und die anderen Menschen nur darauf warten, einen übers Ohr zu hauen. Je fester die Überzeugung, desto mehr werden einem diese Dinge im Alltag auffallen. Und dadurch wird dann die Überzeugung wieder fester. Eine klassische Spirale, die Sie entweder Ihren Zielen näher bringen kann, oder dafür sorgt, dass Sie sich permanent selbst sabotieren.

Ihr Leben wird Ihre Überzeugungen bestätigen und diese so immer weiter festigen.

Damit Sie die volle Kraft Ihrer eigenen Überzeugungen nutzen können, werden wir einmal einen kritischen Blick darauf werfen, mit welchen Informationen, Ideen und Meinungen Sie sich den ganzen Tag umgeben. Es sind nämlich immer wieder die gleichen Programmierungen, die dazu führen, dass Menschen ein geringes Selbstbild haben und schlussendlich überhaupt nicht daran glauben, Erfolg haben zu können. Es sind die immer gleichen Versagerbotschaften, denen man seit frühester Kindheit ausgesetzt war, und die sich seitdem durch regelmäßige Wiederholung täglich ein kleines Stück mehr gefestigt haben. Diese destruktiven Suggestionen lauern überall. Neben der Familie, den Lehrern und anderen wichtigen Bezugspersonen sind es vor allem die Politiker, das Radio und natürlich das Fernsehen, welche Sie mit regelmäßigen Versager- und Mangelbotschaften bombardieren. Je häufiger Sie sich diesen Programmierungen aussetzen, desto schneller formen sich im Laufe der Zeit limitierende Kernüberzeugungen, also solche, die Sie einschränken, wie »Geld ist die Wurzel allen Übels«, »Es gibt Wichtigeres als Erfolg«, »Es ist nicht genug für alle da«, »Wer hoch fliegt, der fällt auch tief«, »Ohne Moos nix los«, oder »Geld verdirbt den Charakter«. Schon mal gehört? Schon mal gesagt? Es lohnt sich, hier besonders kritisch zu Werke zu gehen. Denn wenn Sie diese Botschaften jeden Tag aufs Neue hören, dann sind Sie schon bald konditioniert und glauben tief und fest daran. Ihre Identität festigt sich.

Aus der Summe der unkritisch aufgenommenen Versagerbotschaften bilden Sie Ihre limitierenden Überzeugungen, die sich am Ende in Ihrer Identität widerspiegeln.

An dieser Stelle kommt der Name Richard Brodie ins Spiel. Was, den haben Sie noch nie gehört? Zuerst einmal sollten Sie ihm mehr oder weniger dankbar sein. In seinem früheren Leben war Brodie nämlich Softwareprogrammierer bei Microsoft und in dieser Eigenschaft der Entwickler des Schreibprogramms Word. Irgendwann entschied er sich jedoch, seiner Berufung zu folgen und wurde Redner und Autor (komisch, das kommt mir irgendwie bekannt vor). In seiner neuen Rolle widmete er sich fortan dem Studium der Frage, wie äußere Programmierungen die inneren Überzeugungen beeinflussen. Als Ergebnis seiner Forschungen schrieb er ein Buch, welches ich Ihnen wärmstens ans Herz legen kann. Es trägt den spannenden Titel *Virus of the Mind – The New Science of the Meme.* Basierend auf den Untersuchungen zum »selbstsüchtigen Gen« von Richard Dawkins beschreibt Brodie, wie sich Ideen im Gehirn einnisten und sich dort genauso verbreiten, wie es beispielsweise ein Grippevirus tut. Zwei Faktoren bestimmen dabei, wie stark sich die von ihm als »Geistesviren« bezeichneten

Informationen im Gehirn festsetzen. Zum einen sind es regelmäßige Wiederholungen. Klar, je häufiger Sie eine Idee im Kopf haben, desto vertrauter und realer wird sie irgendwann. Hinzu kommt die emotionale Intensität. Wenn eine Idee in Verbindung mit Liebe, Sex, Angst, Kindern oder Essen präsentiert wird, potenziert sich die Wirkung der Suggestion um ein Vielfaches. Um das zu überprüfen, brauchen Sie nur zum nächsten Kiosk zu gehen und sich die aktuelle Ausgabe der Bildzeitung kaufen. Sie ist voller Beispiele für beide der genannten Phänomene. Die Kombination aus Intensität und Wiederholung sorgt dann dafür, dass sich ein Gedankenvirus genauso schnell verbreitet, wie es eine typische Grippewelle tut. Das Schlimme daran ist, dass die meisten Ideen und Meinungen mittlerweile ohne einen einzigen Funken eigener Denkleistung übernommen und weitergegeben werden. Zeitungen schreiben voneinander ab. Freunde erzählen sich die neuste Entdeckung, die im Fernsehen kam, und auf Facebook werden moderne Kettenbriefe wahllos geteilt und verbreitet. Und was erst einmal als Meinung oder Vorurteil im Kopf ist, will so schnell nicht mehr heraus.

> **Ideen sind wie Viren: Wir fangen sie uns im Alltag ein, sie setzen sich in unserem Denken fest und verbreiten sich weiter.**

Die Kombination aus Wiederholung und emotionaler Intensität führt dazu, dass sich Ideen, Botschaften und Meinungen tief im Gehirn einnisten.

Nie war es deshalb wichtiger, zum kritischen Denker zu werden. Ansonsten sind Sie den äußeren Programmierungen der Werbefachleute, Fernsehproduzenten und Radiomoderatoren hilflos ausgeliefert. Nicht immer werden Sie direkt programmiert. Häufig sind es auch einfach nur stereotype, aber hoch emotionale Bilder. Stellen Sie sich vor, Sie schlagen die Zeitung auf und erblicken eine harmlos ausschauende Karikatur, in der eine arme Frau von einem dicken, gierigen Industriekapitän übers Ohr gehauen wird. Welche Botschaft wird dort unbewusst übermittelt? Richtig, die Reichen sind dick, gierig und beuten die armen (und selbstverständlich ehrlichen) Menschen bei jeder sich bietenden Gelegenheit aus.

Je häufiger Sie solche Botschaften unkritisch akzeptieren, desto stärker wirken sie und bilden sich dann zu Kernüberzeugungen aus, auf denen Ihre Sicht auf die Welt und vor allem auf sich selbst basiert. Diese Glaubenssätze sitzen tief im Unterbewusstsein und verbreiten sich dort wie der berühmte Gedankenvirus aus dem Film *Inception* mit Leonardo DiCaprio, in dem es möglich ist, die Träume anderer Menschen zu infiltrieren und dort Ideen zu platzieren. Die ehemals externe Idee ist zu Ihrer internen Realität geworden.

Die Summe der Kernüberzeugungen führt dann unweigerlich dazu, dass Ihr unbewusster Autopilot eben nicht auf Erfolg und Überfluss ausgerichtet ist, sondern auf Mangel und Mittelmäßigkeit. Und dann können Sie auf bewusster Ebene noch so sehr davon überzeugt sein, dass Sie erfolgreich sein wollen. Wenn Ihr Autopilot auf das genaue Gegenteil programmiert ist, werden Sie Ihr Ziel nicht erreichen. Bereits Einstein wusste: Wenn der logische Verstand und das Unterbewusstsein in Konflikt stehen, setzt sich immer die unbewusste Vorstellung durch. Und bitte, nutzen Sie diese Feststellung auf keinen Fall dazu, es der großen Masse gleich zu tun und den Verstand komplett aufzugeben. Die Fähigkeit, kritisch zu denken, bewusste Entscheidungen zu treffen, und die gigantische Kapazität des Gehirns zu nutzen, ist die größte Gabe, mit der die Natur Sie ausgestattet hat.

> **Wenn der logische Verstand und das Unterbewusstsein in Konflikt stehen, setzt sich immer die unbewusste Vorstellung durch.**

Werden Sie zum kritischen Denker und hinterfragen Sie, welche Auswirkungen eine bestimmte Botschaft, Idee oder Meinung hat.

Aber so richtig ans Eingemachte geht es nun mal im Unbewussten. Es ist also Zeit, Ihren inneren Autopiloten umzuprogrammieren und auf Überfluss und Erfolg auszurichten. So wie es eine sich selbst verstärkende Negativspirale gibt, so können Sie auch eine Erfolgs-Domino-Rallye starten. Beginnen Sie mit einer bewussten Entscheidung für Ihren ganz persönlichen Erfolg. Seien Sie bereit, ihn auch zu empfangen. Und dann setzen Sie die folgenden acht Schritte um, mit denen Sie limitierende Einschränkungen und Mangeldenken auflösen, und stattdessen Ihre riesigen Potenziale aktivieren, die nur darauf warten, von Ihnen geweckt und genutzt zu werden.

Acht Schritte, mit denen Sie Ihren inneren Autopiloten ausrichten:

1. Überprüfen Sie Ihre Überzeugungen in Bezug auf Erfolg. Ergänzen Sie hierzu folgende Aussagen: »Geld ist …«, »Erfolg ist …«, »Reiche Menschen sind …«, »Geld macht Menschen …«, »Wenn ich viel Geld hätte, würde ich …«, »Wenn ich an Erfolg denke …«, »Wenn ich reich wäre, hätte ich Angst …«.
2. Ergänzen Sie die Aufzählung aus Punkt 1 um weitere Beispiele, und filtern Sie die Überzeugungen heraus, die Sie am Erfolg hindern.
3. Ersetzen Sie jeden limitierenden Glaubenssatz durch eine aktivierende Alternative.
4. Beginnen Sie, kritisch zu denken und groß zu träumen. Streichen Sie die Ausrichtung auf äußere Umstände und übernehmen Sie die Verantwortung für Ihre Ergebnisse. Und zwar für alle.
5. Richten Sie Ihren Fokus auf Überfluss aus und beseitigen Sie jegliches Mangeldenken. Das passende Mantra hierfür: *Es ist genug für alle da! Es ist genug von allem da!*
6. Seien Sie sich bewusst: Sie werden permanent programmiert und mit fremden Ideen manipuliert. Die Frage ist immer, ob es für Ihren Erfolg förderlich oder hinderlich ist.
7. Gehen Sie kritisch durchs Leben und stellen Sie sich folgende Frage: Wie werde ich gerade programmiert? Nehmen Sie die subtilen Glaubenssätze wahr, die Ihnen im Alltag begegnen. Entscheiden Sie sich, wieder zum Denker Ihrer eigenen Gedanken zu werden.
8. Glauben Sie, dass es einen Unterschied macht, ob Sie einen Roman von Thomas Mann lesen oder *Frauentausch* auf RTL II schauen? Ob Sie Ihren Nachmittag in einer Buchhandlung verbringen oder in der Spielhalle? Ob Sie ein Seminar zur persönlichen Weiterbildung besuchen oder das Wochenende vor dem Fernseher verbringen? Achten Sie in Zukunft darauf, mit welchen Informationen und Ideen Sie Ihren Geist füttern. Wählen Sie vorher bewusst und sorgfältig, welchen Programmierungen Sie sich aussetzen.

Diese acht Schritte legen den Schalter um, der die Spirale der Selbstsabotage stoppt und gleichzeitig Ihren Fokus ausrichtet. Nun gilt es, das zarte Pflänzchen des Erfolges weiter zu gießen und mit voller Kraft

Ihre Vision in die Tat umzusetzen. Jetzt ist der beste Zeitpunkt, um damit zu beginnen. Schreiben Sie heute die Geschichten, die Sie morgen erzählen wollen. Was auch immer Sie im Leben vorhaben, beginnen Sie mit einer starken Vision und lassen Sie Ihre Ziele zu kraftvollen Erwartungen werden. Wie das geht? Ganz einfach. Träumen Sie groß und mutig. Malen Sie sich Ihre Zukunft in den größten und buntesten Bildern aus. Auch wenn Sie heute noch nicht genau wissen, wie Sie dort hinkommen, entscheidend ist, dass Sie die höchsten Ansprüche an sich selbst und Ihre Vision haben. Treffen Sie eine bewusste Entscheidung, was Sie in den nächsten Jahren alles erreichen wollen. Und wenn Sie das immer und immer wieder tun, dann sorgt diese Art zu denken dafür, dass Ihre Ziele und Träume im Unterbewusstsein die richtigen Etiketten tragen. Richten Sie Ihren Fokus neu aus und fangen Sie an. Jetzt. Sofort. Denn heute ist der beste Tag, um die Dinge anzugehen, von denen Sie schon lange träumen. Glauben Sie an sich und geben Sie Ihrer Vision eine Chance. Und je häufiger Sie die Bilder Ihrer Vorstellung in der Realität wiedererkennen, desto intensiver werden Sie möglicherweise die Stimme von Asaf Avidan als Ohrwurm in Ihrem Kopf herumschwirren hören, der Ihnen das Lied aller Träumer und Visionäre singt: »One day baby, we'll be old, oh baby we'll be old and think of all the stories, that we could have told.«

> Entscheiden Sie, was Sie in den nächsten Jahren alles erreichen wollen, und malen Sie sich Ihre Zukunft in großen, bunten Bildern aus.

Einzigartigkeit statt Anderssein

Viele Menschen, die sich auf den Weg machen und Ihren Lebenstraum in die Tat umsetzen, berichten davon, dass sie es als große Befreiung empfunden haben, nicht mehr den Erwartungen Ihres Umfelds entsprechen zu müssen. Und glauben Sie mir, ich kann dieses Gefühl unheimlich gut nachvollziehen. Als ich noch als leitender Angestellter in einem großen Konzern arbeitete, erzählte man mir immer wieder, wie wichtig es doch wäre, dass ich mich als Führungskraft in die große Maschinerie des Unternehmens einordne, den vielen offenen und ungeschriebenen Regeln folge und meine eigenen Ideen und Gedanken möglichst zu Hause lasse. Okay, ich gebe zu, dass die Formulierung des zuständigen Human Ressources Ressorts (nur für den Fall der Fälle, das ist die neudeutsche Bezeichnung für die gute alte Personalabteilung) damals eine andere war. In der Realität erläuterte man mir nämlich in blumigen Worten und vor allem politisch korrekt, wie wichtig dem Unternehmen doch eigenständig handelnde Führungskräfte wären. Natürlich nur, um dann nachzuschieben, dass ich aber selbstverständlich trotzdem auf politische Entscheidungen, die Unternehmensleitlinien, einheitliche Marketingprozesse, den Betriebsrat, die Gewerkschaft und andere äußere Umstände Rücksicht nehmen müsse, mit denen ich mich bis heute nicht anfreunden kann.

Es ist eine große Befreiung, nicht mehr den Erwartungen des Umfelds entsprechen zu müssen.

Seither sind viele Jahre vergangen und ich habe mit Tausenden Führungskräften und Angestellten aus Hunderten von Unternehmern gearbeitet. Ich bin in großen Konzernen tätig, habe mittelständische Firmen als Kunden und betreue auch sehr gerne Einzel- und Kleinunternehmer. Veränderung ist nämlich keine Frage der Unternehmensgröße. Und letztlich ist der Ablauf sowieso immer gleich. Nur wenn die Menschen sich verändern, dann verändern sich auch die Unternehmen. Wenn die Menschen besser werden, werden auch die Ergebnisse im Verkauf, im Service, im Management und in der Personalentwicklung besser. Obwohl das eigentlich jeder wissen sollte, betrachte ich mit großer Sorge einen Trend, der sich in den letzten Jahren immer mehr verstärkt hat. Viele Unternehmen rekrutieren am liebsten gleichgeschaltete und am Reißbrett der Universitäten designte Führungskräfte, die vor allem funktionieren und auf keinen Fall kritisch denken sollen. Trotzdem wird natürlich gleichzeitig erwartet, dass sie überdurchschnittliche Ergebnisse abliefern und ihre Teams zu Spitzenleistungen führen. Die meisten von ihnen sind austauschbar und die wenigsten echte Leader mit einem klaren Profil, welches auch Ecken und Kanten aufweist. Doch zum Glück gibt es auch Ausnahmen. Immer dort, wo starke Persönlichkeiten an der Spitze eines Unternehmens stehen, stellt sich über kurz oder lang nachhaltiger Erfolg ein. Schauen Sie sich innovative und profitable Firmen wie Apple, Linde, Zalando oder Soundcloud an. Auch Sportvereine wie Borussia Dortmund oder Bayern München sind tolle Beispiele.

Diese Organisationen werden von Menschen mit einem hohen Selbstwert geführt, die sich in kein Einheitsschema pressen lassen, sondern kritisch denken und ihre Ideen zu einer Persönlichkeit vereint haben, mit der sich die Mitarbeiter und Kunden identifizieren können. Die ein Selbstbild haben, welches den Erfolg scheinbar magisch anzieht. Solche Menschen vereinigen in einzigartiger Art und Weise die Fähigkeit zur Veränderung und kombinieren diese mit einer enorm ausgeprägten Umsetzungskompetenz. Und genau darauf läuft es immer wieder hinaus. Veränderung ist die Kombination aus mutigen Ideen und klaren Handlungen.

Veränderung ist die Kombination aus mutigen Ideen und klaren Handlungen.

Zeigen Sie mir ein erfolgreiches Unternehmen, und Sie können einen Changemaker bei der Arbeit sehen. Jemanden, der über Veränderung nicht nur spricht, sondern der sie einfach macht. Nehmen wir noch einmal Mark Zuckerberg und seine drei Wahlsprüche bei Facebook. Was würden Sie tun, wenn Sie keine Angst hätten? Umgesetzt ist besser als perfekt. Und natürlich: Beweg Dich schnell und mach Dinge kaputt. Können Sie sich eine solche Attitüde in Ihrem Unternehmen vorstellen? Sehen Sie, und genau aus diesem Grund ist Zuckerberg auch der bisher jüngste Billionär aller Zeiten (und Facebook aus dem Leben der meisten Menschen nicht mehr wegzudenken), während sich die Masse der Unternehmenslenker damit rausredet, dass es in den Jahren der Eurokrise und wirtschaftlich schwieriger Rahmenbedingungen einfach unmöglich sei, Erfolg zu haben. Die Changemaker unserer Zeit entscheiden sich ganz einfach dafür, nicht an der Krise teilzunehmen, und nutzen die sich bietenden Chancen dafür, ihre ganz eigene Konjunktur zu gestalten. Sie denken kritisch, sind gleichsam innovativ und kreativ und gehen als Meinungsführer voran. Sie zelebrieren sowohl die Einzigartigkeit ihrer Marke als auch die ihrer Mitarbeiter. Stattdessen verzichten sie vollständig darauf, die leistungshemmende Gleichmacherei voranzutreiben. Sie können sich diese innere Haltung leisten, weil sie ein stabiles und wertvolles Selbstbild haben. Und genau diese

> In jedem erfolgreichen Unternehmen ist ein Changemaker am Werk.

Identität bildet die Basis und das starke Fundament einer jeden Veränderung.

Es ist einfach unmöglich, außen erfolgreich und gleichzeitig innen glücklich zu sein, wenn Sie sich an den Erwartungen anderer orientieren und eine unbequeme und nicht passende Maske tragen, um diesen Menschen zu gefallen, oder weil Sie das Gefühl haben, dass es von Ihnen erwartet wird. Nein, erfolgreiche Veränderung baut auf Ihrer individuellen Einzigartigkeit und Ihrer einmaligen Persönlichkeit auf. Nur wenn Sie die beste Version von sich selbst werden, können Sie auch Ihr riesiges Potenzial entfalten, das in Ihrem Kopf und vor allem in Ihrem Herzen schlummert. Eine der größten Gefahren ist dabei, den Blick auf diese beste Version von sich selbst durch die ausschließliche Orientierung nach außen zu verlieren. Sie glauben ja gar nicht, wie oft ich schon Sätze wie diesen gehört habe:»Du magst ja recht haben, Ilja, so wirklich glücklich bin ich mit meiner Situation nicht, aber den meisten meiner Freunde geht es wesentlich schlechter. Da habe ich es doch eigentlich ganz gut getroffen. Wer weiß, ob es nicht noch schlechter kommt.« Man vergleicht sich auf der Entwicklungsstufe von heute mit Menschen, die bereits seit vielen Jahren erfolgreich sind, oder mit Menschen, denen man auch ohne große Anstrengungen weit voraus ist. Ich möchte es daher noch einmal in aller Deutlichkeit sagen, weil es so wichtig ist: Darum geht es überhaupt nicht. Es spielt keine Rolle, wie viele Menschen scheinbar erfolgreicher sind oder welche Kollegen Sie auf der Karriereleiter bereits überholt haben. Es geht einzig und allein darum, Ihr volles Potenzial zu entfalten und sich an Ihren ganz persönlichen Ansprüchen, Werten und Maßstäben zu orientieren.

Vergleichen Sie niemals Ihren Entwicklungsstand von heute mit Menschen, die schon viele Jahre weiter sind.

Ihr bester Freund René ist bereits im Vorstand eines großen DAX-Unternehmens? Super, freuen Sie sich für Ihn. Und wenn Sie ein ähnliches Ziel haben, dann arbeiten Sie hart, damit Sie es irgendwann auch schaffen. Sie sind zwar mit Ihrem Gehalt unzufrieden, aber verdienen immerhin tausend Euro mehr als Ihre Freundin Anette? Herzlichen Glückwunsch, aber wen wollen Sie damit beeindrucken? Solche Vergleiche sind nichts anderes als verzweifelte Ausreden, um gemütlich im seelischen Niemandsland verharren zu können und sich dem grauen Alltag des Mittelmaßes hinzugeben. Lassen Sie das auf keinen Fall zu. In Ihnen steckt so viel mehr. Und es spielt keine Rolle, auf welcher Stufe der Entwicklung Sie sich heute befinden. Ob Ihr inneres Feuer bereits hell und leuchtend brennt oder ob Sie es erst noch entdecken und entzünden müssen. Es ist niemals zu spät, und heute ist der beste Tag, damit zu beginnen, zur besten Version von sich selbst zu werden. Sich auf die Suche nach Ihrer einzigartigen Identität hinter den vielen Rollen und Masken des Alltags zu machen und Ihren inneren Kern und Ihre Einzigartigkeit zu zelebrieren. Nicht für mich. Nicht für jemand anderen. Ausschließlich, weil Sie es sich und Ihren Träumen schuldig sind. Eine starke Persönlichkeit und der erfolgreiche Umgang mit Veränderung sind wie Zwillinge, die allein schon ziemlich gut zurechtkommen, aber erst im Doppelpack ihre volle Kraft entfalten können. Und Ihre Identität ist der fruchtbare Mutterboden, auf dem nachhaltige Veränderung einfach am besten gedeihen kann.

> Verharren Sie nicht im grauen Alltag des Mittelmaßes. In Ihnen steckt so viel mehr.

Haben Sie den Mut, Ihre Einzigartigkeit zu erkennen und dann jeden Tag zu leben. Und damit meine ich auf keinen Fall das immer mehr um sich greifende Phänomen des »Andersseins um jeden Preis«. Viele Menschen sind so damit beschäftigt, anders sein zu wollen, dass sie sich immer mehr von sich selbst wegbewegen. Schalten Sie den Fernseher ein, lesen Sie die Statusmeldungen Ihrer Facebookfreunde, oder gehen Sie einen Nachmittag durch die Fußgängerzone Ihrer Heimatstadt, und Sie wissen, was ich meine. Es gibt einen riesigen Unterschied zwischen Anderssein und Einzigartigkeit. Die erstgenannte Lebensphilosophie basiert vor allem auf äußeren Zwängen und Erwartungen. Egal, um was es geht, man muss auf jeden Fall anders denken, sich anders kleiden und sich anders verhalten. Dies führt dann häufig zu unbequemen Masken und Rollen, mit denen sich Menschen überhaupt nicht wohl fühlen. Immer, wenn Sie auf jemanden treffen, der nicht wirklich echt wirkt, dann können Sie die Auswirkungen des »Andersseins um jeden Preis« erleben. Wirkliche Einzigartigkeit kommt von innen. Sie ist das äußere Ergebnis Ihrer stabilen Werte, Ihrer Überzeugungen und Ihrer Attitüde. Je mehr Sie Ihre ganz individuellen Stärken erkennen und leben, desto klarer wird Ihr Profil.

Was macht Sie als Mensch besonders? Was können nur Sie? Welche Charaktereigenschaft macht Sie außergewöhnlich? Die Summe dieser Dinge ist Ihre ganz persönliche Einzigartigkeit. Leben Sie diese jeden Tag. Die Welt sieht jeden Tag genug Mittelmaß. Sie lechzt nach außergewöhnlichen Persönlichkeiten.

Es gibt einen Unterschied zwischen Anderssein und Einzigartigkeit.

Der Gran-Torino-Effekt

Darf ich Ihnen eine kühne Aussage präsentieren? Hier ist sie: Die wichtigste Meinung, die Sie jemals haben werden, ist die über sich selbst. Am Anfang des Kapitels haben wir ja bereits festgestellt, wie wichtig Ihre Identität für erfolgreiche Veränderung ist. Der Umgang mit anstehenden Herausforderungen fällt Ihnen umso leichter, je gefestigter Ihre Persönlichkeit ist. Je mehr Sie in sich ruhen und auf gefestigte Glaubenssätze und Werte zurückgreifen, desto einfacher können Sie auf turbulente Entwicklungen im Außen reagieren. Genau deshalb ist die persönliche Entwicklung auch so wichtig, denn inneres Wachstum und äußere Ergebnisse gehen immer Hand in Hand. Aber wenn ich Ihnen jetzt die Frage stellen würde, wer Sie sind, wären Sie dann in der Lage, mir eine umgehende und überzeugende Antwort zu geben? Nein, mir geht es nicht um Titel, Positionen oder eine der vielen Masken, die Sie in den unterschiedlichsten Lebensbereichen mehr oder weniger gerne tragen. Ich bin nur an Ihnen als Persönlichkeit mit all ihren spannenden Facetten interessiert. Warum ich darauf so explizit hinweise? Ist Ihnen schon einmal aufgefallen, dass sich viele Menschen hauptsächlich über eine bestimmte Rolle definieren und ihre gesamte Persönlichkeit darauf aufbauen? Sie sind Martinas Ehemann, Prokurist der Firma Kunststoff Meier, Steffis Mutter oder Vorsitzender des Kleingartenvereins Zepernick und gehen mit Haut und Haar in dieser Identität auf. Aber was bleibt, wenn Martina sich scheiden lässt, Kunststoff Meier pleitegeht, Steffi aus dem elterlichen Haus auszieht oder der ge-

> Die wichtigste Meinung, die Sie jemals haben werden, ist die über sich selbst.

liebte Kleingartenverein einen neuen Vorstand wählt? Meistens nicht sehr viel. Manchmal sogar gar nichts. Und das ist tragisch. Denn Ihr Selbstbild ist Fix- und Angelpunkt des gesamten Lebens und damit auch jeder Veränderung.

Welche Rolle eine starkes Selbstbild spielen kann, möchte ich Ihnen anhand einer kleinen Geschichte veranschaulichen. Im US-Bundestaat Tennessee wuchs in den 40er-Jahren des vergangenen Jahrhunderts ein kleiner Junge in sehr einfachen Verhältnissen auf. Er hatte nicht viele Freunde und die Leute mieden ihn, weil er in der falschen Straße im falschen Stadtviertel lebte. Oftmals wurde er als Abschaum oder gar als Schlimmeres beschimpft. Doch tief in diesem kleinen Jungen brannte die Flamme der Leidenschaft und er hatte es sich schon früh in den Kopf gesetzt, es zu etwas Besonderem zu bringen. Er wollte jemand sein und verfolgte diesen Traum mit allem, was er hatte. Seine Liebe galt der Musik. Er besaß zwar eine alte Gitarre, konnte diese aber nicht stimmen. Trotzdem gab er niemals auf. Vor seinem geistigen Auge sah er sich schon auf einer Bühne stehen, während ihm das Publikum zujubelte. Obwohl er noch gar nicht spielen konnte, war er in seinem Kopf bereits Gitarrist. Der Cousin seines einzigen Freundes war der Musiker Lonzo Green, der dem Jungen aus Mitleid beibrachte, wie man Akkorde greift. Von seinem eigenen Traum angetrieben, übte der Kleine wie ein Besessener und machte schnell Fortschritte. Er ließ sich von den vielen negativen Programmierungen seines Umfeldes nicht beeindrucken und ergriff die Chance, die sich ihm bot. Und viele Jahre später drückte dieser Junge namens Elvis Presley der ganzen Welt seinen Stempel auf und prägte eine ganze Generation mit seiner Musik und seiner Leidenschaft. Der Rock 'n' Roll war geboren. Auch wenn alle Rahmenbedingungen gegen Elvis sprachen, widerstand er der Versuchung, sich als Opfer zu fühlen. Durch seine kraftvolles Selbstbild und seine einmalige Einstellung hatte er sich einfach die passenden Umstände geschaffen.

Diese Geschichte zeigt eines sehr deutlich. Jede Veränderung hat ihren Ursprung in der eigenen Identität. Das Bild, was Sie von sich selbst haben, wird sich über kurz oder lang in der Realität manifestieren. Andersherum können Sie keinen dauerhaften Erfolg haben, wenn Ihre Gedanken und Handlungen nicht mit diesem inneren Bild übereinstimmen. Oder etwas einfacher formuliert: Wenn Sie es nicht sehen können, dann werden Sie es nicht erleben. Und hier kommen die unbewussten Programmierungen ins Spiel, die schon in jungen Jahren Ihre Persönlichkeit beeinflussen und prägen. Es ist einfach unglaublich schwer, eine optimale Einstellung in Bezug auf Veränderung zu entwickeln, wenn Ihr Selbstbild von limitierenden Programmierungen und Versagerbotschaften dominiert

> **Wenn Sie es nicht sehen können, dann werden Sie es nicht erleben.**

wird. Dies führt dann dazu, dass Sie sich selbst nicht als wertvoll oder gar als Verlierer sehen und die erfolgreichen, die wohlhabenden und die begehrenswerten Menschen immer »die anderen« sind, die in einer ganz anderen Welt leben. Ihr Selbstbild wird sich früher oder später in der Realität widerspiegeln. Sehen Sie sich als Gewinner, werden Sie ein Gewinner. Sehen Sie sich als Verlierer, dann werden Sie auf unbewusster Ebene alles dafür tun, damit sich dieses Bild ebenfalls in der Realität manifestiert.

Ihr Selbstbild wird sich früher oder später in der Realität manifestieren.

Heute Morgen habe ich wieder mal eine dieser Geschichten gelesen, in denen von einem Lottogewinner berichtet wurde, der seinen Millionengewinn innerhalb eines Jahres komplett verjubelt hat und nun wieder von Hartz IV leben muss. Warum? Sein Selbstbild war das eines Versagers. Und auch wenn er auf der rationalen Ebene alles dafür gegeben hätte, dazu zu gehören und ein erfolgreicher Mensch zu sein, glich sich die Realität eben seiner Identität an. Auch viele Spitzensportler verdienen in jungen Jahren mehrere Millionen und leben später am Rande des Existenzminimums, weil sie falsche Investitionen tätigen oder einfach zu viel ausgeben. Und so mancher Unternehmer baut eine Firma nach der anderen auf, die dann am Ende doch in der Pleite endet. Aber woran liegt es, dass dem rasanten Aufstieg in diesen Fällen auch ein ebenso dramatischer Absturz folgt? Diese Menschen haben genügend Intelligenz, arbeiten hart und mit mindestens genauso viel Leidenschaft, wie alle anderen auch. Und wenn wir sie fragen würden, ob sie wirklich erfolgreich und wohlhabend sein wollen, dann würden sie diese Frage aus tiefstem Herzen bejahen. Doch wenn wir genau hinschauen, dann würden wir mit großer Sicherheit einen geringen Selbstwert vorfinden, der sich dann in einer entsprechenden Identität widerspiegelt.

Im letzten Jahr ging die Geschichte von Vince Young durch die Presse. Er ist Footballprofi in der amerikanischen NFL und hatte in jungen Jahren einen kometenhaften Aufstieg erlebt. Als einer der wenigen schaffte er den Sprung aus dem Slum einer Großstadt ins Rampenlicht des schillernden Sports. Mit Anfang zwanzig war er bereits Multimillionär und ihm wurde eine große Karriere als Quarterback prophezeit. Doch seine Identität war immer noch die aus den Tagen, als er als kleiner Junge für jede warme Mahlzeit hart kämpfen musste. Sein Selbstwert war so gering, dass er es sich in der Tiefe seines Unterbewusstseins nicht vorstellen konnte, so viel Erfolg und Geld wirklich zu verdienen. Er selbst sah sich immer noch als den armen Schlucker, den Loser und den Versager von früher. Und es dauerte nicht lange, da hatten sich die äußeren Umstände seinem (unbewussten) Bild von sich selbst angepasst. Er verlor alles, was er besaß, ging durch eine schwere Krise und sitzt heute auf einem riesigen Schuldenberg.

> Hinter so manchem dramatischen Absturz ehemals erfolgreicher Menschen steht ein geringer Selbstwert.

Wie sieht Ihr Selbstbild aus? Wer sind Sie und was denken Sie über sich?

Kommen wir nun zur Frage, auf die Sie wahrscheinlich schon warten. Wie sieht es mit Ihrem Selbstbild aus? Ich weiß aus eigener Erfahrung, dass es einer Menge Mut bedarf, die eigene Meinung über sich selbst kritisch zu überprüfen. Es ist das Leichteste überhaupt, dies bei anderen zu tun. Aber es ist das Härteste der Welt, den ehrlichen Blick in den Spiegel zu wagen. Doch ohne geht es einfach nicht. Was auch immer Sie sich vornehmen und was Sie auch erreichen wollen, alles beginnt mit der Vision, die Sie von sich selbst haben. Schon Muhammad Ali wusste um die Kraft des Selbstbilds. Von ihm stammt die Aussage: »Ich bin der Größte. Und ich habe das schon gesagt, bevor ich wusste, dass ich es war.« Die Realität passt sich der Identität an. Bei Ali war seine starke Persönlichkeit so stark ausgeprägt, dass es eines Tages zu folgender Begebenheit kam, als er in einem Flugzeug von New York nach

San Francisco fliegen wollte. Die Stewardess kam auf ihn zu und sagte freundlich: »Herr Ali, würden Sie zum Start bitte den Sicherheitsgurt anlegen.« Die Antwort des Box-Champs kam prompt: »Nein. Superman braucht keinen Sicherheitsgurt.« Doch die Stewardess war schlagfertig und antwortete: »Das mag schon sein. Aber Superman braucht auch kein Flugzeug.«

> **Torwart-Titan Oliver Kahn nutze die Kraft des Selbstbilds: Er sah sich schon in jungen Jahren als besten Torwart der Welt.**

Auch Torwart-Titan Oliver Kahn nutzte das Prinzip eines kraftvollen Selbstbilds, als er in den Anfangsjahren seiner Karriere beschloss, das Mittelmaß hinter sich zu lassen und stattdessen ein Ausnahmesportler zu sein. Er war sich zwar bewusst, dass er noch einen weiten Weg vor sich hatte und noch viel lernen musste, aber in seinem Kopf hatte sich ein Bild eingebrannt. Obwohl er sich als junger Mann beim Karlsruher SC gerade erst seine ersten Sporen verdiente, sah er sich vor seinem geistigen Auge schon als besten Torwart der Welt. Und dieses Selbstbild manifestierte sich dann Jahre später fast schon automatisch in der Realität und sorgte dafür, dass Oliver Kahn in der gesamten Welt ein Vorbild wurde für Willenskraft und die Fähigkeit, niemals aufzugeben.

Doch zurück zur Frage, wer Sie sind. Und wer Sie sein wollen. Während Sie diese Worte lesen, haben Sie bereits ein Selbstbild, das in großem Maße Ihre Einstellung und damit Ihre Ergebnisse im Leben beeinflusst. Die entscheidende Frage ist daher nicht, ob Sie eine Identität haben, sondern ob Sie diese bewusst gewählt haben. Die Alternative wäre nämlich, dass sie eher zufällig entstanden ist. Erinnern Sie sich an die Metapher mit dem Garten. Wenn das Selbstbild so eine wichtige Rolle bei Veränderungsprozessen spielt, dann lohnt es sich, dieses bewusst und mit Blick auf die Zukunft festzulegen. Denken Sie immer daran: Sie müssen zuerst jemand sein, um etwas tun und danach etwas haben zu können. Das Schöne an dieser Entscheidung ist, dass Sie keinerlei Beschränkungen oder gar Limitierungen unterliegen. Fragen Sie sich einfach: »Wer bin ich jetzt und wer will ich in zwei Jahren sein?« Ich weiß, dass es hierfür oft einer Menge Mut bedarf. Denn unserem Umfeld, den Kollegen und der Welt da draußen können wir etwas vormachen. Es ist leicht, in eine Rolle zu schlüpfen, auch wenn sie uns nicht so wirklich gefällt. Aber den Typen, der uns jeden Morgen im Spiegel anblickt, den können wir auf Dauer nicht belügen. Weil er uns in schöner Regelmäßigkeit daran erinnert, was wichtig ist und was wirklich zählt. Geben Sie sich also hemmungslos Ihren mutigen Träumen hin und lassen Sie Ihre Vision für sich arbeiten. Dann formulieren Sie, wer Sie sind und wer Sie sein wollen. Ein erfolgreicher Unternehmer, eine liebende Ehefrau, ein glücklicher Künstler, eine respektierte Führungskraft oder auch ein inspirierender Musiker. Alles ist möglich.

Sie können alles im Leben sein und erreichen.
Sobald Sie bereit sind, die Überzeugung aufzugeben,
dass Sie es nicht können.

»Aber Ilja«, werden Sie jetzt möglicherweise einwenden, »bei mir ist das anders. Ich bin doch nur ein kleiner Angestellter, der Frau und Kinder hat und seine Rechnungen zahlen muss. Ich kann doch auf keinen Fall ein Komponist von Opern oder ein Besitzer eines veganen Restaurants sein.« Hierauf möchte ich Ihnen nur eines antworten: Sie ahnen ja gar nicht, welches Potenzial in Ihnen schlummert und nur darauf wartet, an die Oberfläche befördert zu werden. Und Sie können wirklich alles im Leben sein und erreichen. Sobald Sie bereit sind, die Überzeugung aufzugeben, dass Sie es nicht können. Und dieser Satz ist es wirklich wert, dass Sie ihn ein zweites Mal lesen. Wir greifen ihn noch einmal auf, wenn wir zu den vier W's der Veränderung kommen. Wichtig ist dabei, dass Sie Ihr Selbstbild nicht nur verbal formulieren, sondern es sich auch so lebendig und real wie möglich vor Ihrem geistigen Auge vorstellen. Denn auf diese Weise kommt Ihr Gehirn wieder ins Spiel. Für Ihr Gehirn macht es nämlich keinen Unterschied, ob Sie sich etwas nur vorstellen oder ob es tatsächlich passiert. Doch wenn Sie es nicht sehen können, werden Sie es nicht erleben.

Ja, ich weiß, was Sie jetzt denken: »Ach komm schon, Ilja, das ist doch ein alter Hut und eher eine Metapher ohne großen praktischen Wert.« Weit gefehlt, lieber Leserin, lieber Leser. Kennen Sie den Film *Gran Torino* mit Clint Eastwood? Ich kann mich noch gut an den Tag erinnern, als ich diesen im Kino gesehen habe. Noch lange nach dem Ende war ich von der emotionalen Geschichte um den knurrigen Eigenbrötler Walt Kowalski beeindruckt, der im Laufe der Handlung immer mehr seine herzliche Seite zeigt und sich mit einem asiatischen Nachbarsjungen anfreundet. Und ich werde es nie vergessen, wie sämtliche Kerle im Kinosaal (mich übrigens eingeschlossen) heulten wie die Schlosshunde, als Walt Kowalski kurz vor Schluss erschossen wurde, begleitet von den traurigen Klängen von Jamie Cullums Titelsong, und dadurch seinen kleinen Freund und dessen Familie rettete. Nun ja, manchmal bin eben auch ich nah am Wasser gebaut. Und nun lassen Sie uns noch einmal über die Möglichkeiten der Vorstellungskraft reden. Jeder einzelne im Kino wusste ganz genau, dass es nur ein Film war. Uns allen war bewusst, dass Clint Eastwood gar nicht tot war, sondern für seine grandiose schauspielerische Leistung ein Vermögen erhalten hat. Jeder wusste, dass diese Szene nur in unserer Vorstellung stattfand und dass es in Wirklichkeit nur viele einzelne Pixel auf einer weißen Leinwand waren. Und doch ließ unser Gehirn das Erleben so real werden, dass wir um die Wette weinten. Und die gleiche Kraft liegt in der Vorstellung Ihrer Vision und Ihres Selbstbilds.

> **Für unser Gehirn macht es keinen Unterschied, ob wir uns etwas vorstellen oder ob es tatsächlich passiert.**

Entscheiden Sie sich bewusst für die Persönlichkeit, die Sie sein wollen. Und seien Sie dabei unbedingt ehrlich zu sich selbst. Es geht hier weder um Masken noch um äußere Fassaden noch darum, die Erwartungen anderer zu erfüllen. Ganze Generationen haben ein unglückliches Leben gelebt, nur weil die Eltern unbedingt wollten, dass man Rechtsanwalt, Tierarzt oder Steuerberater wird, obwohl man eigentlich davon geträumt hat, Maler, Komponist oder Restaurantbesitzer zu sein. Das Einzige, was zählt, ist Ihr ganz individueller Kern. Ihre Einzigartigkeit. Die Werte, die für Sie wichtig sind und die Ihnen eine hohe Lebenszufriedenheit garantieren. Und dann treffen Sie eine Entscheidung. Wer wollen Sie sein? Und wie soll Ihre eigene Identität in all den verschiedenen Facetten aussehen? Träumen Sie groß. Träumen Sie mutig. Wählen Sie Ihre Persönlichkeit, träumen Sie von deren Erfolgen und stellen Sie sich das so realistisch vor wie möglich. Je detaillierter und anziehender Ihre inneren Bilder werden, desto leichter kann der Gran-Torino-Effekt für Sie in Aktion treten und Ihre heutige Vorstellung zur täglich gelebten Realität von morgen werden lassen.

Die 4 W's der Veränderung

Vorbei sind sie, die Zeiten, als alles irgendwie noch vorhersagbar war und seinen gewohnten Gang ging. Als Hans-Joachim Kulenkampff regelmäßig seine Samstagabend-Shows überzog, als man zum Telefonieren noch 20 Pfennig benötigte und in eine gelbe Telefonzelle gehen musste und als das Leben noch nicht von Smartphones, Internet und Flachbildschirmen dominiert wurde. Bei Fußballkaiser Franz Beckenbauer reichte es bei der Weltmeistermannschaft von 1990 noch, als Bundestrainer in der Kabinenansprache nur einen einzigen Satz zu sagen: »Geht's raus und spuilt's Fußball.« Der Rest lief von allein, weil die Mannschaft voller Typen mit Attitüde war, die sich auf und neben dem Platz blind verstanden. Rudi Völler, Lothar Matthäus, Andy Brehme und Co. waren so vom Erfolg besessen, dass die Ergebnisse fast schon zwangsläufig folgten. Doch die Regeln haben sich geändert. Was vor einem Vierteljahrhundert noch wunderbar funktionierte, ist heute schon lange nicht mehr genug. Wenn Sie sich die erfolgreichsten Mannschaften der heutigen Zeit, wie Borussia Dortmund, den FC Barcelona oder Bayern München anschauen, dann wäre eine solche Herangehensweise vollkommen undenkbar. Die Stars der heutigen Zeit sind von klein auf technisch perfekt ausgebildet, und jeder Trainer hat seine ganz eigene Spielphilosophie. Für jede vorstellbare Situation gibt es konkrete taktische Anweisungen und die einzelnen Spieler müssen die Laufwege, Positionsverschiebungen und Spielzüge so häufig trainieren, bis sie ihnen in Fleisch und Blut übergegangen und im Laufe der Zeit zu unbewussten Automatismen geworden sind.

> Erst ein konkreter Plan macht aus der nicht greifbaren Motivation eine umsetzbare Strategie.

Wenn Thomas Müller, Mario Götze, Phillip Lahm oder Marco Reus heute auf den Platz gehen, dann werden sie ebenfalls von ihrem ausgeprägten Sieger-Gen angetrieben. Dieses kann sich aber nur deshalb so gut entfalten, weil sie einen ganz klaren Plan haben, mit dem sie das Spiel gewinnen wollen. Der taktischen Ausrichtung gehen meistens viele hundert Stunden der Analyse und Vorbereitung voraus. Gegner werden von den Chefscouts beobachtet, Spieler in einer Datenbank ausgewertet und die Stärken und Schwächen des Kontrahenten ausgelotet. Auf diesen Erkenntnissen basiert dann der Plan, den die Trainer ihren Stars mit auf den Weg geben und der der alles entscheidende Faktor auf der Jagd nach Titeln und Erfolgen ist. Natürlich, die Gier auf Siege lässt die Spieler von Borussia Dortmund immer wieder angreifen und niemals aufgeben. Aber erst der konkrete Plan macht aus einer nicht konkret greifbaren Motivation eine umsetzbare Strategie, um die gesetzten Ziele auch zu erreichen. Der Plan kanalisiert die Einstellung in einen umsetzbaren Prozess und in messbare Ergebnisse.

Was im Spitzensport mittlerweile selbstverständlich ist, scheint im Leben der meisten Menschen immer noch völlig unbekannt zu sein. Viele planen zwar den alljährlichen Pauschalurlaub nach Mallorca in allen Details und legen sogar penibel fest, welches Familienmitglied an welchem Tag dran ist, morgens um sieben Uhr die Handtücher auf die Liegen am Pool zu platzieren. Doch wenn es um das eigene Leben, die Karriere und den Umgang mit Veränderung geht, dann wird das Heft des Handelns aus der Hand gegeben und vieles dem Zufall überlassen. Aber das größte Ziel, die stärkste Motivation und die beste Einstellung führt eben nur dann zu den gewünschten Ergebnissen, wenn Sie einen ganz klaren Plan haben, wie Sie das bekommen, was Sie haben wollen. Bis zu diesem Punkt im Buch ging es mir vor allem darum, Sie mit vielen Impulsen zu versorgen, um die notwendigen Gedankenprozesse in Gang zu setzen, mit denen Veränderung einfach wird. Ich hoffe, dass ich so manches Mal an Ihren gewohnten Mustern gerüttelt habe, und dass Ihnen deutlich geworden ist, dass nachhaltige Veränderung immer auf einfachen Prinzipien, auf Eigenverantwortung und der Motivation des Machens beruht.

Im zweiten Teil des Buches möchte ich Ihnen die vier ganz konkreten Schritte der Veränderungsformel vorstellen, mit denen es gelingt, nachhaltige Veränderung zu meistern und einen Unterschied zu machen. Ich habe in den letzten fünfzehn Jahren mit Tausenden von Menschen an den unterschiedlichsten Veränderungen gearbeitet. Ich habe diese Menschen genauestens unter die Lupe genommen und die Denkweisen und Überzeugungen von denjenigen analysiert, die besonders gut mit ihren Herausforderungen umgehen konnten. Vor allem aber habe ich mich selbst verändert. So manches Mal von den äußeren Umständen gezwungen, sehr häufig jedoch habe ich die Veränderung selbst in Gang gesetzt. Und es lief immer wieder auf die gleichen vier Schritte hinaus, die zusammen die Veränderungsformel bilden. Heute weiß ich, ohne sie geht es einfach nicht. Diese vier Schritte sind notwendig, wenn Sie Veränderungen initiieren und erfolgreich umsetzen möchten. Jeder einzelne Schritt für sich genommen ist schon sehr kraftvoll. Aber es reicht leider nicht, sich nur drei der vier Schritte rauszusuchen, weil Ihnen vielleicht ein bestimmter Schritt viel Mühe macht. Nein, erst die Kombination aller vier Schritte setzt einen Prozess in Gang, der Sie mit der ganz speziellen Einstellung versorgen wird, die Veränderung einfach macht und mit der die kleinen und großen Ziele erreichbar werden.

> Mit den vier Schritten der Veränderungsformel gelingt es Ihnen, nachhaltige Veränderung zu meistern und einen Unterschied zu machen.

In der gesamten Geschichte der Menschheit habe ich noch von keinem einzigen Fall gehört, bei dem jemand einen konkreten Plan aufgestellt hat, wie er erfolglos, pleite, einsam und dick werden kann. Solche Dinge passieren ganz im Gegenteil immer dann, wenn man sich wie ein Blatt im Wind den Zufällen des Lebens hingibt und passiv auf die äußeren Umstände reagiert. Nur mit einem konkreten Plan haben Ihre Träume eine Chance, in die Tat umgesetzt zu werden. Nur mit einem konkreten Plan wird sich Ihre Vision in den Ergebnissen manifestieren, die Sie ein Leben führen lassen, das diesen Namen auch verdient. Nur mit einem konkreten Plan sind Sie in der Lage, das Unmögliche zu wagen und somit das Mögliche zu erreichen. Damit Ihnen dieses Vorhaben optimal gelingt, möchte ich Ihnen die Veränderungsformel vorstellen. Ihre vier W's stehen für Wählen, Wollen, Wagen und Wiederholen. Dies ist die einfache Formel, mit der Sie auch unter schweren Bedingungen erstklassige Ergebnisse erzielen und Veränderung einfach machen. Lassen Sie sich von mir zu einer Reise Richtung Chancen und Möglichkeiten einladen. Lassen Sie sich inspirieren und motivieren, dem Mittelmaß Lebewohl zu sagen und Ihre Träume in die Tat umzusetzen. Lassen Sie sich konkrete und vor allem praxiserprobte Impulse geben, mit denen Sie nicht länger von den äußeren Umständen abhängig sind und Ihrem Leben den Sinn geben können, den es verdient. Denn Veränderung wird einfach, wenn Sie Veränderung einfach machen. Haben Sie Lust? Dann blättern Sie einfach weiter und ich sehe Sie auf der anderen Seite.

Change-Impulse, um Veränderung einfach zu machen:

▶ An Ihrer Identität richtet sich alles aus: Ihre Gedanken, Ihre Entscheidungen und Ihr Verhalten.

▶ Jeder Mensch hat eine Vision. Diese ist entweder bewusst gewählt oder orientiert sich an unbewussten Erwartungen und Überzeugungen.

▶ Ihre Ergebnisse in den unterschiedlichsten Lebensbereichen sind das direkte Resultat Ihrer Vision.

▶ Jede unkritisch aufgenommene Meinung, Idee oder Botschaft führt zu Glaubenssätzen, die durch regelmäßige Wiederholung zu limitierenden Kernüberzeugungen werden.

▶ Schreiben Sie heute die Geschichten, die Sie morgen erzählen wollen.

▶ Veränderung ist immer die Kombination aus mutigen Ideen und klaren Handlungen.

▶ Changemaker sind Menschen, die nicht über Veränderung sprechen, sondern sie einfach machen.

▶ Vergleichen Sie sich niemals mit Menschen, die schon viele Jahre weiter sind.

▶ Nehmen Sie Ihre individuelle Einzigartigkeit wahr und leben Sie diese jeden Tag.

▶ Ihr Selbstbild wird sich früher oder später in der Realität manifestieren.

▶ Wie sieht Ihr Selbstbild aus? Wer sind Sie und was denken Sie über sich?

▶ Sie können alles im Leben sein und erreichen, sobald Sie bereit sind, die Überzeugung aufzugeben, dass Sie es nicht können.

▶ Nutzen Sie den Gran-Torino-Effekt, um Ihre heutige Vorstellung zur täglich gelebten Realität von morgen werden lassen.

Das erste W der Veränderung: Wählen

Agent Smith: »Sie müssen es doch sehen, Mr. Anderson, Sie müssen
doch in der Lage sein, es zu sehen. Sie können nicht gewinnen.
Es ist sinnlos, weiterzukämpfen. Warum, Mr. Anderson, warum,
warum sind Sie so hartnäckig?«
Neo: »Weil ich mich entschieden habe!«
Dialog aus dem Film *Matrix Revolutions*

Haben Sie sich auch schon einmal gefragt, woher Comedians ihre Ideen
für die Sketche bekommen, über die man auch in zwanzig Jahren
noch sprechen wird? Wo Loriot zum ersten Mal einen Kosakenzipfel
gesehen hat, wie Dieter Hallervorden darauf gekommen ist, Pommes
Frites aus Flaschen essen zu wollen, und was Hape Kerkeling inspiriert
hat, vor einem entgeisterten Publikum eine Darbietung klassischer
Musik mit dem Kunstwort »Hurz« zu beenden? Der Kabarettist Hans
Werner Olm berichtete vor einigen Jahren in einem Interview davon,
wie er seine Kunstfiguren wie den Ruhrpottproll Günther Schwagalla,
den Entertainer Paul Schrader oder die burschikose Luise Koschinsky
entwickelt. »Das ist ganz einfach«, sagte er, »ich setze mich an einem
normalen Mittwochmorgen in ein Café in der Bochumer Innenstadt
und lausche den Gesprächen meiner Mitmenschen. Das Leben schreibt
nämlich die besten Drehbücher.« Und tatsächlich, wenn Sie mit offenen Augen durch Ihren Alltag gehen, dann bestätigt sich diese Aussage
immer wieder. Die Welt ist voller Freude, Dramen und persönlicher
Geschichten, die jeder von uns tagein, tagaus in sein ganz persönliches
Lebensbuch schreibt.

Doch es scheint so, als seien die meisten dieser Geschichten große Tra-
gödien. Wie sonst erklären Sie sich die Freude am Jammern und Nörgeln und die sorgenvolle Miene, wenn man in die eigene Zukunft

blickt? Gestern saß ich im Prater, das ist ein gemütlicher Biergarten im Berliner Stadtbezirk Prenzlauer Berg. Das Wetter war grandios, die Getränke gekühlt und die Musik im Hintergrund passte optimal zu diesem perfekten Tag. Ich lehnte mich gerade entspannt zurück, um den Sonnenuntergang zu genießen, als mich eine Unterhaltung am Nachbartisch neugierig aufblicken ließ. Zwei Herren mittleren Alters begrüßten sich gerade und es entwickelte sich folgender Dialog: »Und, wie geht's dir so?« »Ach, muss ja. Und bei dir?« »Ach, so lala, eigentlich kann man nicht klagen, aber ich muss ja morgen schließlich wieder zur Arbeit.« Fast wäre dieser Satz an mir vorübergegangen, schließlich sind solche Formulierungen mittlerweile zu etwas völlig normalen geworden. Wie häufig hören Sie am Tag, was Ihre Mitmenschen alles *müssen*? Man muss die Kinder in die Schule bringen, den Rasen mähen, das Wochenende mit den Schwiegereltern verbringen und natürlich müssen sehr viele auch morgens zur Arbeit. Aber Moment mal! In diesen Aussagen befindet sich ein kapitaler Denkfehler. Denn sämtliche dieser Dinge tun Sie aus freien Stücken und weil Sie sich dazu entschieden haben. Natürlich, vielleicht wenden Sie jetzt ein: »Aber Ilja, selbstverständlich *muss* ich zur Arbeit. Denn sonst würde ich ja meinen Job verlieren und könnte meine Rechnungen nicht mehr bezahlen.« Aber müssen Sie wirklich? Lassen Sie uns die Verwendung des Wortes *müssen* für einen Moment auf das nächste Kapitel verschieben und uns stattdessen dem ersten W der Veränderung nähern.

Wie oft sagen Sie, dass Sie etwas tun müssen? Aber müssen Sie wirklich?

Ich spreche vom Wählen. Sie haben jeden Tag die Wahl, was Sie mit Ihrem Leben anfangen. Ob Sie die Welt als großer Abenteurer erkunden oder es sich mit der Fernbedienung in der Hand auf der Couch gemütlich machen. Ob Sie mit Ihrem Schatzi ins Theater gehen oder lieber mit den Kumpels ins Fitnessstudio. Ob Sie sich mit zwanzig Kilo Übergewicht durch den Alltag kämpfen oder Ihre Ernährung umstellen. Ob Sie das Leben Ihrer Träume führen oder sich an den Erwartungen anderer orientieren. Und ja, auch ob Sie morgens zur Arbeit gehen oder lieber zu Hause bleiben. Auch wenn es möglicherweise überraschend klingt, aber diese Wahl haben Sie tatsächlich. Oder steht bei Ihnen morgens jemand mit einem geladenen Revolver am Bett und zwingt Sie, den Weg ins Büro anzutreten? Sehen Sie. Sie haben sich irgendwann einmal entschieden, den Arbeitsvertrag zu unterschreiben, und haben bewusst Ihre jetzige Firma gewählt. Natürlich hätte es Konsequenzen, wenn Sie von heute auf morgen einfach nicht mehr hingehen würden, aber die Entscheidung liegt ganz bei Ihnen. Sie allein wählen, ob Sie bereit sind, diesen Preis zu bezahlen.

Sagen Sie nicht müssen, wenn Sie eigentlich wollen meinen.

Mir liegt es sehr am Herzen, Sie noch einmal mit Nachdruck auf Folgendes hinzuweisen. Die Reiseroute des Lebens ist nicht in Stein gemeißelt und schon gar keine Einbahnstraße. Es ist niemals zu spät, um den Kurs zu korrigieren, neu auszurichten oder sogar ganz umzukehren. Sie haben täglich aufs Neue die Wahl, wie Sie Ihre eigene Zukunft gestalten wollen. Nur weil Sie sich mit sechzehn Jahren dazu entschieden haben, eine Lehre als Automechaniker zu machen, heißt das nicht, dass Sie nun Ihr Leben lang Autos reparieren müssen. Denn Zeiten ändern sich nun mal, und mit ihnen die Dinge, die uns lieb und teuer sind. Auch ich hatte mich lange Zeit damit arrangiert, dass meine Karriere auf einem vorbestimmten Pfad verlaufen würde. Bis ich an jenem schicksalsträchtigen Tag auf der A24 im Stau voll und ganz begriff, dass ich ganz allein die Verantwortung dafür trage, wie meine Zukunft aussehen soll. Also traf ich die Entscheidung für meine persönliche Freiheit und gegen die vermeintliche Sicherheit des alten Jobs. Und diese Wahl hatte große Auswirkungen. Ich musste beim Aufbau meines eigenen Business bei null anfangen, vieles neu lernen und mich kurzfristig damit abfinden, finanzielle Abstriche zu machen. Es ist immer eine Frage der Prioritäten. Sie entscheiden, ob Sie bereit sind, den Preis zu zahlen. Denn wenn Sie eine Wahl treffen, heißt das immer, dass Sie sich gleichzeitig für und gegen etwas entscheiden. Alles ist schwarz oder weiß. Nichts ist grau.

> Die Reiseroute Ihres Lebens ist nicht in Stein gemeißelt und schon gar keine Einbahnstraße.

Doch genau das ist meist das Einzige, was viele Menschen täglich wählen. Sie entscheiden sich für die graue Variante. Sie wollen die Freiheit eines eigenen Unternehmens, aber auch die Sicherheit eines festen

Jobs. Sie wollen die Geborgenheit eines treuen Lebenspartners, aber gleichzeitig den eigenen Marktwert in der Diskothek austesten. Sie wollen neue Länder kennenlernen, aber gleichzeitig den behaglichen Heimatort nicht verlassen. Sie wollen finanziell unabhängig werden, geben aber mehr Geld aus, als sie einnehmen. Sie wollen gesund leben und schlank sein, sind aber Stammgast bei sämtlichen Fast-Food-Läden der Stadt. Sie wollen sich waschen, aber nicht nass werden. Und so treffen sie im Endeffekt meist gar keine Entscheidung. Sie wählen weder weiß noch schwarz und landen somit zwangsläufig im frustrierenden Grau des Stillstands und des seelischen Niemandslandes.

Die schlechteste Entscheidung, die Sie treffen können, ist die, keine Entscheidung zu treffen.

»Aber Moment mal, Ilja, das ist nicht so einfach. Mir sind einfach viele Dinge wichtig. Woher soll ich denn wissen, welche Wahl die richtige ist?« Wenn Sie sich diese Frage wirklich stellen müssen, dann sollten Sie über Ihre Prioritäten nachdenken. Natürlich, jede Wahl hat immer Konsequenzen. Aber wenn Sie die richtigen Dinge tun, sind selbst die negativen Konsequenzen es ganz einfach wert, in Kauf genommen zu werden. Das bewusste Wählen, das Treffen von wichtigen Entscheidungen und die Übernahme von Verantwortung für das eigene Leben ist das Fundament, an dem sich alle weiteren Dinge ausrichten. Nichts macht unzufriedener, als sich vor dieser Wahl zu drücken. Die schlechteste Entscheidung, die Sie treffen können, ist die, keine Entscheidung zu treffen. Jede Veränderung beginnt immer mit einer Wahl. Die Entscheidung, diese süße Blondine an der Bar anzusprechen, endlich mit dem Rauchen aufzuhören oder das verlockende Jobangebot in den USA anzunehmen. Es ist immer eine bewusste Wahl, mit der Sie die Weichen für Ihre Zukunft stellen. Und auch wenn Sie mit Veränderungen konfrontiert sind, die Sie nicht selbst initiiert haben, stehen und fallen die Ergebnisse mit Ihrer Einstellung. Ihre innere Haltung bestimmt die Bewertung einer Situation und damit die Situation selbst.

Jede Veränderung beginnt immer mit einer Wahl.

Es liegt nicht an der Lufthansa

Das erste W der Veränderung steht für Wählen. Und es ist die unbedingte Grundvoraussetzung, wenn Sie Veränderung erfolgreich und nachhaltig meistern wollen. Es bestimmt, mit welcher Einstellung Sie den Herausforderungen des Lebens begegnen. Ob Sie Ihren Fokus auf das Problem richten oder auf die Lösung. Ob Sie das Glas den ganzen Tag festhalten oder rechtzeitig abstellen. Ob Sie »Och nö!« sagen oder »Au ja!«. Und gibt es etwas Schöneres, als wählen zu können? Allerdings gilt es, die Wahl jeden Tag aufs Neue zu treffen. Immer und immer wieder. Wenn Sie es nicht tun, dann übernehmen nämlich andere sehr gerne diese Aufgabe für Sie. Die Medien, die Politik, Ihr Chef, Ihre Eltern, der Freundeskreis oder der Busfahrer der Linie M55. Handeln Sie also lieber selbst. Je häufiger Sie Ihre Attitüde bewusst wählen, desto leichter wird es Ihnen fallen. Und je mehr Sie Ihren Fokus auf die sich bietenden Chancen und Möglichkeiten richten, desto mehr Spaß werden Sie mit dem ersten W der Veränderung haben. Große Gelegenheiten klopfen nämlich regelmäßig an Ihre Tür. Ich empfehle Ihnen daher, auch aufzumachen.

Wählen Sie die Einstellung, mit der Sie den Herausforderungen des Lebens begegnen.

Aber kennen Sie solche Tage, an denen wirklich alles schiefgeht, was schiefgehen kann? Der 12. März 2013 war genau so ein Tag. Vielleicht erinnern Sie sich. Obwohl laut Kalender eigentlich schon fast Frühling angesagt war, schneite es heftig. Ich hatte am Tag darauf einen Vortrag im Taunus und mein Flug war schon lange gebucht. LH 7155 um 11:45 Uhr von Berlin Tegel nach Frankfurt. Ich warte gerade mit gepacktem Koffer auf mein Taxi zum Flughafen, als ich von der Lufthansa eine SMS bekomme: »Lieber Kunde, aufgrund des heftigen Schneefalls ist der komplette Flughafen in Frankfurt gesperrt. Ihr Flug wurde annulliert. Sie werden umgebucht. Neue Abflugzeit: 14:45 Uhr.« Frustriert schicke ich den Taxifahrer wieder fort und versuche, bei der LH-Hotline anzurufen. Kein Durchkommen. Dauerbesetzt und totales Chaos, weil an diesem

> Kennen Sie auch diese Tage, an denen alles schiefgeht, was schiefgehen kann?

Tag bereits 500 Flüge gestrichen wurden. Eine halbe Stunde später die nächste SMS: »Lieber Kunde, aufgrund des heftigen Schneefalls ist der komplette Flughafen in Frankfurt gesperrt. Ihr Ersatzflug wurde annulliert. Sie werden umgebucht. Neue Abflugzeit: 18:45 Uhr.«

So langsam werde ich nervös, schließlich soll ich am nächsten Tag um 10:00 Uhr meinen Vortrag halten. Also was tun? Kurzerhand buche ich mir online ein Ticket für den ICE um 14:30 Uhr nach Frankfurt und hoffe, dass wenigstens die Züge fahren können. Auf dem Weg zum Bahnhof fällt dann natürlich noch die S-Bahn aus, und am Bahnsteig wartet bereits eine riesige Menschenmasse auf die einzige Möglichkeit, an diesem Tag noch irgendwie von Berlin nach Frankfurt zu kommen. 2000 Menschen für 500 Sitzplätze. Was glauben Sie, was da los war? Irgendwie schaffe ich es, mich hinein zu quetschen und zumindest einen Stehplatz im völlig überfüllten Gang zu ergattern. Und ich denke mir: »Super, fünf Stunden Fahrt nach Frankfurt. Und das im Stehen. Aber zum Glück kann ich wenigstens nicht umfallen, weil wir so eng aneinander gepresst sind.«

Meine Stimmung ist am Tiefpunkt angekommen und auch die Atmosphäre im Zug wird langsam aggressiv. Aus irgendeinem Grund muss ich an einen Wahlspruch meines Großvaters denken: »Lächle und atme tief durch, denn es könnte schlimmer kommen.« Also lächle ich und atme tief durch. Und tatsächlich, es kommt schlimmer. Denn kurz vor Wolfsburg ertönt eine erstaunlich fröhlich klingende Stimme: »Die Fahrkarten bitte!« Können Sie sich vorstellen, wie der überfüllte Zug reagiert hat? Ich habe noch nie so viele wutentbrannte Gesichter auf einmal gesehen. Zum Glück kommt der Schaffner aber gar nicht erst durch. Stattdessen beginnen die Menschen, sich gegenseitig ihr Leid zu klagen. Auch ich lasse mich anstecken und mein Fokus wandert immer mehr auf das Problem. »Fünf Stunden stehen und mir tun schon nach einer Dreiviertelstunde die Beine weh. Ich hatte doch einen Sitzplatz reserviert. Was ist, wenn ich meinen Termin nicht schaffe? Warum nur muss es ausgerechnet heute schneien?« Ich bin in einer typischen Negativspirale gefangen, in die ich mich immer mehr hineinsteigere.

Bis ich in die fröhlichen Augen einer jungen Studentin blicke, die auf einer schmalen Ecke ihres Koffers mitten im Gang sitzt und mich herausfordernd anlächelt. Vielleicht liegt es daran, dass sie mich ein wenig an Julia Roberts erinnert, auf jeden Fall frage ich sie: »Wie kannst du denn in diesem Chaos so gut drauf sein?« Jetzt lacht sie noch mehr. »Naja«, sagt sie, »ich könnte natürlich wie alle anderen pöbeln, fluchen und mich darüber beschweren, wie furchtbar doch alles ist. Aber ich habe einfach keine Lust, mich heute schlecht zu fühlen. Und bevor ich mich jetzt fünf Stunden über Dinge aufrege, die ich sowieso nicht ändern kann, entscheide ich mich eben, das Beste draus zu machen!« Kennen Sie das, wenn Ihnen jemand einen Spiegel vorhält und Sie auf einmal erkennen, wie unsinnig Ihr Verhalten gerade ist? Genau so ging es mir. Auf einmal muss ich über mich selbst lachen und treffe die Entscheidung, ab sofort das Beste aus der Situation zu machen. Wir stellen uns gegenseitig vor und erzählen uns, was wir in so Frankfurt vorhaben. Wir lachen viel, und schnell beteiligen sich weitere Passagiere am Gespräch. Mit ihrer positiven Art steckt die Studentin das halbe Abteil an. Die Zeit vergeht wie im Flug. Als wir am Bahnhof ankommen, tauschen wir alle unsere Visitenkarten. Und aus einem dieser Kontakte hat sich im Nachhinein eine wirklich tolle Geschäftsbeziehung entwickelt. Problem akzeptiert. Problem gelöst. Mund abgeputzt und weitergemacht.

> Statt sich über Dinge aufzuregen, die man sowieso nicht ändern kann, kann man sich auch dafür entscheiden, das Beste aus der Situation zu machen.

Und die innere Haltung machte dabei den Unterschied. Als ich abends im Hotel völlig erschöpft im Bett lag, war ich dem Julia-Roberts-Double dankbar, dass sie mich rechtzeitig daran erinnerte, dass ich ganz allein für meine Einstellung verantwortlich bin. Schließlich hatte ich ja selbst die Entscheidung getroffen, trotz der widrigen Bedingungen an diesem Tag von Berlin nach Frankfurt zu reisen. An den fünfzig Zentimeter Schnee konnte ich nichts ändern. Genauso wenig am gesperrten Flughafen in Frankfurt, dem völlig überfüllten ICE oder dem Verhalten des Schaffners. Das Einzige, was ich beeinflussen konnte, war meine Einstellung, mit der ich auf diese Rahmenbedingungen reagierte. Die bewusste Wahl, meinen Fokus weg vom Problem und hin zur Lösung zu richten, war der entscheidende Faktor dafür, dass aus einem vermeintlichen Desaster am Ende etwas richtig Positives entstanden ist. Ich hatte das Glas gerade noch rechtzeitig abgestellt.

Das erste W der Veränderung steht für Wählen. Auch wenn die äußeren Umstände manchmal eine ganz andere Sprache sprechen, verinnerlichen Sie bitte eine Sache: Sie haben jederzeit die Wahl. Besonders dann, wenn es so scheint, als hätten Sie keine. Wählen Sie die richtige Einstellung und richten Sie selbst unter den härtesten Rahmenbedingungen Ihren Fokus auf die sich bietenden Chancen. Egal, vor welcher Herausforderung Sie auch stehen mögen, Sie haben immer drei Möglichkeiten.

- Lieben Sie es.
- Verändern Sie es.
- Oder verändern Sie Ihre Einstellung.

Ich weiß, Sie kennen wahrscheinlich eine andere Variante dieser drei Möglichkeiten, in der als dritte Option häufig »Verlassen Sie es« geraten wird. Doch ich konnte mich noch nie damit anfreunden, bei der kleinsten Schwierigkeit sofort die Flinte ins Korn zu werfen und aufzugeben. Wenn Sie sich an Ihre größten Erfolge erinnern, lief da alles glatt? Nein, ich bin mir sicher, dass Sie so manche Hürde überwinden und so manchen schweren Brocken aus dem Weg räumen mussten. Und glauben Sie mir, das Leben prüft täglich, ob Sie es mit Ihren Träumen auch wirklich ernst meinen. Diese Prüfungen kommen dann in Form der unterschiedlichsten Veränderungen auf Sie zu. Je größer Ihr Ziel, desto größer auch die Herausforderung. Aber wie häufig resignieren Sie viel zu schnell, schrauben Ihre Ansprüche herunter oder geben ganz auf? Dabei ist Ihre Einstellung der größte Hebel, den Sie haben. Wenn Sie Ihre Einstellung ändern, dann ändert sich automatisch die Bewertung einer Situation. Und damit die Situation selbst. Ich habe vor vielen Jahren meine Wahl getroffen, und mich dafür entschieden, jeden Tag aufs Neue die Verantwortung für meine Einstellung zu übernehmen. Es war einfach, aber leider überhaupt nicht leicht.

> **Ändern Sie Ihre Einstellung, statt bei der kleinsten Schwierigkeit die Flinte ins Korn zu werfen.**

Ich werde nie vergessen, wie ich mit 27 Jahren als frischgebackener Warenhausgeschäftsführer meine allererste Abteilungsleiterbesprechung durchgeführt habe. Ich hatte viele tolle Folien vorbereitet, stand im Besprechungsraum vor meinen neuen Führungskräften und sagte dann ziemlich unbeholfen: »Also, meine Damen und Herren, damit wir auch in Zukunft erfolgreich sind, müssen wir ein paar Dinge verändern. Die Warenpräsentation, die Freundlichkeit der Mitarbeiter und auch Ihre Präsenz auf der Fläche.« Ich hatte logische Argumente, präsentierte Strategien, die ich an der Uni gelernt hatte, und war mir total sicher, dass mein Team das alles auch einsehen würde. Und ein halbes Jahr später … war immer noch alles beim Alten. Niemand hatte sich geändert. Also rief ich voller Verzweiflung meinen Chef an und beschwerte mich: »Was soll ich nur machen, die sind hier alle veränderungsresistent!« Und hier ist, was er mir als Antwort gab: »Pass auf, Ilja, es gibt eine Sache, die du zu allererst ändern musst. Danach folgt der Rest von allein. Alles, was du dafür brauchst, ist ein spezielles Hilfsmittel. Das schick ich dir per Post.« Und zwei Tage später kam tatsächlich ein Paket von meinem Chef an. Oben drauf lag ein Brief: »Hallo Ilja, hier ist mein Geschenk für dich. Immer wenn du von nun an das Gefühl hast, dass jemand aus deinem Team veränderungsresistent ist, nutzt du dieses Hilfsmittel. Es wird dir zuverlässig zeigen, was du zuerst ändern musst.«

Ich war ganz gespannt, was es wohl sein konnte. Ein Kompass, eine Checkliste oder ein psychologisches Tool aus der Verhaltensforschung? Also machte ich das Paket auf, und fand … einen Handspiegel. Ich war etwas enttäuscht, und im ersten Moment dachte ich: »Toll, ein Spiegel, was soll das denn?« Doch dann machte es klick. Und es gehörte zu den härtesten Momenten meines Lebens, als ich zum ersten Mal in den Spiegel blickte und die volle Verantwortung übernahm. Als ich sagte: »Egal, wo ich mich heute befinde, egal, wie zufrieden oder unzufrieden ich mit meinen Ergebnissen bin, es liegt nur an mir. An niemand anderem. Und nur ich kann etwas daran ändern.« Ich würde mir wünschen, dass auch Sie diese Erkenntnis nie mehr vergessen. Sie können andere Menschen nicht verändern, wenn diese es nicht wollen. Das Einzige, was Sie ändern können, ist Ihre Einstellung und die Art und Weise, wie Sie mit Menschen umgehen. Erfolgreiche Veränderung ist eine innere Haltung.

> Die innere Einstellung macht den Unterschied, ob Sie den Kopf in den Sand stecken oder aktiv handeln.

Aber was ist überhaupt die richtige Einstellung? Sie bildet sich aus der Gesamtheit Ihrer Werte und Überzeugungen und dem Fokus Ihrer Gedanken. Es ist die Bereitschaft, Verantwortung zu übernehmen, auch wenn das nicht immer der leichte Weg ist. Es ist die bewusste Entscheidung, das Leben in die eigenen Hände zu nehmen und sich aktiv auf die Suche nach Chancen zu machen. Und es ist die Bereitschaft, solange weiterzumachen, bis Sie Ihr Ziel erreicht haben. Eines meiner Lieblingszitate stammt von John Lennon:»Leben ist das, was dir passiert, während du dabei bist, andere Pläne zu schmieden.« Genau deshalb steht das erste W für Wählen. Damit es etwas klarer wird, möchte ich Ihnen die Dinge vorstellen, an die ich tief und fest glaube, und die die Grundlage für meine Attitüde bilden, mit der ich seit Jahren sehr gut zurechtkomme und die für mich zu einer Lebensphilosophie geworden ist.

Das Fundament meiner Attitüde:

- Ich glaube, dass das Leben hart sein kann. Oder einfach.
  Und Sie haben die Wahl.
- Ich glaube, dass die innere Haltung den Unterschied macht,
  der einen Unterschied macht.
- Ich glaube, dass Sie für Ihre Ergebnisse verantwortlich sind.
  Für alle. Die guten wie die schlechten.
- Ich glaube, dass genug für alle da ist.
- Ich glaube, dass genug von allem da ist.
- Ich glaube, dass in jedem Menschen ein großes Feuer lodert,
  das nur darauf wartet, entzündet zu werden.
- Ich glaube, dass Erfolg im Kopf entsteht und sich auf der
  physischen Ebene manifestiert.
- Ich glaube, dass alles sich verändert, wenn Sie sich verändern.
- Ich glaube, dass die Bereitschaft, hart zu arbeiten,
  Commitment und Durchhaltevermögen die Grundlage
  für jeden Erfolg bilden.
- Ich glaube an einfache Lösungen und nicht an komplizierte
  Probleme.
- Ich glaube, dass Sie Ihre äußeren Umstände erschaffen und sich
  nicht von ihnen beeinflussen lassen sollten.
- Ich glaube, dass ein Bild mehr sagt als tausend Worte, aber ein
  einziges Wort die Welt aus den Angeln heben kann.

- Ich glaube an Klarheit, Entschiedenheit und Integrität.
- Ich glaube an Ergebnisse und nicht an Ankündigungen.
- Ich glaube, dass ein Lächeln mehr Türen öffnet als der beste Dietrich der Welt.
- Ich glaube an das Gute in jedem Menschen.
- Ich glaube, dass Sie sich nicht mit Mittelmaß zufriedengeben, sondern jeden Tag nach einem Leben mit Bedeutung streben sollten.

Dies sind meine Kernüberzeugungen. Ich habe Sie bewusst gewählt. Und ich wähle Sie jeden Tag neu. Viele davon sind so tief in mein Unterbewusstsein eingebrannt, dass sie zu einem Automatismus geworden sind und die Grundlage meiner Entscheidungen und Handlungen bilden. Ist es ein leichter Weg? Nein, ganz im Gegenteil. Es ist viel leichter, lieber die Dinge zu sehen, die nicht gehen, den Fokus auf die Probleme zu richten und zu jammern, wie schwer man es doch hat. Sich jeden Tag für die richtige Einstellung zu entscheiden, ist hart. Aber es lohnt sich. Denn je mehr Sie Ihre Attitüde bewusst wählen, desto häufiger wird Ihnen das Universum riesige Chancen anbieten.

> Sich jeden Tag für die richtige Einstellung zu entscheiden ist hart. Aber es lohnt sich.

Und um zugreifen zu können, sollten Sie sich angewöhnen, immer in Möglichkeiten zu denken. Leider können Sie diese Eigenschaft nicht kaufen. Niemand anders wird sie Ihnen geben. Sie lernen sie auch nicht in der Schule oder an der Universität. Es bedarf einer Entscheidung. Jeden Tag aufs Neue. Und je häufiger Sie diese Fähigkeit trainieren, desto einfacher wird es, auch schwierige Situationen zu meistern. Erfolgreiche Menschen sind immer Möglichkeitsdenker und brennen für das, was sie tun. Die Fokussierung auf Möglichkeiten ist dabei keine Technik, sondern eine Lebensphilosophie. Und auch, wenn die Motivationsgurus Ihnen gerne etwas anderes erzählen, meine ich damit nicht, dass Sie den ganzen Tag mit einem Grinsen durch die Welt laufen und sich freuen sollen, wenn etwas schiefläuft. Den Fokus auf die Möglichkeiten zu legen, bedeutet nicht, ein Problem auszublenden. Ganz im Gegenteil. Aber die Gier auf Siege muss einfach größer sein als die Angst vorm Verlieren. Und Sie dürfen auch ruhig einmal schlecht drauf sein. Das ist nicht nur völlig normal, sondern macht Sie menschlich. Es gibt Situationen im Leben, da möchte ich nicht, dass jemand neben mir herumtanzt und mir erzählt, ich müsse das große Problem, das ich gerade habe, nur positiv sehen. In solchen Momenten bin ich lieber schlecht gelaunt und unzufrieden. Weil ich weiß, dass es für mich ein starker Antrieb ist, das Problem zu lösen. Weil ich mich von den negativen Emotionen nicht dominieren lasse, sondern Sie als Ausgangspunkt nutze, kritisch zu denken und meinen Blickwinkel zu ändern.

Sie dürfen ruhig einmal schlecht gelaunt sein.
Das macht Sie menschlich.

Erhöhen Sie Ihre Standards

Es ist Mittwoch, der 10. Juli 2013. Ich sitze mit meiner Tochter Emma bei Denny's in Huntington Beach (das ist eines dieser typisch amerikanischen Diner) und lasse mir einen French Toast mit Schlagsahne zum Frühstück schmecken. Dieser wird noch eine wichtige Rolle spielen, wenn wir zum vierten W der Veränderung kommen, doch soll uns zunächst nicht weiter interessieren. Während wir uns auf einen weiteren Tag im kalifornischen Paradies freuen, kommt der freundliche Kellner zu uns an den Tisch. Er strahlt übers ganze Gesicht, füllt meinen Kaffee auf und legt uns diskret die Rechnung auf den Tisch. Dann spricht er Emma an und sagt: »Hi Darling, how is it going? Look at this.« Ohne ihre Antwort abzuwarten, greift er in seine Jackentasche, befördert zwei bunte Schnürsenkel an die Oberfläche und führt in den folgenden fünf Minuten diverse Kunststücke mit den beiden Bändern vor. Er sprüht vor Begeisterung und vermittelt den Eindruck, dass er nicht bei uns am Frühstückstisch stehen, sondern vor tausend Leuten in einem großen Theater am Strip in Las Vegas auftreten würde. Aber nicht nur ich freue mich über die mitreißende Showeinlage. Mit seinen magischen Tricks hat er das Herz meiner Tochter im Sturm erobert und auch die Familie am Nebentisch applaudiert begeistert.

Im ersten Moment war ich schwer beeindruckt und dachte mir: »Wow, die gehen hier wirklich die Extrameile für ihre Kunden und haben das oft geforderte Out-of-the-Box-Denken verinnerlicht.« Und das taten sie wirklich, der Kellner war ein Phänomen und hat bestimmt zwei Drittel seines Gehalts nur mit Trinkgeld verdient. Aber worauf es wirklich ankommt, wurde mir erst ein paar Stunden später bewusst, als wir in der Pizzeria unseres Hotels saßen. Eigentlich hätte alles traumhaft schön sein können. Die Sessel waren bequem. Die Terrasse hatte einen wundervollen Blick auf den Pazifik und die Liveband spielte einen tollen Blues. Aber irgendwie hatte das idyllische Gesamtpaket einen entscheidenden Makel. Und schnell bemerkte ich, dass der Grund hierfür die lethargische Kellnerin war, die mit einem mürrischen Gesicht ihre Gäste mit offensichtlicher Lustlosigkeit bediente. Nicht nur fehlte es an Freundlichkeit, sondern an sämtlichen Grundlagen, die Sie und ich unter gutem Service verstehen. Und da fiel es mir wie Schuppen von den Augen. Natürlich ist es schön, wenn sich Kellner, Verkäufer oder Dienstleister Mühe geben, ihren Kunden einen magischen Moment zu bereiten. Aber was ist Ihnen wichtiger? Dass Ihnen ein Ober als Highlight des Abends einen Zaubertrick an Ihrem Tisch vorführt, oder dass er bei den Basics gut ist? Dass er aufmerksam, freundlich, serviceorientiert und sorgfältig ist? Mir geht es genauso. Nicht umsonst heißt es ja auch, ein Experte ist jemand, der die Grundlagen gemeistert hat. Aber ich habe mittlerweile das Gefühl, dass zu viele Unternehmen ihren Fokus auf die besonderen und meistens einmaligen Ereignisse legen, und dabei den Alltag und das Tagesgeschäft aus den Augen verlieren. Natürlich wird es immer wichtiger, außerhalb der berühmten Box zu denken und über den Tellerrand zu blicken. Aber entscheidend ist nun mal, was auf dem Teller passiert. Innerhalb der Box wird darüber entschieden, welche Ergebnisse Sie mit Ihrer täglich gewählten Einstellung erzielen. Die Qualität der Basics und Ihr Anspruch, diese täglich zu erhöhen, sollten über allem anderen stehen.

> **Natürlich ist es wichtig, über den Tellerrand zu blicken. Entscheidend ist aber, was auf dem Teller passiert.**

How you do anything, you do everything.

Wie ist Ihr Anspruch an Qualität, Service und vor allem an sich selbst? Sie sollten täglich Ihre Standards wählen. Egal, um was es geht, um ein berufliches Projekt, die Kommunikation mit Mitarbeitern und Kunden oder Ihre persönliche Karriere. Geben Sie sich nicht mit Mittelmaß oder den Anforderungen anderer zufrieden. Geben Sie mehr. Haben Sie immer die höchsten Ansprüche. Vor allem an sich selbst und an Ihre Ziele. Im Englischen heißt es: »How you do anything, you do everything!« Es kommt nicht darauf an, wie gut Sie sind, wenn Sie sich in einer besonderen Situation befinden. Diese Ereignisse sind schön und wichtig. Genießen Sie Ihre magischen Momente und lernen Sie daraus. Entscheidend ist aber, wie Ihre Standards im Alltag aussehen. Bei all den Dingen und Tätigkeiten, die Sie täglich immer wieder ausüben, bei den Routinen und Grundlagen zeigt sich, aus welchem Holz Sie geschnitzt sind. Ihre Ergebnisse passen sich nämlich immer den Standards und Erwartungen an, die Sie an sich und andere haben.

Alles steht und fällt mit den eigenen Ansprüchen.

Diese Einstellung zu verinnerlichen, ist nicht immer leicht. Ich kann mich noch gut an frühere Zeiten im Einzelhandel erinnern. Viele Verkäufer waren immer dann besonders gut, wenn an einem Samstagvormittag das ganze Warenhaus voller Menschen war. Wenn die Luft so richtig brannte, liefen sie zur Höchstform auf, kommunizierten mit mehreren Kunden gleichzeitig und nutzten das durch die Adern pumpende Adrenalin dazu, die Umsatzrekorde in neue Höhen schießen zu lassen. Doch es gab auch Tage, an denen man die Kunden an einer Hand abzählen konnte. Und erstaunlicherweise wurde so mancher Verkäufer zu diesen Zeiten nachlässig. Es war nicht besonders viel los, also wurden auch die eigenen Standards heruntergefahren. Doch hat nicht jeder einzelne Kunde einen Anspruch auf eine absolute Premiumdienstleistung, ganz gleich, ob es sich um einen besonderen Tag oder um die tägliche Routine handelt? Um das sicherzustellen, haben wir damals für Mitarbeiter verbindliche Mindeststandards festgelegt. Beispielsweise wurde jeder Besucher mit einem Lächeln begrüßt, bei jedem Beratungsgespräch wurden Zusatzverkäufe angeregt, oder der Kassierer ging nach dem Kassiervorgang mit der Einkaufstüte um den Tresen herum und verabschiedete den Kunden mit Namen und Blickkontakt. Und daraus ergab sich ein weiterer Standard für mich und meine Führungskräfte: diese Vorgaben jeden Tag aufs Neue vorzuleben, zu kontrollieren und langfristig sicherzustellen. Genau das ist nämlich einer der Hauptgründe, warum man in Deutschland heute so gerne von einer Servicewüste und von mangelhafter Dienstleistungsmentalität spricht. Es interessiert schlicht und einfach kaum noch jemanden. Stattdessen verfallen ganze Unternehmen in Apathie und wundern sich gleichzeitig, warum die Umsätze einbrechen. Alles steht und fällt mit den eigenen Ansprüchen.

Ein weiteres Beispiel. Einer meiner Abteilungsleiter kam jeden Tag zu spät. Nicht viel, sondern immer nur ein wenig. Mal waren es fünf Minuten, mal sieben. Nur pünktlich war er nie. Und nun Hand aufs Herz, hätten Sie die Sache auf sich beruhen lassen, oder hätten Sie den Konflikt gesucht und ihn drauf angesprochen? Von diesen beiden Alternativen ist nämlich eine die leichte und eine die richtige. »Aber, Ilja, es sind doch nur fünf Minuten. Wozu der ganze Aufwand? Das bringt doch nur schlechte Stimmung.« Mag sein, aber die Führungskraft wurde schließlich dafür bezahlt, pünktlich zu sein. Und wenn Sie in einem solchen Fall keine klare Erwartung aussprechen und Ihren Standard nicht kommunizieren, dann öffnen Sie die Tür zur Mittelmäßigkeit einen kleinen Spalt breit. Und dieser Spalt wird mit der Zeit immer größer. Wenn Sie geringe Erwartungen haben, dann werden Sie auch nur geringe Ergebnisse erhalten. Je höher hingegen Ihre Standards sind, desto höher wird auch die Motivation sein, diese Standards zu erfüllen. Und genau darin liegt der Trick. Wenn Sie Ihre Standards festlegen und permanent erhöhen, werden Sie nicht nur automatisch besser, sondern die Qualität Ihrer Entscheidungen wird sich deutlich erhöhen. Aber wie ist es um Ihre Standards bestellt? Welche Maßstäbe gelten für Sie in Bezug auf Ihre Karriere, Ihre Beziehungen, Ihre Finanzen oder Ihre Gesundheit? Und vergleichen Sie sich bitte auf keinen Fall mit den Menschen aus Ihrem Umfeld. Die meisten von ihnen haben sich nämlich längst damit arrangiert, ihr Leben im Mittelmaß zu verbringen, und wollen wie die Hummer aus Arnold's Lobster & Clam Bar auch alle anderen zurück in die Wanne des seelischen Niemandslands ziehen. Worum es auch immer geht, Ihre Gefühle, Ihre Einstellung, Ihr Gehalt oder Ihre Lebensqualität, der einzige Mensch, mit dem Sie sich und Ihre Standards vergleichen sollten, sind Sie selbst. Stellen Sie sich die beste Version von sich selbst vor und orientieren Sie sich dann

> **Wenn Sie die Tür zur Mittelmäßigkeit nur einen Spalt breit öffnen, wird dieser Spalt immer größer.**

ausschließlich an dieser Vision. In Ihnen steckt so viel Potenzial und das innere Feuer wartet nur darauf, von Ihnen entzündet zu werden.

Wenn Sie mittelmäßige Erwartungen haben, werden Sie auch mittelmäßige Ergebnisse erhalten.

Wählen Sie Ihre Standards im Leben mit Bedacht und vor allem ganz bewusst. Was ist für Sie ab sofort unabdingbar und darf auf keinen Fall unterschritten werden? Was akzeptieren Sie für sich als den Minimalstandard und worüber diskutieren Sie überhaupt nicht mehr? Mit dieser Wahl setzen Sie eine Erfolgsspirale in Gang, die Sie wachsen und immer bessere Ergebnisse erzielen lassen wird. Denn so wie Sie die alltäglichen Dinge tun, so tun Sie alles. Je höher Ihre Standards im Alltag sind, desto erfolgreicher werden Sie die magischen Momente gestalten können. Aus meiner Sicht gibt es ein paar grundlegende Standards, die wirklich bei jeder Veränderung zum Tragen kommen. Je höher diese bei Ihnen sind, desto nachhaltiger werden die Ergebnisse sein. Ich möchte Ihnen daher diese Must-haves nun kurz und knackig vorstellen.

Halten Sie sich regelmäßig den Spiegel vor.

Ja, es bedarf einer bewussten Wahl, sich der Realität zu stellen und der Person tief in die Augen zu blicken, die Sie dort im Spiegel anschaut. Auch wenn es mittlerweile ein gesellschaftlicher Konsens zu sein scheint, sich die Ergebnisse schönzureden, sich mit dem Mittelmaß abzufinden oder Misserfolge einfach unter den Teppich zu kehren, mit dem Kopf im Sand lösen Sie keine Probleme. Ganz im Gegenteil. Wenn Sie Probleme nicht umgehend angehen, werden diese mit der Zeit immer größer. Je früher Sie sich der Realität stellen, desto eher haben Sie die Chance, zu handeln. So wie Sie regelmäßig zum Arzt gehen und sich einmal komplett durchchecken lassen, so sollten Sie ab sofort auch einen regelmäßigen Ergebnis-Check in sämtlichen Lebensbereichen durchführen. Nehmen Sie sich einen Tag im Monat Zeit, um Ihre Karriere, Ihre Finanzen, Ihre Gesundheit, Ihre Beziehungen, Ihre Ziele und Ihre Träume unter die Lupe zu nehmen. Seien Sie gründlich und vor allem ehrlich. Wenn Sie nicht wissen, was Sie verändern wollen, ist jede Veränderung zum Scheitern verurteilt.

Treffen Sie eine Entscheidung für die Veränderung.

Kaum haben Sie sich der Realität gestellt, schon gilt es, die nächste Wahl zu treffen. Entscheiden Sie, dass es Zeit für eine Veränderung ist. Nur, wenn Sie dies bewusst tun, haben Sie einen starken Fix- und Angelpunkt für alle weiteren Schritte geschaffen. Mit der Entscheidung für die Veränderung sind Sie aktiv und halten das Heft des Handelns in der Hand. Und das ist doch wesentlich besser, als den Launen des Schicksals passiv ausgeliefert zu sein, nicht wahr?

Was wollen Sie nicht mehr, und was wollen Sie stattdessen?

Die nächste Wahl steht an. Womit sind Sie unzufrieden und was möchten Sie nicht mehr haben? Und was wollen Sie stattdessen? Die meisten Menschen sind Weltmeister darin, bis ins letzte Detail zu wissen, was sie alles nicht mehr haben, sein oder tun wollen. Der Job macht keinen Spaß, der Partner ist auch nicht mehr der, der er einmal war, und das Konto ist chronisch leer. Doch wenn Sie diese Menschen fragen, was sie denn stattdessen gerne hätten, herrscht großes Schweigen. Wenn Sie nicht wissen, wohin Sie wollen, werden Sie auch niemals dort ankommen. Entscheiden Sie so konkret und detailliert wie möglich, welche Ziele Sie haben. Entwickeln Sie einen Plan, wie Sie diese erreichen wollen, und dann nichts wie ran ans Machen.

Halten Sie durch!

Ich habe lange überlegt, ob ich einen separaten Punkt zum Thema »ins Handeln kommen« einfügen soll. Diesen Aspekt habe ich aber mittlerweile so häufig betont, dass ich davon ausgehe, dass Sie ihn mir auch dann nennen könnten, wenn ich Sie nachts um halb vier anrufen würde. Nicht wahr? Doch wer handelt, der macht auch Fehler. Dies lässt sich nicht verhindern, und das ist auch gut so. Wenn Sie ein kraftvolles Ziel verfolgen und täglich an der Umsetzung arbeiten, dann werden Sie häufig hinfallen. Manchmal werden Sie sogar das Gefühl haben, dass sich alles gegen Sie verschworen hat. Jetzt heißt es, eine weitere Wahl zu treffen. Sich zu committen und die Bereitschaft zu haben, niemals aufzugeben. Es gibt zwei Wege, die zum Ziel führen. Den leichten und den richtigen. Sind Sie bereit, auch durch tiefe Täler zu gehen und Rückschläge in Kauf zu nehmen? Zeigen Sie Ihr

Kämpferherz und halten Sie durch. So lange, bis Sie Ihr Ziel erreicht haben.

Belohnen Sie sich selbst.

Es ist soweit. Sie haben Ihr Ziel erreicht. Sie haben sich verändert. Gehen Sie jetzt bitte nicht sofort wieder zum Tagesgeschäft über. Wenn Ihr Ziel groß genug war, dann haben Sie auf dem Weg so manchen Stein aus dem Weg räumen, einige tiefe Täler durchschreiten und das eine oder andere Mal wieder aufstehen müssen. Treffen Sie also eine weitere Wahl und belohnen Sie sich. Tun Sie etwas, dass Ihnen Freude macht. Gehen Sie schick essen. Kaufen Sie sich etwas, von dem Sie schon lange träumen. Wichtig ist, dass Sie sich selbst etwas Gutes tun. Auf diese Weise bekommt die Veränderung einen schönen Abschluss und Sie können gestärkt und mit einer großen Zufriedenheit das nächste Ziel in Angriff nehmen.

Entscheiden Sie rechtzeitig .

Ich sitze auf meiner Terrasse und schaue in den rot-blau gefärbten Sommerhimmel, der sich über Berlin ausbreitet und diesem späten Augustabend eine majestätische Atmosphäre verleiht. Aus den Boxen meines drahtlosen Sonos-Systems erklingt gerade ein mystischer Glockenschlag, der im Donner eines Gewitters langsam ausklingt. Es sind die letzten Sekunden des Songs *Dear Father*, der das Black-Sabbath-Reunion-Album *13* zu einem grandiosen Abschluss führt. Und während ich mich den Gitarrenkünsten von Tony Iommi hingebe, wandern meine Gedanken zu einer Geschichte aus den Kindertagen der Band.

Black-Sabbath-Frontman John Michael Osbourne – seit frühester Kindheit von allen nur Ozzy genannt – war ein typisches Arbeiterkind, das in den 1950er-Jahren in ärmlichen Verhältnissen in Aston, Birmingham, aufwuchs. Damit die Familie über die Runden kam, musste er schon früh anfangen, Geld zu verdienen. Nach diversen Hilfsjobs als Klempner, Maler und Reinigungskraft im Schlachthof folgte er dem Rat seiner Eltern, endlich einen vernünftigen Job zu lernen, damit er es im Leben zu etwas bringen würde. Als beschloss Ozzy, sich in einer

Automobilfabrik zum Facharbeiter ausbilden zu lassen. Und zwar zum Autohupenstimmer. In seinem Buch *Ozzy – Die Autobiografie* schreibt er dazu Folgendes: »Damals dachten die, du nimmst das bisschen Bildung mit, das du ergattern kannst. Dann lernst du einen Beruf und bekommst eine Scheißarbeit, auf die du gehörig stolz bist, obwohl es eine Scheißarbeit ist. Und diese Scheißarbeit machst du dann für den Rest deines Lebens. Diese Scheißarbeit bedeutet dir einfach alles.« So war damals einfach der Lauf der Dinge und die Zukunft der meisten Kinder war vorprogrammiert. Also fing Ozzy an, Autohupen zu stimmen. Er saß am Fließband und nahm sich eine Hupe. Stimmte sie mit dem Schraubenzieher und testete den Klang. Dann kam die nächste Hupe. Der gleiche Handgriff mit dem Schraubenzieher. Wieder Stimmen und den Klang testen. Dann die nächste Hupe. Und die nächste. Wieder und wieder. Den ganzen Tag, immer die gleichen Handgriffe. Die Arbeit war so stupide, laut und eintönig, dass er fürchtete, wahnsinnig zu werden. Nach ein paar Wochen beschloss er, den Kollegen neben sich – einen älteren Herrn mit einer Halbglatze und großen Augenringen – ein wenig auszufragen.

»Und weißt du, was das Beste ist?«, sagte der Kollege. »In fünf Monaten bin ich dreißig Jahre hier. Dann werde ich pensioniert und bekomme meine goldene Uhr vom Betrieb.«

»Sag mal, Jimmy, wie lange bist du eigentlich schon hier?« fragte Ozzy. »Hör auf zu flüstern, mein Junge« brüllte dieser als Antwort. Denn von dem ganzen Gehupe war er mittlerweile fast taub geworden. Also wiederholte Ozzy die Frage, diesmal jedoch wesentlich lauter. »Jimmy, wie lange bist du schon hier?« »Neunundzwanzig Jahre und sieben Monate. Und weißt du, was das Beste daran ist? In fünf Monaten bin ich genau dreißig Jahre hier. Dann werde ich pensioniert und bekomme meine goldene Uhr vom Betrieb.« Dem späteren Superstar ging in dem Moment ein Gedanke durch den Kopf: »Lieber sollen die Russen eine Bombe auf die Fabrik werfen, bevor ich dreißig Jahre in diesem Raum verbringen muss.« Und er sagte: »Hör zu, Jimmy, wenn du unbedingt eine goldene Uhr haben willst, dann hättest du beim Juwelier in der Fußgängerzone eine klauen sollen. Selbst wenn sie dich erwischt hätten, hättest du höchstens ein Zehntel der Zeit abgesessen, die du in diesem Loch hier zugebracht hast. Und das wäre zweifellos die bessere Wahl gewesen.«

Dann verließ er wortlos seinen Arbeitsplatz und traf die Entscheidung, von nun an nur noch das zu tun, was ihn wirklich erfüllte. Er machte Musik. Gemeinsam mit Tony Iommi, Geezer Butler und Bill Ward gründete er die Band Black Sabbath und prägte eine ganze Generation mit Hits wie *Iron Man*, *Paranoid* oder *Supernaut*. Ozzy wurde zu einem wahren Superstar. Und seitdem er in den 1990er-Jahren mit der Dokusoap *Die Osbournes* auf MTV vertreten war, kennt ihn wirklich jedes Kind. Auch wenn er während seiner Karriere viele Tiefschläge und Krisen durchleiden musste, so lebte er doch immer seinen Traum, tat das, was er tun wollte, und vor allem, was ihm Freude bereitete. Wenn man ihn heute fragt, was ihn über einen so langen Zeitraum motiviert hat, dann erzählt Ozzy Osbourne gerne, dass ihn die Geschichte mit der goldenen Uhr in seinem Leben oft gerettet hat. Immer wenn er einmal daran zweifelte, ob er noch auf dem richtigen Weg sei, immer wenn es zu Krisen und Rückschlägen kam, tauchte vor seinem geistigen Auge das riesengroße Bild einer goldenen Uhr auf und erinnerte ihn schlagartig an die Zustände in der Autohupenstimmer-Fabrik und wie sein Leben vielleicht geworden wäre, wenn er nicht die Wahl getroffen hätte, einen anderen Weg zu gehen. Das ist die Motivation des Machens in seiner reinsten Form.

> Ozzy Osbourne verließ den Arbeitsplatz und traf die Entscheidung, von nun an nur noch das zu tun, was ihn wirklich erfüllte.

Was hat diese Geschichte nun mit dem Thema Veränderung und mit Ihrer aktuellen Lebenssituation zu tun? Vermutlich mehr, als Sie denken. Es ist nämlich nicht nur wichtig, *dass* Sie Ihre Gedanken, Ihren Fokus und Ihre Einstellung wählen, sondern vor allem auch, *wann* Sie das tun. Die große Kunst ist es, rechtzeitig die Weichen für die Zukunft zu stellen, und nicht erst dann, wenn es schon zu spät ist. Denn es gibt Ereignisse, bei denen Sie einfach wissen, dass Ihr Leben gerade einen entscheidenden Einschnitt erfährt, Momente, in denen sich von einem Augenblick auf den anderen alles ändert. Ihr behandelnder Arzt sagt zu Ihnen: »Ihre Untersuchungsergebnisse sind da. Am besten setzen Sie sich.« Ihr Chef bestellt Sie zum Gespräch und teilt Ihnen mit, dass man in Zukunft ohne Sie plant. Das Telefon klingelt mitten in der Nacht und Sie spüren schon vor dem Abheben, dass Sie nichts Gutes erwartet. Sie kommen abends nach Hause und entdecken nichts als einen Zettel auf dem Küchentisch: »Es ging nicht mehr. Ich ziehe zu meiner Mutter.«

Warten Sie nicht, bis es zu spät ist. Treffen Sie wichtige Entscheidungen rechtzeitig.

In Momenten wie diesen spüren wir, dass wir etwas Wichtiges verloren haben. Wir fühlen uns vollkommen hilf- und hoffnungslos. Es kommen Gedanken wie »Ach, hätte ich doch eher …«, »Wenn ich die Zeit nur zurückdrehen könnte!«, oder »Warum habe ich nur so lange gewartet?«. Das Einzige, was in diesen schweren Momenten noch bleibt, ist die Wahl der eigenen Einstellung. Und die Erinnerung an ein Zitat des Fußballtrainers Dragoslav Stepanović, der in seiner unnachahmlichen Mischung aus hessisch und jugoslawisch einmal gesagt hat: »Lebbe geht weider!« Das tut es tatsächlich, obwohl wir es uns in dem Moment oftmals nicht vorstellen können. Doch warum muss es überhaupt erst soweit kommen? Wieso blicken so viele Menschen am Ende ihres Lebens zurück und bereuen Dinge, die sie nicht getan, Worte, die sie nicht gesagt, und Entscheidungen, die sie nicht getroffen haben? Ich glaube, es ist sehr wichtig, dass wir nicht mit Scheuklappen durchs Leben gehen, sondern heute die Saat säen, die es dann in der Zukunft zu ernten gilt. Und auch hier bin ich ein Freund von einfachen Lösungen. Haben Sie einen Facebook-Account (falls ja, fügen Sie mich gerne als Freund hinzu)? Dann kennen Sie ja auch diese schlauen Sprüche, Zitate und Grafiken, die viele Pinnwände zieren. Den Großteil dieser Postings halte ich für vollkommen nutzlos und blende sie so gut es geht aus. Doch manchmal befindet sich auch eine kleine Perle in der grauen Suppe des Mittelmaßes. So auch gestern, als ich eine Anleitung zum Glücklichsein las, die ich Ihnen hier in etwas abgewandelter und ergänzter Form zum Abschluss dieses Absatzes vorstellen möchte. Ich glaube, ich mag die Auflistung so sehr, weil es sich um einfache Prinzipien handelt.

> Wieso blicken so viele Menschen zurück und bereuen Dinge, die sie nicht getan, Worte, die sie nicht gesagt, und Entscheidungen, die sie nicht getroffen haben?

Die besten Lösungen sind die einfachen:

- Sie vermissen jemanden? Rufen Sie ihn an.
- Sie möchten verstanden werden? Erklären Sie es.
- Sie haben eine Frage? Stellen Sie sie.
- Sie möchten geliebt werden? Lieben Sie zuerst.
- Sie möchten etwas haben? Fragen Sie danach.
- Sie lieben jemanden? Sagen Sie es ihm.
- Sie möchten respektiert werden? Wählen Sie Handlungen, die Respekt verdienen.
- Sie möchten Veränderung meistern? Wählen Sie täglich Ihre Einstellung.
- Sie möchten eine glückliche und zufriedene Zukunft? Wählen Sie rechtzeitig.
- Sie möchten eine Garantie, dass Sie immer richtig wählen? Die gibt es nicht. Wählen Sie trotzdem.

Genial einfach, aber einfach genial, oder? Nutzen Sie das erste W der Veränderung so oft wie möglich. Wählen Sie nicht nur täglich, sondern vor allem rechtzeitig. Und um Ihre Fantasie noch ein wenig anzufeuern, möchte ich Sie zu einem weiteren kleinen Gedankenspiel einladen. Stellen Sie sich vor, Sie sitzen zum Ende Ihres Lebens gemütlich im Schaukelstuhl auf der Veranda Ihres Hauses und blicken auf ein erfülltes Leben zurück. Worauf sind Sie stolz, was haben Sie alles erlebt und wofür sind Sie ganz besonders dankbar? Vielleicht legen Sie das Buch für einen Moment beiseite, machen einen kleinen Spaziergang und denken über diese drei Fragen ein wenig intensiver nach. Aber Vorsicht, die Antworten könnten Ihr Leben verändern.

Es gibt keine Zufälle

Je häufiger Sie die Gier auf Siege wählen, desto seltener werden Sie die Angst vorm Verlieren spüren. Und wenn doch, dann stellen Sie einfach das Glas wieder rechtzeitig ab. Der Schlüssel liegt in der Ausrichtung Ihrer Aufmerksamkeit. Wohin Sie Ihren Fokus richten, dahin fließt Ihre Energie. Und wohin Ihre Energie fließt, davon werden Sie mehr bekommen. So einfach ist das. Es gibt eine wundervolle Methode, wie Sie das Wählen der richtigen Einstellung trainieren können, sodass diese Fähigkeit über kurz oder lang zu einem unbewussten Automatismus wird. Alles, was Sie benötigen, sind sechs Minuten freie Zeit am Tag und ein Erfolgsjournal. Wenn Sie nicht wissen, was das ist, dann lesen Sie bitte mein Buch *Attitüde – Erfolg durch die richtige innere Haltung*. Dort erfahren Sie detailliert, was es damit auf sich hat und welche grandiosen Auswirkungen dieses Tool auf Ihre Lebensqualität haben kann. Jetzt müssen Sie nur noch eines tun: sich zwei Fragen stellen, eine zu Beginn und die andere am Ende des Tages. Morgens denken Sie noch im Bett über Folgendes nach: »Welche drei Dinge möchte ich heute im Laufe des Tages erreichen?« Dies können große Ziele sein, gerne aber auch Kleinigkeiten. Denken Sie kurz darüber nach und dann notieren Sie Ihre Antworten in Ihr Erfolgsjournal, das optimalerweise schon auf dem Nachttisch bereitliegt. Nach drei Minuten haben Sie so schon Ihren Fokus ausgerichtet und können in den Tag starten. Abends nehmen Sie sich vor dem Einschlafen wieder Ihr Erfolgsjournal und stellen sich folgende Frage: »Welche drei Dinge habe ich heute besonders gut gemacht, worauf bin ich stolz oder wofür bin ich dankbar?« Wiederum notieren Sie sich Ihre drei Antworten in Ihr Journal und lassen während der Nacht alles an seinen Platz im Unterbewusstsein fallen.

> Wohin Sie Ihren Fokus richten, dahin fließt Ihre Energie. Und wohin Ihre Energie fließt, davon werden Sie mehr bekommen.

Wofür sind Sie besonders dankbar?

Das Ganze wiederholen Sie dann am nächsten Tag. Und am übernächsten. Mindestens drei Wochen lang. Gerne auch länger. So richten Sie den Fokus gewohnheitsmäßig auf Ihre Stärken und die positiven Dinge in Ihrem Leben aus. Was im Kleinen beginnt, wird mit der Zeit immer größer. Ehe Sie sich versehen, haben Sie Ihren generellen Fokus im Leben auf Chancen und Möglichkeiten ausgerichtet. Und davon werden Sie dann mehr bekommen. Viel mehr. Wenn Sie noch etwas skeptisch sind, kann ich Sie nur ermutigen, dieses kleine Experiment einmal durchzuführen. Sie werden erstaunt sein, wie bunt und erfolgreich Ihr Leben bereits heute ist. Und als kleinen Motivationsschub möchte ich Ihnen eine kleine Geschichte erzählen, die ich wahrscheinlich selbst nicht glauben würde, wenn ich sie nicht genau so erlebt hätte. Um sich darauf einzustimmen, singen Sie doch in Gedanken kurz die Melodie von *Ich war noch niemals in New York*, dem Welthit von Udo Jürgens.

Sind Sie fertig mit dem Singen? Dann möchte ich Ihnen eine wichtige Frage stellen: Glauben Sie an Zufälle? Es gibt schon Momente im Leben, die der Bedeutung dieses Begriffes sehr nahe kommen. Wobei, beim genaueren Hinschauen dann irgendwie doch nicht so richtig. Ob es nun Zufall war oder nicht, im Jahre 1995 bekam ich von ein paar Freunden eine Videokassette mit einem Livekonzert der »Größenwahn-Tour« von Udo Jürgens. Was von meinen Kumpels als lustiger Gag gemeint war, weckte in mir eine große Begeisterung für die Songs, die Musik und vor allem die Texte des österreichischen Liedermachers, der im wahren Leben eigentlich Jürgen Udo Bockelmann heißt. So verwundert es nicht, dass ich eines meiner Lieblingslieder, nämlich das besagte *Ich war noch niemals in New York* seit vielen Jahren in meinen Seminaren spiele. Es erinnert nicht nur die Teilnehmer daran, dass die Pausen zu Ende sind, sondern es ist für mich auch eine Art Hymne, die für Sehnsucht und Veränderung steht, für den Mut, die eigenen Träume zu leben. Viele Teilnehmer sitzen am ersten Tag mit erstauntem Gesichtsausdruck da und denken sich: »Oh mein Gott, was für eine Musik ist das denn?«. Doch meistens verlieren sie sich dann sehr schnell in den fantastischen Texten und der wundervollen Musik von Udo Jürgens. Und so mancher Skeptiker pfeift nach ein paar Stunden bereits leise und heimlich die Melodie des Refrains mit: »Einmal verrückt sein und aus allen Zwängen flieh'n …«

Irgendwann landete eine Postkarte von einem ehemaligen Teilnehmer in meinem Briefkasten. Nun ist das noch nichts Besonderes, denn glücklicherweise bekomme ich häufig Urlaubspost und freue mich sehr darüber. Doch dieses Mal weckte ein Bild des Empire State Building auf der Frontseite der Ansichtskarte meine Aufmerksamkeit. Der Text war allerdings noch besser: »Hallo Ilja, noch einmal vielen Dank für alles. Ich habe das Lied im letzten Seminar so oft gehört. Und ich war wirklich noch niemals in New York. Da habe ich es einfach nicht mehr ausgehalten und mir ein Flugticket gekauft.« Wohin Sie Ihren Fokus richten, nicht wahr? Eines Tages setzte sich dann eine Idee in meinem Kopf fest: Warum nicht einmal ein ganzes Seminar in New

York durchführen? Und als die Seminarteilnehmer und ich dann ein paar Monate später im Landeanflug auf den JFK-Airport waren, hatte so mancher den bekannten Refrain im Ohr: »Ich war noch niemals in New York, ich war noch niemals auf Hawaii. Ging nie durch San Francisco in zerrissenen Jeans.« Der Big Apple sollte sich tatsächlich als die Stadt der unbegrenzten Möglichkeiten erweisen und wohl jeder von uns machte sich ein paar Gedanken über seine ganz eigenen Träume. Denn wenn man es hier schafft, dann schafft man es bekanntlich überall. Natürlich gab es im Rahmen des Seminars auch eine ganz besondere Challenge zur Erweiterung der eigenen Komfortzone: In Dreiergruppen sollten die Teilnehmer losziehen und an bekannten Sehenswürdigkeiten wie der Freiheitsstatue, der Brooklyn Bridge oder dem Times Square eine Gruppe von mindestens fünfzehn Einheimischen finden. Tja, und was sollten Sie wohl mit den New Yorkern machen? Na klar, Sie sollten den Song singen, mit dem alles begann: »Ich war noch niemals in New York«. Können Sie sich vorstellen, was da in der Stadt los war?

Eines Tages hatte ich eine Idee: Warum nicht ein einmal ein ganzes Seminar in New York durchführen?

Der Tag drehte sich also komplett um Udo Jürgens und seinen großen Hit. An vielen Orten in New York wurde das Lied geträllert, geprobt und aus voller Kehle geschmettert. Ja, man könnte sagen, dass der Spirit von Udo Jürgens und seiner wunderbaren Musik an diesem Tag durch New York wehte. Während die Gruppe unterwegs war, um diese ganz spezielle Aufgabe zu lösen, ging ich zu Fuß durch die Häuserschluchten Manhattans, um mich der einzigartigen Atmosphäre der Stadt hinzugeben. In Gedanken war ich viel bei meinen Teilnehmern, ich fragte mich, wie sie ihre Aufgabe wohl meistern würden. Ich dachte auch häufig an Udo und mutmaßte bereits, wie viele New Yorker sich wohl an diesem Abend ein Album des großen Musikers kaufen würden. Und nun eine kurze Statistik. In Manhattan selbst leben etwas mehr als acht Millionen Einwohner. Hinzu kommen bestimmt noch einmal drei Millionen Pendler und Touristen, sodass wir insgesamt von elf Millionen Menschen sprechen, die sich täglich in New York City aufhalten. Behalten Sie das bitte im Hinterkopf, denn jetzt kommt die Sache mit dem Zufall. Ich gehe gerade von der Madison Avenue Richtung Central Park, als mir an einer Ampel ein Herr gegenübersteht, der mir irgendwie bekannt vorkommt. Sehr bekannt. Ja, man könnte sagen, dass er an diesem Tag den Großteil meiner Gedanken bestimmt hat. Ich schaue einmal hin. Zweimal. Beim dritten Mal bin ich mir sicher. Er ist es. Udo Jürgens steht mir live und in Farbe an einer Ampel in New York gegenüber. Während überall in der Stadt sein Lied gesungen wird.

> **Finden Sie Ihr ganz persönliches New York im Leben, und dann tun Sie alles dafür, genau dort hinzukommen.**

Schon ein komischer Zufall, nicht wahr? Aber wer weiß, vielleicht war es ja gar kein Zufall, sondern nur das Ergebnis meiner gedanklichen Fokussierung. Mir bleibt daher nur zu sagen: Danke, Udo Jürgens. Danke für ein sehr sympathisches Kennenlernen, deine superfreundliche Art mitten auf dem Bürgersteig in New York und natürlich für deine grandiose Musik und deine inspirierenden Texte. Als kleine Hommage möchte ich das Kapitel daher mit einem Gedanken beenden, der mich täglich immer wieder inspiriert. Ich würde mir wünschen, dass dieser Impuls auch für Sie sehr wertvoll wird. Nach unserer Begegnung auf der Madison Avenue habe ich lange darüber nachgedacht, wie Udo Jürgens es schafft, auch mit mittlerweile neunundsiebzig Jahren immer noch mit so viel Leidenschaft und Motivation die größten Hallen der Welt zu füllen. Und hätte ich die Zeit gehabt, ihm diese Frage zu stellen, bin ich mir sicher, dass er Folgendes geantwortet hätte: »Das ist einfach. Finden Sie Ihr ganz persönliches New York im Leben, und dann tun Sie alles dafür, genau dort hinzukommen.«

Change-Impulse, um Veränderung einfach zu machen:

▶ Jede Entscheidung ist immer eine Frage der Prioritäten. Sie entscheiden, ob Sie bereit sind, den Preis zu zahlen.

▶ Das erste W der Veränderung steht für Wählen. Sie entscheiden, wie Sie auf die Herausforderungen des Lebens reagieren.

▶ Sie haben immer drei Möglichkeiten: Lieben Sie es. Verändern Sie es. Oder verändern Sie Ihre Einstellung.

▶ Sich jeden Tag für die richtige Einstellung zu entscheiden, ist hart. Aber es lohnt sich.

▶ Je höher Ihre Standards im Alltag sind, desto erfolgreicher können Sie die magischen Momente gestalten.

▶ Wenn Sie geringe Erwartungen an sich und andre haben, werden Sie auch nur geringe Resultate erzielen.

▶ Halten Sie sich regelmäßig den Spiegel vor und treffen Sie eine Entscheidung für die Veränderung.

▶ Halten Sie auch bei Schwierigkeiten durch und belohnen Sie sich, wenn Sie ein Ziel erreicht haben.

▶ Warten Sie nicht, bis es zu spät ist. Treffen Sie wichtige Entscheidungen rechtzeitig.

▶ Wohin Sie Ihren Fokus richten, dahin fließt Ihre Energie. Und wohin Ihre Energie fließt, davon werden Sie mehr bekommen.

▶ Finden Sie Ihr ganz persönliches New York im Leben. Und dann tun Sie alles dafür, genau dort hinzukommen.

Das zweite W der Veränderung: Wollen

Ich kann, weil ich will, was ich muss.

Immanuel Kant, preußischer Philosoph

Ein siebzig Jahre alter Mann geht zum Doktor, um sich mal wieder richtig gründlich durchchecken zu lassen. Der behandelnde Arzt ist neu in der Praxis und sieht den Herrn daher zum ersten Mal. Nach der Untersuchung sagt er voller Erstaunen: »Guter Mann, wir müssen uns unbedingt unterhalten, das ist das Unglaublichste, was ich seit langem erlebt habe. Sie sind siebzig Jahre alt, aber Sie haben den Körper eines Fünfzigjährigen. Es ist phänomenal.« Daraufhin antwortet der Mann: »Ich weiß, das liegt bei uns in der Familie.« Der Doktor wird neugierig: »Aha, darf ich Ihnen eine Frage stellen: Wie alt war denn Ihr Vater, als er gestorben ist?« Und der Mann antwortet: »Entschuldigung, hatte ich gesagt, dass mein Vater tot ist?« Der Arzt ist etwas verlegen und sagt: »Oh, das tut mir leid, wie alt ist Ihr Vater denn?« »Er ist neunzig Jahre alt. Und exzellent in Form. Er liest drei Bücher in der Woche, läuft jeden Tag durch den Wald und reist sehr viel.« Der Arzt ist beeindruckt: »Wow, das ist selten. Aber dann interessiert mich natürlich sehr: Wie alt war sein Vater, als er gestorben ist?« Wieder schaut der Patient leicht grimmig: »Hatte ich gesagt, dass sein Vater tot ist?« Der Arzt ist sprachlos. »Grundgütiger, wie alt ist denn Ihr Großvater?« »Er ist jetzt 109 Jahre alt. Auch er ist noch bei bester Gesundheit und geistig sehr fit. Er hat sogar vor vier Wochen noch einmal geheiratet.« »Wow, ich bin sehr beeindruckt, 109 Jahre und noch so gut drauf. Aber eine Frage hätte ich noch. Warum in aller Welt wollte ein 109-Jähriger denn unbedingt noch einmal heiraten?« Und der Mann antwortet darauf: »Hatte ich gesagt, dass er heiraten *wollte?*«

Ich liebe diesen Witz, denn er zeigt sehr deutlich, wie sehr wir manchmal gedanklich in vorgefertigten Bahnen feststecken. Ich muss häufig daran denken, wenn ich mich selbst wieder einmal dabei ertappe, wie ich viele meiner eigenen Ideen, Meinungen und Vorurteile einfach als gegeben hinnehme, statt sie kritisch zu hinterfragen. Doch an dieser Stelle möchte ich diesen Gedanken für den Moment zur Seite stellen und mich stattdessen auf das Schlüsselwort der Pointe konzentrieren. Denn dieses Kapitel dreht sich um das Wollen. Daran hängt alles. In meinen Vorträgen frage ich häufig, was die drei Haupteigenschaften sind, die man für nachhaltige Veränderung benötigt. Und es läuft immer wieder auf die gleichen Antworten hinaus: Es ist die Bereitschaft zur Veränderung. Es ist das für die Umsetzung notwendige Können. Und es ist der Wille, den Worten auch die entsprechenden Taten folgen zu lassen. Würden Sie mir zustimmen, dass die meisten Menschen bereit sind, sich zu verändern? Auf jeden Fall. So gut wie jeder ist es. Würden Sie mir auch zustimmen, dass wirklich jeder Mensch sich verändern kann? Wieder ein klares Ja. Jeder kann sich verändern. Wenn das aber so einfach ist, stellt sich natürlich die Frage, warum es dann die wenigsten tun. Das liegt einzig und allein am dritten dieser Punkte. Es fehlt der unbedingte Wille zur Veränderung. Der Wille, alles dafür zu tun, was dafür getan werden muss. Egal, wie schwer oder hart es auch sein mag. Dieser Wille macht den Unterschied zwischen Machen und Zögern. Zwischen Anfangen und Warten. Zwischen Veränderung und Stillstand. Ohne den Willen geht es einfach nicht. Punkt.

> **Die entscheidende Eigenschaft ist der unbedingte Wille zur Veränderung.**

Ohne Willen keine Veränderung. Punkt.

Und dieser Wille findet manchmal auf verschlungenen Wegen zu uns. Haben Sie gelegentlich auch einen Ohrwurm, der Ihnen nicht mehr aus dem Kopf geht? Da ich zurzeit südlich von Los Angeles relaxe, um in kreativer Atmosphäre an diesem Buch zu arbeiten, bin ich natürlich viel mit dem Auto unterwegs. Dabei kommt es mir so vor, als ob ich den ganzen Tag gefühlt nur ein einziges Lied höre, weil es in sämtlichen Stationen hoch und runter gespielt wird: *Just give me a reason* von Pink. Es geht mir nicht mehr aus dem Kopf. Und das, obwohl ich es eigentlich überhaupt nicht gut finde. Ich ertappe mich mittlerweile schon dabei, dass ich bei simplen Alltagstätigkeiten beschwingt vor mich hin summe: »Just give me a reason … just a little bit's enough …« So ist es mit den Ohrwürmern. Sind sie einmal da, bekommt man sie nur schwer wieder aus dem Kopf.

> **Wollen, das zweite W der Veränderung, macht den Unterschied zwischen einem halbherzigen Versuch und einer kraftvollen Motivation.**

Und wenn Sie denken, es könnte nicht noch schlimmer kommen, dann täuschen Sie sich. Vor ein paar Wochen war ich nämlich wieder einmal zu Besuch in meiner alten Heimat an der Ostsee. Wenn ich dort mit dem Auto unterwegs bin, schalte ich aus alter Verbundenheit gerne RSH (Radio Schleswig-Holstein) ein und freue mich, wenn die gleichen Moderatoren wie vor zwanzig Jahren immer noch die gleichen Stories erzählen, die sie auch schon vor zwanzig Jahren erzählt haben. Während eines Werbeblocks passierte es dann. Ich hörte diesen einen Satz aus einer Kampagne der Supermarktkette Famila: »Norddeutsche Männer haben den Willen zum Grillen!« Ich kam mir vor wie Leonardo DiCaprio im Film *Inception* und spürte, dass mir jemand einen Gedankenvirus in mein Gehirn eingepflanzt hatte, der sich immer tiefer in den verschiedenen Ebenen ausbreitete. Denn auf einmal wurde dieser Satz in einer Art Dauerschleife in meinem Kopf abgespielt: »Norddeutsche Männer haben den Willen zum Grillen.« Richard Brodie lässt grüßen. So sehr es mich auch nervte, dass ich diesen Werbeslogan den ganzen Tag vor mich hinsprach, als ich wieder zu Hause war, geschah etwas Erstaunliches. Es war ein wunderschöner Sommerabend, und just in dem Moment, als ich zur Tür hineinkam, sagte ich zu meiner Frau: »Schatzi, ich habe den Willen zum Grillen.« Ehe ich mich versah, hatte ich den Weber-Grill angeschmissen, die Steaks mariniert und das Bier kaltgestellt. Ich konnte mich kaum dagegen wehren, der Wille zum Grillen war einfach zu groß. Als wir aber ein paar Stunden später glücklich und mit gefüllten Bäuchen dem leisen Plätschern unseres Wasserfalls im Gartenteich lauschten, wurde mir auf einmal sehr bewusst, was meine Motivation so stark beeinflusst hatte. In meinem Ohrwurm »Norddeutsche Männer haben den Willen zum Grillen« steckt nämlich das zweite W der Veränderung. Es ist nur ein kleines Wort. Es hat aber große Auswirkungen, wenn Sie es in Ihre Sprache und vor allem in Ihren Alltag integrieren. Es macht den Unterschied zwischen einem halbherzigen Versuch, mit den Veränderungen des Lebens umzugehen, und einer kraftvollen Motivation, Ihre Träume nachhaltig zu erreichen und Ihre Zukunft eigenverantwortlich zu gestalten.

Es gibt keine Geheimnisse

Mit Sorge beobachte ich einen Trend, der sich in vielen Bereichen unseres Lebens durchzusetzen scheint: mit so wenig Aufwand wie nötig so viel Erfolg wie möglich zu erreichen. In der Wirtschaft dient dieses »Mini-Max-Prinzip« der effizienten Steuerung von Produktionsgütern, im Alltag kommt es meist in anderer Form zur Anwendung: maximaler Spaß und maximale Sorglosigkeit im Hier und Jetzt auf Kosten der Verantwortung für die eigene Zukunft. Es herrscht ein großer Konsens, dass es vor allem darauf ankommt, die eigenen Bedürfnisse zu befriedigen, und dabei wird in Kauf genommen, dass man alles um sich herum vernachlässigt und auf keinen Fall die Verantwortung für das eigene Leben übernimmt. Vermeintliche Lebenslust und eine trügerische Selbsterfüllung stehen im Mittelpunkt. Bis man irgendwann feststellt, dass es zwar unheimlich viel Spaß macht, sechsmal in der Woche feiern zu gehen, erst nachmittags aufzustehen und danach die Zeit mit tibetanischer Acrylmalerei zu verbringen, dass man aber auch irgendetwas essen muss und es sich mit einem Dach über dem Kopf einfach besser schlafen lässt als unter der Brücke. Also führt irgendwann nichts mehr daran vorbei: Es muss irgendwo Geld herkommen. Aber natürlich am besten, ohne dass man den Lebensstil groß verändern müsste. Das führt dann dazu, dass viele Menschen nach Abkürzungen suchen, wie sie über Nacht erfolgreich, ohne Aufwand wohlhabend oder ohne Training fit und schlank werden können.

> Immer mehr Menschen suchen nach Abkürzungen, wie sie über Nacht erfolgreich, wohlhabend oder fit und schlank werden können.

Haben Sie auch schon mal eine dieser Internetseiten besucht, auf denen Ihnen selbsternannte Experten das »ultimative Geheimnis des Erfolgs«, »die lang verschollene Zauberformel, mit der Sie im Schlaf ein Vermögen aufbauen« oder »die endlich enthüllte Wahrheit, wie Veränderung wirklich funktioniert« verkaufen wollen? Ich hoffe, bei Ihnen schrillen da auch sämtliche Alarmglocken. Trotzdem scheinen diese marktschreierischen Formulierungen eine gewisse Wirkung zu haben, von irgendetwas müssen die Verkäufer dieser Onlinekurse, E-Books und DVDs ja schließlich leben. Doch nicht nur im Onlinemarketing finden Sie solche Formulierungen. Auch die Buchhandlungen sind voll davon. Egal, in welcher Themenecke Sie sich umschauen, es gibt immer Autoren, die versprechen, ein ganz bestimmtes Geheimnis zu lüften. Das Geheimnis des Erfolgs, das Geheimnis der Veränderung, das Geheimnis des Abnehmens, da Geheimnis der finanziellen Freiheit oder das Geheimnis, wie Sie ein Geheimnis lüften. Und dann ist da ja noch die Mutter aller Geheimnisse, eines der weltweit meist verkauften Bücher aller Zeiten. Es trägt den Titel: *The Secret. Das Geheimnis.*

Die Suche nach dem Erfolgsgeheimnis wird zur Ausrede: Kein Wunder, dass man bisher erfolglos war – die entscheidende Methode ist ja geheim.

Es spielt keine Rolle, worum es in diesen Büchern im Detail geht, denn unterm Strich läuft es immer darauf hinaus, dass die Autoren ein vermeintliches Geheimnis enthüllen, mit dem ihre Leser ohne großen Aufwand erfolgreicher werden. Sie versprechen die Abkürzungen, die schnellen Routen und die leichten Wege, nach denen viele so verzweifelt suchen. Und sie rennen mit diesen Versprechungen offene Türen ein. Obwohl die Adressaten dieser Versprechungen eigentlich ja wissen, dass es in Zeiten des Internets keine Geheimnisse mehr gibt, wollen viele Menschen einfach glauben, dass sie doch noch diese eine verschollene Information finden können, mit der sie mehr verkaufen, erfolgreicher flirten oder schneller wohlhabend werden. Ob das nicht ziemlich unsinnig ist? Natürlich, aber meistens hat man schon so viel erfolglos ausprobiert, dass die Ausrede, es gäbe nun doch irgendwo ein Geheimnis, umso verlockender wirkt. Denn dann ist es kein Wunder, dass man bisher erfolglos war. Die entscheidende Methode, um da rauszukommen, war ja bisher geheim.

Es gibt keine Geheimnisse, keine leichten Wege und keine Abkürzungen. Es liegt alles an Ihnen.

Lassen Sie uns daher Klartext reden: Es gibt keine Geheimnisse, um erfolgreich zu werden. Es gibt keine verschollene Zauberformel des Verkaufens, keine Wahrheit, die über finanziellen Wohlstand enthüllt werden müsste, und schon gar kein Geheimnis der Veränderung. Es liegt ausschließlich an Ihnen. Alles Wissen ist bekannt und verfügbar. Allerdings wird so gut wie nichts davon umgesetzt. Aber wenn es kein Geheimnis ist, wo liegt dann das Problem? Wenn Menschen sich erfolgreich verändert haben, dann beruhte das seit Jahrtausenden immer auf den gleichen, einfachen Prinzipien. Die Grundlagen haben Sie in der ersten Hälfte des Buches erhalten, der Rest folgt gerade in Form der vier W's der Veränderungsformel. Wenn Sie diese einfachen Prinzipien dann noch mit harter Arbeit, ausdauernder Disziplin und der Bereitschaft, niemals aufzugeben, kombinieren, dann ist die Wahrscheinlichkeit groß, dass auch Sie zu den Menschen gehören, die jede Art von Veränderung erfolgreich meistern.

»Aber, Ilja, so einfach kann es doch nun wirklich nicht sein. Da muss es doch ein Geheimnis geben.« Vielleicht erstaunt es Sie, aber alles, was Sie für die verschiedenen Herausforderungen im Leben benötigen, wissen Sie und besitzen Sie bereits. Doch um diese riesigen Potenziale zu aktivieren, muss Ihr inneres Feuer brennen. Vielleicht erschien es Ihnen bisher zu einfach und Sie haben sich stattdessen lieber auf die Suche nach komplizierten Wegen gemacht. Deshalb noch einmal: Es gibt weder ein Geheimnis des Erfolgs noch eines der Veränderung. Erfolg entsteht immer auf die gleiche Weise. Er ist die Kombination aus harter und qualitativ hochwertiger Arbeit. Punkt. Mehr ist da nicht. Und genauso gibt es eine Sache, die bei *jeder* Veränderung notwendig ist und ohne die es einfach nicht geht. Vielleicht erstaunt es Sie, denn nachhaltige Veränderung hat nichts damit zu tun, ob Sie ein außergewöhnliches Talent haben, einen Doktortitel besitzen oder besonders gut aussehen. Es ist auch keine Frage der Herkunft, des Kontostands oder von Vitamin B. Nein, diese eine Sache, die bei jeder Veränderung notwendig ist, kennen Sie bereits. Wir haben die ganze Zeit darüber gesprochen. Ich kann es Ihnen in einem Wort zusammenfassen: *wollen*. Genau das ist das zweite W der Veränderungsformel. Sich verändern zu wollen. Eine

> Es gibt keine Geheimnisse. Die eine Sache, die bei jeder Veränderung notwendig ist, ist das Wollen.

echte Entscheidung für die Veränderung zu treffen. Ins Machen zu kommen. Und das führt dann zu einer Erfolgskette, die der preußische Philosoph Immanuel Kant treffend formuliert hat: »Ich kann, weil ich will, was ich muss.« Trotzdem schaffen es viele Menschen gar nicht erst so weit. Weil sie es viel zu kompliziert machen und ihre gesamte Zeit nur mit der Vorbereitung verbringen. Sie planen und planen und planen. Nur um irgendwann festzustellen, dass sie noch nicht genug geplant haben. Denken Sie an die Geschichte der Unterhosenwichtel aus meinem letzten Buch *Attitüde – Erfolg durch die richtige innere Haltung*. Diese Wichtel sind wahre Meister im Pläneschmieden, und doch beweisen sie letztlich nur eines: Ohne Machen gibt es einfach keine Veränderung.

Einer der beliebtesten Einwände an dieser Stelle klingt etwa so: »Ilja, das sieht ja alles gut aus. Und wenn du das so schön beschreibst, dann klingt es auch plausibel. Aber bei mir ist der Fall kompliziert. Bei mir ist es anders und es geht nicht so einfach. Ich muss noch warten, bis ich mein Examen geschrieben habe, dann fange ich an. Ach nein, dann sind ja Sommerferien, danach beginne ich ganz bestimmt. Obwohl, im Herbst ist eine ganz schlechte Zeit fürs Business. Zu Weihnachten geht es auch nicht, du hast ja selbst gesagt, dass die Familienzeit wichtig ist. Aber nach Weihnachten fange ich ganz bestimmt an. Ich bin dran.« Doch im Januar ist es zu kalt. Dann kommt Ostern. Im Sommer ist es zu heiß und irgendwann ist dann der Sankt-Nimmerleins-Tag gekommen. Man ist Weltmeister im Planen, hat aber noch überhaupt nichts umgesetzt. Dabei kommt es nur darauf an, zu wollen und dann den ersten Schritt zu gehen.

Springen oder Aufgeben

An welche Situationen aus Ihrem Leben können Sie sich erinnern, in denen Sie sich zwar unbedingt verändern wollten, Ihnen aber der erste Schritt besonders schwer gefallen ist? Wenn Sie gemeinsam mit mir im Jahr 2005 in Lloret de Mar an der Costa Brava gewesen wären, dann hätten Sie den Sonnenuntergang am Horizont sehen, die leichte Brise auf der Haut spüren und den Duft von frisch gebratenem Fisch in der Luft genießen können. Ich ging gerade mit meiner Frau Silke und einem befreundeten Paar auf der Promenade spazieren. Kati und Stefan. Beide waren damals Anfang dreißig und hätten mit ihrer Urlaubsbräune gut als Einheimische durchgehen können. Stefan fragt gerade: »Habt ihr heute Abend Lust auf frische Dorade?«, als eine junge Promoterin auf uns zugeschossen kommt. Sie lächelt uns an, wedelt mit ihren Flyern und sagt dann mit leicht spanischem Akzent: »Hola Amigos. Ihr seht so schön erholt aus. Ich habe hier ein super Angebot für euch. Bungeejumping für nur 75 Euro. Es ist gleich um die Ecke und ihr bekommt ein schickes T-Shirt. Seid ihr spontan genug?« Ich denke gerade: »Niemals im Leben. Da kriegen mich keine zehn Pferde hoch«, als Kati und Stefan sich verdächtig lange anschauen. Mir schwant Übles und ich sehe die Dorade im Geiste schon verschwinden. Und tatsächlich. Kati sagt: »Oh, das wäre so cool! Wollen wir?« Und ich denke: »Komm schon, Stefan, sag bitte nein.« Und Stefan sagt: »Auf jeden Fall, das wollte ich schon immer mal machen.« Jetzt ruhen alle Hoffnungen auf Silke, denn schließlich war sie zu der Zeit mit unserer Tochter Emma schwanger. Sie denkt kurz nach, blickt dann die Promoterin an und sagt: »Nein, tut mir leid, ich kann auf keinen Fall springen.« Nur um kurz darauf nachzuschieben: »Aber für Ilja ist das genau das Richtige. Der steht ja so auf Veränderung.«

> Veränderung ist ja gut – aber was hat das damit zu tun, nur an einem dünnen Seil befestigt in die Tiefe zu stürzen?

Bitte? Veränderung ist ja gut – aber was hat das damit zu tun, aus hundert Meter Höhe, nur an einem dünnen Seil befestigt in die Tiefe zu stürzen? Also nehme ich all meinen Mut zusammen, straffe meine Schultern und sage mit fester Stimme zu Silke: »Okay, Schatz, lass uns gehen.« Und zehn Minuten später blicke ich zu den Klängen von spanischer Musik auf einen Kran, der eine kleine Kabine Richtung Himmel transportiert, aus der gerade ein junges Mädchen mit einem lauten Schrei in die Tiefe stürzt. Wissen Sie, was mir als Erstes durch den Kopf ging? »Die haben ja noch nicht mal einen TÜV hier. Da springst du niemals runter!« Als mich aber Stefan mit diesem typischen Alpha-Männer-Blick anschaut und fragt: »Na, willst du nun immer noch springen?«, antworte ich: »Aber natürlich, du etwa nicht?« Dann werden wir gewogen, vermessen und bekommen unsere Sicherheitsgurte um. Kati springt zuerst. Dann ist Stefan dran. Als die beiden wieder unten sind, strahlen sie übers ganze

Gesicht und sagen immer wieder: »Man, ist das cool. Du hast doch nicht etwa Bedenken, oder?«

Wissen Sie was? Ich hatte keine Bedenken. Ich hatte eine tierische Angst, da runterzuspringen. Aber als Letzter konnte ich ja schlecht kneifen. Also sage ich: »Was, ich Angst? Nein, überhaupt nicht. Von mir aus könnte das ruhig noch ein wenig höher sein«, und gehe zur Kabine, die fünfzig Meter weiter auf mich wartet. In der Kabine begrüßt mich der Guide. Er ist Holländer und sieht aus wie ein klassischer Surfertyp. In der linken Hand hält er eine Kippe und in der rechten eine Dose Bier. Er nickt mir lässig zu und sagt: »Was geht, bist du bereit?«, und ich denke mir: »Nutz die Gelegenheit, letzte Chance zu verschwinden!«, höre aber folgende Worte aus meinem Mund kommen: »Alles klar. Let's go!« Und die Kabine bewegt sich nach oben. Langsam und mit ganz komischen Geräuschen. Schon nach zehn Metern kommt es mir gefühlt wie hundert vor. Nach dreißig Metern wird mein Kopfkino immer schlimmer. Silke, Kati und Stefan winken mir von unten fröhlich zu. Ich winke zurück. Sechzig Meter. Siebzig Meter. Ich kann die Menschen kaum noch erkennen. Mir geht nur noch ein Gedanke durch den Kopf: »Du springst da auf keinen Fall runter. Komme, was da wolle.« Achtzig Meter. Neunzig Meter. Bei hundert Meter Höhe wackelt die Kabine bedenklich und kommt zum Stehen. Der Surfertyp zieht noch mal an seiner Kippe und fragt mich: »Okay, willst du wirklich? Denn wenn du dich entscheidest, zu springen, dann wird nicht nur das Seil gestretched!« Die Stimme in meinem Kopf schreit mittlerweile: »Auf keinen Fall. Du springst da nicht runter!« Aber trotzdem höre ich mich vollkommen ruhig sagen: «Alles klar, kann losgehen!« Der Surfertyp öffnet die Tür der Kabine und ich stehe direkt an der Kante. Nur ein Schritt und es geht hundert Meter in die Tiefe. Ich zögere und fange an zu schwitzen. Ich beginne, mit mir selbst zu reden: »Los jetzt, nur ein einziger Schritt.« Doch meine Beine wollen mir nicht gehorchen. Ich rede mir Mut zu: »Komm schon, spring jetzt, dann hast du es geschafft.« Doch ich bin wie blockiert und mir gehen die unterschiedlichsten Schreckensszenarien durch den Kopf. »Was ist, wenn das Seil reißt? Was ist, wenn es zu lang ist? Schließlich hatte ich beim Wiegen großzügig nach unten abgerundet ...«

Gerade als ich aufgeben und wieder umdrehen will, spüre ich eine Hand auf meiner Schulter. Es ist der Surfertyp. Er schaut mich freundlich an und sagt dann: »Pass auf, ich weiß, dass du Zweifel und Angst hast. Das geht jedem hier oben so. Ob du es glaubst oder nicht, es ist ganz einfach. Aber du musst es wollen. Und dann kommt es nur auf den ersten Schritt an. Er muss auch nicht besonders groß sein. Hauptsache du machst ihn. Glaub an dich!« Auf einmal wurde es still in meinem Kopf. Ich hatte mich entschieden. Und plötzlich hatte ich keine Angst mehr, sondern ich wollte den Sprung erleben. Ich wollte ihn genießen und sagte innerlich: *»Au ja!«* Was dann geschah, lässt sich schwer in Worte fassen. Der freie Fall dauerte vielleicht zehn Sekunden, es kam mir aber vor wie zehn Stunden. Ich hatte so viel Adrenalin und noch mehr Glückshormone im Körper, dass ich hinterher auf Kati, Silke und Stefan zulief, sie mit leuchtenden Augen anstrahlte, sie umarmte, Bussis verteilte. Irgendwann kam sogar der Surfertyp dazu und freute sich mit. Und Silke fragt ihn: »Sag mal, man hat Ilja sogar von hier unten angesehen, wie viel Angst er hatte. Wie hast du es geschafft, dass er trotzdem gesprungen ist?« Und er antwortete: »Als er die Kabine betreten hat, dachte ich, der springt nie. Doch zum Schluss ging alles recht schnell. Er wollte, er glaubte an sich und dann musste ich ihm nur noch einen kleinen Schubs gegeben.«

> Ich hatte mich entschieden. Und plötzlich hatte ich keine Angst mehr, sondern ich wollte den Sprung erleben.

Etwas mit Haut und Haaren zu wollen, schafft die Basis dafür, dass Sie es auch tun. Egal, wie schwer es ist.

Schon komisch, oder? Egal, wie groß manche Herausforderungen auch scheinen, wenn Sie etwas erst einmal getan haben, sieht es hinterher immer leicht aus. Aber um ins Handeln zu kommen, braucht es eine Menge Mut und manchmal eben auch einen wohlmeinenden Menschen, der uns einen kleinen Schubs gibt. Ja, viele Veränderungen machen uns vorher ganz schön Angst. Aber wenn Sie etwas wirklich wollen, dann schaffen Sie es auch. Wenn Sie etwas von ganzem Herzen wollen, dann tun Sie es nämlich, egal wie schwer es ist. Lassen Sie einmal folgende Sätze auf sich wirken: Ich will mich verändern. Ich sollte mich verändern. Ich muss mich verändern. Bei welchem Wort ist Ihre Motivation am stärksten? Bei »wollen«, richtig? Doch der Wille zur Veränderung kann nur von Ihnen kommen. Nicht von Ihrem

Chef, Ihrem Ehepartner und auch nicht von mir. Sie glauben ja gar nicht, wie oft ich Anfragen wie diese erhalte: »Mein Mann muss dringend 20 Kilo abspecken und aufhören zu rauchen. Kann ich ihn mal vorbeischicken?« Dann frage ich oft nach: »Ja, aber wieso ruft Ihr Mann dann nicht selbst an?« Und die Antwort ist fast immer gleich: »Ach, der ist noch etwas widerspenstig.« Es läuft immer wieder darauf hinaus: Menschen verändern sich nur aus den Gründen, die ihnen wichtig sind. Niemals aus denen, die wir gerne hätten. Und wer etwas nicht will, der sucht nach Ausreden und Gründen, warum es nicht geht. Wer sich hingegen verändern will, der findet auf jeden Fall eine Lösung. Wollen bedeutet nämlich, dem Wählen auch Taten folgen zu lassen. Eine Entscheidung zu treffen und diese durchzuziehen. Mit Haut und Haaren. Mit allen möglichen Konsequenzen. Machen Sie den ersten Schritt und springen Sie in die Veränderung. Den Rest lernen Sie auf dem Weg von ganz allein.

> **Wenn Sie etwas von ganzem Herzen wollen, dann tun Sie es, egal wie schwer es ist.**

Der erste Schritt ist der wichtigste. Den Rest lernen Sie auf dem Weg von ganz allein.

Der erste Schritt ist der wichtigste. Laut einer Studie der Universität Cornwall bedauern acht von zehn Menschen am Ende ihres Lebens vor allem Dinge, die sie *nicht* getan, Ziele, die Sie *nicht* erreicht, und Träume, die sie *nicht* gelebt haben. Und dieses Gefühl des »Ach, hätte ich doch« beginnt meist schon viel früher. Es gibt ein cooles Internetprojekt mit dem Namen *Fifty People One Question*. Dort geht ein Kamerateam durch verschiedene Städte und stellt fünfzig Menschen eine einzige Frage: Was ist die eine Sache, die Sie in Ihrem Leben am meisten bereuen? Und egal, wie alt die Leute waren, komischerweise hat niemand gesagt: »Ich bereue, dass ich nicht häufiger das Dschungelcamp gekuckt habe«, oder: »Ich wünschte, ich könnte den ganzen Tag meine Steuererklärung machen«, oder auch: »Warum ist mein Plasmafernseher nur 55 Zoll groß?« Nein, es waren immer die gleichen Antworten: »Ich wünschte, ich hätte mehr Zeit mit meiner Familie verbracht.« »Ich bereue, mich nicht mit meinem besten Freund versöhnt zu haben.« »Ich wünschte, ich hätte meine Träume in die Tat umgesetzt.« Was ist es bei Ihnen? Wonach sehnen Sie sich? Wovon träumen Sie, trauen sich aber nicht, es in die Tat umzusetzen? »Einfach den ersten Schritt machen und auf dem Weg lernen« könnte ein ziemlich cooles Konzept sein, oder? Legen Sie daher für einen Moment das Buch beiseite und denken Sie an ein Ziel, welches Sie zurzeit haben. Dann überlegen Sie sich Folgendes: »Wie groß mein Traum auch sein mag, und egal von welchem Ausgangspunkt ich starte: Welche eine Sache werde ich innerhalb der nächsten vierundzwanzig Stunden tun (mit der Betonung auf »tun«, und nicht auf »darüber nachdenken«!), um diesem Traum einen Schritt näher zu kommen?« Der erste Schritt muss auch nicht besonders groß sein, Hauptsache Sie machen ihn. Auf die Richtung kommt es an. Und schieben Sie die Umsetzung bitte nicht auf die lange Bank. Denn wenn Sie es nicht innerhalb dieser Zeit tun, dann werden Sie es wahrscheinlich niemals tun. Die gute alte Aufschieberitis lässt grüßen.

> **Machen Sie einfach den ersten Schritt und Lernen Sie dann auf dem Weg.**

Endlich nicht mehr müssen müssen

Gerade habe ich ein nettes Telefonat mit einem meiner Kunden geführt. Am Ende kamen wir ein wenig ins Plaudern und er fragte mich: »Ilja, woher hast du eigentlich immer die ganzen Geschichten? Ich wünschte, ich hätte auch so ein spannendes Leben.« Verblüffenderweise höre ich diese Aussage oft. Und es erstaunt mich, denn wirklich jeder hat Erlebnisse in seinem Alltag, die es wert wären, als Geschichten Einzug in Bücher, Vorträge oder Präsentationen zu finden. Die Frage ist also nicht, ob Sie ein buntes und spannendes Leben führen, sondern ob Sie es mitbekommen. Veränderung passiert niemals da draußen, sondern immer in uns drin. Und tatsächlich schreibt das Leben viel bessere Geschichten, als sich Steven Spielberg und Co. jemals ausdenken könnten. Ob etwas spannend ist oder nicht, entscheidet sich in Ihrem Kopf. Und meist entstehen die besten Erlebnisse aus den alltäglichsten Situationen heraus.

Vor kurzem war ich beispielsweise mit meiner Tochter mal wieder bei einer großen Fastfoodkette. Der Name soll hier keine große Rolle spielen. Nur so viel, draußen leuchtete ein großes M, und manchmal liebe ich es einfach, dort zu essen. Leider mussten wir lange warten, denn gerade bestellte ein Großvater für seinen Enkel ein Happy Meal. Die Schlange hinter den beiden wurde immer länger, weil die Dame hinter dem Tresen jeden einzelnen Arbeitsschritt mit viel Bedacht und Sorgfalt ausführte. Oder anders ausgedrückt, man sah ihr sofort an, dass sie keine Lust hatte. Die hungrige Menschentraube wurde langsam ungeduldig. Doch auch der Großvater konnte sich nicht wirklich entscheiden. Aber zur großen Erleichterung aller sagte er nach einer gefühlten Ewigkeit:»Wissen Sie was, ich nehme nur einen kleinen Cheeseburger. Ich mag dieses ungesunde Essen sowieso nicht.« Daraufhin antwortete die Kassiererin in einer Lautstärke, dass es auch wirklich jeder im Raum mitbekam:»Kein Wunder. Schmeckt ja auch nicht. Ich würde hier auch keinen Fuß reinsetzen, wenn ich hier nicht arbeiten würde. Aber leider muss ich ja.« Ein Raunen ging durch die Menge und zwei Familien verließen spontan das Restaurant. Ich war vor allem gespannt, was passieren würde, denn schließlich stand der Filialleiter nur zwei Meter entfernt und hatte alles mit angehört. Doch anstatt diesem geschäftsschädigenden Verhalten Einhalt zu gebieten, blickte er nur routinemäßig auf den Bon und sagte dann:»Ich hole mal die Pommes!« Noch Fragen?

> Die Frage ist nicht, ob Sie ein buntes, spannendes Leben führen, sondern ob Sie es mitbekommen.

Ich könnte wetten, dass dieses Unternehmen viel Geld für Serviceschulungen und Verkaufstrainings ausgibt. Aber Sie können das Thema Change noch so häufig trainieren, schulen oder theoretisch diskutieren. Erst wenn sich die Menschen verändern, verändert sich auch das Unternehmen. Und nun sind wir wieder beim Thema des Anspruchs an sich selbst. Da ich viel und gerne essen gehe, fällt mir besonders in der Gastronomie immer wieder auf, wie niedrig die eigenen Standards oft sind. Deshalb geht es vielen Restaurants auch nicht besonders gut. Und in neunundneunzig Prozent der Fälle sind nicht die äußeren Umstände daran schuld, sondern ausschließlich das eigene Verhalten und die Qualität von Angebot und Service. Machen Sie die Probe aufs Exempel. In Berlin gibt es beispielsweise am Hackeschen

Markt einen S-Bahn-Bogen, in dem sich mehrere Restaurants direkt nebeneinander befinden. In der einen Pizzeria ist es immer so brechend voll, dass Sie keinen Platz bekommen. Und in der äußerlich sehr ähnlichen Pizzeria direkt nebenan drehen die Kellner Däumchen und beschweren sich, dass die Leute einfach keine Lust mehr auf Pizza haben, der Standort auch nicht mehr das ist, was er einmal war, und die Kunden einfach zu geizig sind, um essen zu gehen. Ich wette, Sie finden ein ähnliches Beispiel in Ihrer Stadt.

Alles steht und fällt mit einem einzigen Wort: dem »müssen«. Das hat nämlich in der deutschen Sprache zwei unterschiedliche semantische Bedeutungen, die beide eine große Auswirkung auf Ihre Motivation und den Umgang mit Veränderung haben. Nicht umsonst heißt es: Sprache ist die Kleidung der Gedanken. Mit dem, was Sie sagen, drücken Sie nichts anderes aus, als die Gedanken und Ideen, die Ihnen gerade durch den Kopf gehen. Ihre Sprache verbalisiert Ihre Meinungen, Ihre Werte und auch Ihre Überzeugungen. Sogar Ihre Identität. Und wenn Sie häufig das Wort »müssen« verwenden, dann bedeutet dies vor allem, dass Sie innerlich und unbewusst glauben, keine Wahl zu haben. Das lapidare »Ich muss ja hier arbeiten« der Kassiererin im Fast-Food-Restaurant sagt nichts anderes, als dass es für sie eine Tatsache ist, die sich nicht ändern lässt. Schon gar nicht von ihr selbst. Gefühlt ist es eine Art Zwang, dem sie sich hilflos ausgeliefert sieht.

> **Erst wenn sich die Menschen verändern, verändert sich auch das Unternehmen.**

Nicht mehr müssen zu müssen ist die Voraussetzung dafür, dass Sie endlich wollen können.

Jede Veränderung beginnt damit, das Wort »müssen« schleunigst zu streichen und durch das zweite W zu ersetzen, durch »wollen«. Erst wenn Sie etwas mit ganzem Herzen wollen, haben Sie nicht nur die Wahl, sondern schaffen auch die wichtige Voraussetzung dafür, es auch zu können. Wenn Sie mir noch nicht ganz glauben, können Sie das leicht überprüfen. Fragen Sie sich einfach: Gibt es etwas, das Sie tun müssen und zugleich richtig gerne tun? Sehen Sie, das habe ich mir gedacht. Grundsätzlich gilt: Sie müssen überhaupt nichts. Alles, was Sie tun, basiert auf einer freiwilligen und von Ihnen getroffenen Entscheidung. Sie haben jederzeit die freie Wahl, den Kurs zu ändern und etwas anderes zu tun. Sie tragen die Verantwortung. Auch die Dame hinter der Kasse hat ihren Arbeitsvertrag aus freien Stücken unterschrieben. Sie wusste, welche Tätigkeiten sie erwarten und welche Speisen dort angeboten werden. Im Austausch für ihre Arbeitskraft bekommt sie jeden Monat ein Gehalt überwiesen, dem sie ebenfalls mit ihrer Unterschrift freiwillig zugestimmt hat. Niemand zwingt sie, dort zu arbeiten, und sie könnte jederzeit entscheiden, lieber zu Hause zu bleiben oder sich einen anderen Job zu suchen. Sie muss nicht dort arbeiten. Aber trotzdem tut sie es. Weil sie den leichten Weg geht, sich der Anspruchsmentalität hingibt und nicht bereit ist, den Preis ihrer Entscheidung zu zahlen. Sie merken schon, die beiden Wörter »wollen« und »müssen« sind sehr eng mit dem Grad an Verantwortung verknüpft, den Sie zu übernehmen bereit sind.

> Sie müssen überhaupt nichts. Alles, was Sie tun, basiert auf einer freiwilligen und von Ihnen getroffenen Entscheidung.

Ich kann Ihnen nur empfehlen, den Alltag nach Situationen zu durchsuchen, die Sie sprachlich mit dem Wort »müssen« belegt haben. Was immer Sie glauben, zu müssen, Sie müssen es nicht. Es sei denn, Sie wollen es. Denken Sie an das erste W der Veränderung. Sie haben immer drei Möglichkeiten: Lieben Sie es. Verändern Sie es. Oder verändern Sie Ihre Einstellung. Und Dinge, bei denen Sie entscheiden, dass sie einen wichtigen Platz in Ihrem Leben einnehmen, sollten Sie ab sofort *wollen* (ja, manchmal muss man auch wollen wollen). Von ganzem Herzen. Und bauen Sie diese Entscheidung unbedingt in Ihre Sprache ein, denn aus Ihren Worten entstehen Ihre Taten. Sagen Sie ab sofort nicht mehr »Ich muss meine Kinder von der Schule abholen«, »Ich muss zur Arbeit«, oder »Ich muss meiner Frau noch ein Geburtstagsgeschenk kaufen.« Wenn Ihnen diese Aufgaben nicht gefallen, dann lassen Sie es. Wenn es Ihnen aber wichtig ist, dann tun Sie es mit ganzem Herzen und formulieren es auch so: »Ich will meine Kinder von der Schule abholen«, »Ich will heute zur Arbeit«, und »Ich will meiner Frau noch ein Geburtstagsgeschenk kaufen.«

Manchmal muss man auch wollen wollen.

Was folgt daraus? Wenn jemand sich verändern will, dann hören Sie das an seiner Sprache. Aber auch wenn jemand sich nicht verändern will, merken Sie das schnell. Dann benutzt er vor allem Wischi-Waschi-Sprache, also Wörter wie »vielleicht«, »eigentlich« und »sollte« und natürlich das bekannteste Wort der Veränderungsresistenz: »versuchen«. Wenn jemand nämlich sagt »Ich versuche es mal«, dann impliziert diese Formulierung bereits die Möglichkeit des Scheiterns. Wenn Sie also schon dabei sind, das Müssen durch ein kraftvolles Wollen zu ersetzen, dann hören Sie am besten auch gleichzeitig damit auf, etwas versuchen zu wollen. Denken Sie im Zweifelsfall an den guten alten Jedi-Meister Yoda. Der hat in *Star Wars: Episode V – Das Imperium schlägt zurück* zu seinem Schüler Luke Skywalker gesagt: »Tu es oder tu es nicht. Es gibt kein Versuchen.« Dem gibt es nichts mehr hinzuzufügen.

Gehen wir einen Schritt weiter. Das Gegenmodell zu all den Wischi-Waschi-Formulierungen ist nämlich nun tatsächlich wieder eine Art »müssen«, ein starkes Muss, das allerdings nicht von außen kommt, sondern aus dem eigenen Wollen entsteht. Beruht ein Muss auf einem inneren Wollen, hat es Auswirkungen auf Ihre Motivation. Haben Sie jemals eine Veränderung nachhaltig durchgehalten, die Sie mit Wischi-Waschi-Sprache oder mit Konjunktiven angekündigt hatten? »Man könnte das mal ausprobieren«, »Ich sollte dringend abnehmen« oder »Ich würde mich eigentlich, unter Umständen, wenn es nicht so viel Aufwand wäre, möglicherweise vielleicht versuchen zu verändern.« So etwas hat noch niemals zu erstklassigen Ergebnissen geführt. Weil der Anspruch an sich selbst zu niedrig ist. Weil die Standards nicht hoch genug sind. Erst wenn Ihre Motivation so hoch ist, dass die Veränderung für Sie innerlich als ein Muss abgespeichert ist, werden Sie ins Handeln kommen.

> Erst wenn Sie eine Veränderung innerlich als ein Muss abgespeichert haben, werden Sie ins Handeln kommen.

Kennen Sie nicht auch Veränderungen, die Ihnen so wichtig waren, dass Sie dafür alle Hebel in Bewegung gesetzt haben? Auch wenn Ihnen viele große Steine im Weg lagen, war das Ziel bei Ihnen als ein Muss abgespeichert und deshalb haben Sie sich mit keinem

Kompromiss und schon gar nicht mit Mittelmaß zufriedengegeben. Dieses Konzept haben wir schon diskutiert, als es um die Bedeutung einer Vision ging. Langfristig werden Ihre Ergebnisse sich nämlich immer Ihren (unbewussten) Erwartungen an die Zukunft anpassen. Und was glauben Sie, was da am stärksten wirkt? Ein Können, ein Sollen oder ein Müssen? Wann immer Sie eine Aufgabe angehen, ein Ziel erreichen oder einen Traum in die Tat umsetzen wollen, nehmen Sie genau wahr, welches Motivationsetikett Ihrem Vorhaben in Ihrem Unterbewusstsein anhaftet. Ein »Könnte« oder »Sollte« wird Sie nicht weiterbringen. Erst wenn auf dem Etikett klar und deutlich ein »Muss« steht, wird Ihre Motivation so hoch sein, dass Sie gar nicht anders können, als ins Machen zu kommen. Erstklassige Ergebnisse inbegriffen.

Erfolgreiche und nachhaltige Veränderung steht und fällt mit dem kleinen Wort »müssen«. Wandeln Sie im ersten Schritt jedes »müssen« in Ihrer Alltagssprache in ein »wollen« um. Und wenn Sie dann endlich nicht mehr müssen müssen, dann können Sie die Dinge, die Sie wirklich tun und erreichen wollen, innerlich als ein Muss abspeichern. Setzen Sie sich die höchsten Standards und kommen Sie der besten Version von sich selbst einen großen Schritt näher. Ob Sie damit sofort anfangen müssen? Nein, nur wenn Sie wollen.

Der Weg des Cowboys

Gehen Sie gerne ins Kino? Ich finde, kein Jahrzehnt hat so viele gute Filme hervorgebracht, wie die guten alten Neunziger. Vielleicht lag es an der Aufbruchsstimmung nach dem Fall der Berliner Mauer, dem Ende des kalten Krieges und der Vorfreude auf ein neues Jahrtausend, aber Filme wie *Matrix, Pulp Fiction, Das Schweigen der Lämmer, Braveheart* oder *Fight Club* suchen bis heute noch ihresgleichen. Es gab damals in den Kinos zwar weder Dolby-Surround-Sound noch 3D-Filme, trotzdem war es ein einmaliges Erlebnis, einen Hollywood-Blockbuster nicht auf dem kleinen Fernseher zu Hause, sondern auf der großen Leinwand sehen zu können. Wahrscheinlich kann ich mich auch deshalb noch gut daran erinnern, wie ich im Jahr 1991 zum ersten Mal *City Slickers – Die Großstadthelden* mit Billy Crystal in der Hauptrolle gesehen habe. Wenn Sie den Film nicht kennen sollten, hier die Kurzfassung: Drei Freunde aus der großen Stadt beschließen, ihre akute Midlife-Crisis durch einen Kurztrip in die Einöde der Wildnis vergessen zu machen. Irgendwo im Nirgendwo, auf einer entlegenen Ranch erleben Sie aufregende Abenteuer und fühlen sich auf einmal wie neugeboren. Wie echte Cowboys eben.

Doch der Urlaub besteht nicht nur aus romantischen Erlebnissen, sondern auch aus harter Arbeit. So müssen die drei Großstadthelden eines Tages gemeinsam mit dem von Jack Palance gespielten Raubein Curly Washburn ausziehen, um eine entlaufene Kuhherde wieder zurück zur Ranch zu führen. Während dieses Trips kommt es zu einer beeindruckenden Unterhaltung zwischen dem Cowboy Curly und dem von Billy Crystal gespielten Banker Mitch. Während die beiden so durch die unendliche Prärie reiten, unterhalten sie sich über Sinnkrisen, das Leben an sich und natürlich über die große Liebe. Männer eben.

Als Mitch von seinen großen Problemen im Job und mit seiner Frau berichtet, antwortet Curly: »Weißt du, ihr Großstädter seid alle gleich. Ihr kommt immer im gleichen Alter und immer mit den gleichen Problemen hierher. Ihr arbeitet fünfzig Wochen im Jahr. Ihr buckelt so lange, bis ihr nicht mehr könnt, und dann denkt ihr, dass zwei Wochen hier bei uns alles wieder geradebiegen. Keiner von euch versteht, worum es wirklich geht.« Ungefähr zwei Minuten reiten beide schweigend nebeneinander her. Dann bleibt der alte Cowboy plötzlich stehen. Spannung liegt in der Luft. Seine Zigarette hängt ihm lässig im Mundwinkel und er fragt Mitch: »Weißt du, was das große Geheimnis des Lebens ist?«

> Das große Geheimnis des Lebens ist nur eine einzige Sache, doch welche, das muss jeder für sich selbst herausfinden.

Nach einem kurzen Zögern antwortet dieser: »Nein. Was ist es?«

Curly grinst übers ganze Gesicht, streckt den Zeigefinger seiner Hand in die Luft und sagt: »Dies!«

»Dein Finger?«

Der Cowboy lacht und flüstert verschwörerisch: »Eine Sache. Nur eine einzige Sache. Richte alles an ihr aus und der Rest spielt keine Rolle mehr.«

Mitch ist leicht verwirrt: »Das ist großartig. Aber was ist die eine Sache?«

Und Curly antwortet: »Das ist es, was du für dich herausfinden musst.«

Finden Sie die eine Sache, an der sich alles andere ausrichtet.

Ich weiß noch genau, dass in diesem Moment das gesamte Kino mucksmäuschenstill wurde. Sie hätten die sprichwörtliche Stecknadel fallen hören können und so mancher harte Kerl verdrückte heimlich eine Träne in seinem Knopfloch. Doch die Szene ist nicht nur emotional sehr berührend, sondern in ihr steckt auch eine universelle Wahrheit, die Sie beherzigen sollten, wenn Sie das zweite W der Veränderung anwenden. Ich werde oft gefragt: »Ilja, das mit dem Wollen klingt logisch und ich verstehe es auch. Aber wie genau schaffe ich es, vom Müssen zum Wollen zu gelangen?« Wir haben uns in diesem Kapitel viel mit dem Thema Sprache auseinandergesetzt. Und auch in diesem Fall steckt die Antwort in dem Wort, um das es schlussendlich immer geht: Motivation. Denn ist Ihnen schon mal aufgefallen, dass Sie immer dann besonders motiviert sind, wenn Sie etwas wollen, es gerne tun und über alles lieben? Im Wort Motivation versteckt sich nämlich ein anderes kleines, aber sehr entscheidendes Wörtchen: Das Motiv. Der Grund, warum Sie etwas tun und weshalb es Ihnen wichtig ist. Wenn Ihr Warum stark genug ist, dann folgen das Wie und das Was von ganz allein. Das ist die Motivation des Machens. Das ist der Motor der Veränderung, Ihr ganz persönliches New York im Leben.

Wenn Sie wissen, warum und wofür Sie etwas tun,
wird Veränderung einfach.

Sie können das Wort »Warum« auch gerne durch »Vision« oder »magnetisches Ziel« ersetzen. Wofür Sie sich auch entscheiden, der Schlüssel zum Erfolg ist Ihre Leidenschaft für das, was Sie tun. Wenn Sie eine Sache mit Leidenschaft tun, dann folgt die Motivation von ganz allein. Aber wie finden Sie Ihre Leidenschaft? Indem Sie lieben, was Sie tun! Der wohl kompletteste Tennisspieler der Geschichte, Roger Federer, wurde einmal in einem Interview gefragt, warum er über einen so langen Zeitraum die Nummer eins der Weltrangliste war. Seine Antwort war einfach: »Ich liebe es, Tennis zu spielen. Es gibt für mich nichts Schöneres auf der Welt, als den ganzen Tag Tennis zu spielen.

Wenn es regnet und ich einmal nicht spielen kann, dann kriege ich schlechte Laune. Sobald ich dann in der Halle den ersten Ball schlagen kann, bin ich wieder gut drauf. Warum ich so erfolgreich bin? Ich glaube nicht, dass es auf der ganzen Welt auch nur einen Menschen gibt, der Tennis so sehr liebt, wie ich es tue!«

Zum Abschluss des Kapitels möchte ich Sie zu einer kleinen Spinnerei einladen. Halten Sie Ihren Arm ausgestreckt vor sich hin und heben Sie Ihren Zeigefinger in die Höhe. Und dann blicken Sie auf Ihren Finger und stellen Sie sich eine einzige Frage: »Was ist die eine Sache in meinem Leben, an der ich alles ausrichte und die für mich ein zuverlässiger Kompass ist?« Curly hatte recht. Wenn Sie dieses Warum gefunden haben, dann spielt der Rest keine Rolle mehr. Allerdings kann es Ihnen niemand von außen geben. Sie finden es nur in sich selbst. Wie Sie es erkennen? Auch das wissen nur Sie. Aber einen kleinen Tipp möchte ich Ihnen doch mit auf den Weg geben: Achten Sie einfach auf die Momente, in denen Ihre Augen leuchten und Sie anfangen, von innen heraus zu strahlen.

> Wenn Sie eine Sache mit Leidenschaft tun, dann folgt die Motivation von ganz allein.

Change-Impulse, um Veränderung einfach zu machen:

▶ Der Wille macht den Unterschied zwischen Machen und Zögern.
Zwischen Anfangen und Warten. Zwischen Veränderung und Stillstand.
Ohne den Willen geht es einfach nicht.

▶ Es gibt keine Geheimnisse, keine leichten Wege und keine Abkürzungen.
Es liegt alles an Ihnen.

▶ Das zweite W der Veränderung heißt Wollen. Sie müssen sich verändern
wollen und dann ins Handeln kommen.

▶ Etwas mit Haut und Haaren zu wollen, ist die Basis dafür, dass Sie es auch
tun. Egal, wie schwer es ist.

▶ Der erste Schritt ist der wichtigste. Den Rest lernen Sie auf dem Weg von
ganz allein.

▶ Endlich nicht mehr müssen zu müssen ist die Voraussetzung dafür,
dass Sie endlich wollen können.

▶ Erst wenn Sie eine Veränderung innerlich als ein Muss abgespeichert
haben, werden Sie ins Handeln kommen.

▶ Finden Sie die eine Sache, an der sich alles andere ausrichtet.

▶ Wenn Sie wissen, warum und wofür Sie etwas tun, wird Veränderung
einfach.

Das dritte W der Veränderung: Wagen

Take a chance! All life is a chance. The man who goes farthest
is generally the one who is willing to do and dare.
Dale Carnegie

Darf ich Ihnen ein Geständnis machen? Okay, hier ist es. Auch wenn ich an der Ostseeküste aufgewachsen bin, hatte ich nie irgendetwas mit Wassersportarten am Hut. Statt für Segeln, Surfen oder Tauchen habe ich mich schon immer für alles interessiert, was mit einem Ball in jeglicher Größe zu tun hat. Doch seit vielen Jahren nutze ich vor allem meine Reisen gerne dafür, einmal über den Teller-rand zu blicken und neue Sportarten auszuprobie-ren. Ich kann Ihnen das nur empfehlen, denn zum einen macht es eine Menge Spaß, zum anderen schlüpfen Sie zwangsläufig in die Rolle des Schülers, der ein neues Verhalten zum aller-ersten Mal ausprobiert. Das ist es, was ich dar-an so liebe. Diese kindliche Freude, wenn Sie zum ersten Mal eine neue Bewegung auspro-bieren, einen bestimmten Handgriff anwenden oder eine Technik einstudieren. Dieses erste Mal sollten Sie unbedingt genießen, es kommt nämlich nie wieder. Schnell verbessern Sie sich, und damit wächst die Gefahr, dass Sie bequem werden und diese typischen Gedanken im Kopf haben, welche der Feind einer jeden Entwicklung im Allgemei-nen und Veränderung im Besonderen sind. Vielleicht kennen Sie sol-che Selbstsuggestionen ja sogar: »Ah, jetzt kann ich es«, »Das weiß ich schon« oder »Da gibt es nichts mehr, was ich lernen könnte.« Schon mal gehört? Schon mal gesagt? Dann aktivieren Sie bitte unbedingt das Mindset des lebenslangen Lernens. Das Lernen hört wirklich nie

> Genießen Sie das Gefühl, etwas zum ersten Mal zu tun, und aktivieren Sie das Mindset des lebenslangen Lernens.

auf. Denken Sie an meinen sechsundneunzigjährigen Seminarteilnehmer.

Ich behaupte sogar: Je mehr Sie wissen, desto mehr gibt es zu lernen. Und es ist schon komisch oder? Immer dann, wenn wir in einem Bereich des Lebens das Gefühl haben, *fertig* zu sein, dann kommt das Universum (oder wie auch immer Sie dazu sagen) und erinnert uns daran, dass wir diese Einstellung doch lieber ein wenig überdenken sollten. Vielleicht spiele ich deshalb auch so gerne Golf. Ich kenne keine zweite Sportart, die einen so viele Lektionen in Demut lehrt und in der die Gefühlslage des Sportlers so in die Extreme gehen kann. Eben noch glauben Sie, dass Sie das Spiel endlich gemeistert hätten, da gehen zwei Schläge daneben und Sie würden Ihren Bausparvertrag darauf setzen, dass Ihr Schwung für immer verschwunden ist. Aber der Weg ist das Ziel, und das macht das Spiel so faszinierend.

Je mehr Sie wissen, desto mehr gibt es zu lernen.

Doch zurück zum Wassersport. Vor ein paar Jahren lief ich während eines Urlaubs im Robinson Club tagelang voller Faszination an einem Plakat vorbei, auf dem ein Wasserskikurs angeboten wurde. In Gedanken sah ich mich schon wie James Bond hinter einer weißen Motoryacht übers Wasser gleiten, während mich die Mädels am Strand anhimmeln und mir mit ihren Cocktails in der Hand zuwinken. Doch die Realität sollte sich natürlich komplett anders präsentieren. In dem engen und bereits beim Anziehen feuchten Neoprenanzug sah ich ein wenig aus wie die sprichwörtliche Wurst in der Pelle. Und auch die Yacht stellte sich bei genauerem Hinsehen als ein schnöder Lift heraus, der mehrere Dutzend Wasserskifahrer im Kreis durch die Anlage beförderte. Trotzdem hatten alle viel Spaß und ich wollte den neuen Sport unbedingt meistern. Wie schwer kann es schon sein, sich an einem von einem Lift gezogenen Griff festzuhalten, der einen dann die Runden auf dem See drehen lässt? Doch weit gefehlt. Standen Sie schon einmal auf Wasserskiern? Dann wissen Sie ja, wie falsch ich mit meiner Einschätzung lag. Es ist nämlich so: Wenn Sie den Trick erst einmal heraus haben, ist das Wasserskifahren vollkommen einfach. Aber bis es soweit ist, müssen Sie durch ein tiefes Tal der Tränen gehen und tauchen so manches Mal unfreiwillig ins Wasser. Das liegt an einem fiesen Detail. Stellen Sie sich dazu bitte Folgendes vor: Sie stehen mit Ihren Skiern auf einer Art Startrampe. In leicht gehockter Stellung warten Sie darauf, dass Sie gleich starten können. In den Händen halten Sie eine zur Triangel gebogene Stange, die Sie mit dem Lift verbinden. Sobald es losgeht, zieht Sie der Lift dann ruckartig nach vorne und Sie halten sich an der Stange fest. Dadurch werden Sie über das Wasser gezogen und müssen nur noch darauf achten, die Balance zu halten und in den Kurven richtig zu lenken.

Klingt leicht, oder? Ist aber nur Theorie. Denn wenn der Lift Sie mit voller Kraft nach vorne zieht, reagieren Sie reflexartig und ziehen die Stange in Richtung Ihres Körpers, um die Zugkraft wieder auszugleichen. Durch diesen Reflex verlieren Sie aber sofort Ihr Gleichgewicht und fallen mehr oder weniger elegant ins Wasser. Okay, eigentlich komplett unelegant. Die Lösung ist nun – wie könnte es anders sein – ganz einfach. Wenn der Wasserskilift Sie ruckartig nach vorne zieht, müssen Sie nichts anderes tun, als den Kräften ihren Lauf zu lassen. Sobald Sie loslassen und sich ziehen lassen, wird es plötzlich einfach und Sie haben das Gefühl, übers Wasser zu schweben. Klingt wieder leicht, oder? Ist aber wieder nur Theorie. Denn auch wenn Sie ganz genau wissen, dass Sie nur loslassen müssten, können Sie es anfangs kaum verhindern, dass Sie sich im entscheidenden Moment doch wieder festhalten und ziehen. Irgendwann kommt dann aber der Punkt, an dem Sie auf einmal loslassen können. Sie wissen nicht mal genau, woran es liegt. Aber Sie lassen los. Und ab diesem Zeitpunkt wird es dann wirklich einfach. Sie gleiten fast schon schwerelos übers Wasser und genießen die Geschwindigkeit. Nicht nur in der Theorie, sondern auch in der Praxis. Es wird plötzlich so einfach, dass Sie sich fragen, wie Sie nur so lange Schwierigkeiten mit der Technik haben konnten. Was beim Wasserskifahren gilt, ist beim Thema Veränderung noch viel wichtiger. Und bei der Umsetzung hilft Ihnen das dritte W, um das sich dieses Kapitel drehen wird.

> Irgendwann kommt dann der Punkt, an dem Sie auf einmal loslassen können, und plötzlich ist es ganz einfach.

Das vierzigste Hemd hat auch nur Taschen

Wo wir gerade beim Thema Geständnisse sind: Während meiner Studentenzeit in Greifswald pflegten ein paar Freunde und ich eine Tradition. Immer donnerstags stieg in der Mensa eine große Fete, an der wir mit großem Enthusiasmus teilnahmen. Die Frauen waren hübsch, die Musik gut und wir dachten damals, dass die Welt nur darauf gewartet hat, von uns erobert zu werden. Weil das Bier so günstig war, wählten wir jede Woche aufs Neue einen Pechvogel aus, der den Rest unserer Truppe nachts nach Hause fahren durfte. So auch an einem Donnerstag im November, als wir zu fünft im kleinen Ford Fiesta unseres Fahrers durch die nächtliche Stadt fuhren. Die drei härtesten Fälle mussten zur Sicherheit auf der Rückbank Platz nehmen, und ich durfte als Beifahrer in der ersten Reihe sitzen. Schon nach kurzer Zeit passierten wir die größte (weil einzige) Kreuzung der Stadt und gerieten prompt in eine Polizeikontrolle.

Unser Fahrer war ziemlich entspannt, weil er sich an diesem Abend an Mineralwasser und Cola gehalten hatte. Als der freundliche Polizist dann durchs Fenster blickte und fragte: »Haben Sie etwas getrunken?«, konnte er selbstsicher antworten: »Nein. Keinen Tropfen.« Dafür erklang es von der hinteren Bank wie im Chor: »Aber wir!« Ja, Sie ahnen es schon, wir hatten immer viel Spaß. Und selbst der Polizist war gut drauf, denn er ging auf die alkoholseligen Kommentare gar nicht erst ein. Dafür wurde er leicht stutzig, als er den Führerschein unseres Fahrers kontrollierte. Bestimmt zwanzig Sekunden ging sein Blick verdächtig lange zwischen dem Dokument und dem Gesicht meines Kumpels hin und her. Dann räusperte er sich und fragte: »Sagen Sie mal, hier im Führerschein steht, dass Sie eine Brille tragen müssen. Ich sehe aber keine.« Daraufhin antwortete unser Fahrer: »Ja, das stimmt, die habe ich zu Hause vergessen.« Mir schwante Übles, denn die gute Stimmung verschwand langsam, aber sicher. Und tatsächlich, der Polizist sagte auf einmal sehr bestimmt: »Dann können Sie auf keinen Fall weiterfahren.« Und als ob ich es geahnt hätte, blickte er an meinem Kumpel vorbei und mir direkt in die Augen. Nachdem er mich ausgiebig gemustert hatte, stellte er mir eine Frage: »Wie sieht es mit Ihnen aus, haben Sie einen Führerschein?« Natürlich hatte ich einen. Aber ich hatte schließlich auch ein paar Bier getrunken. Trotzdem antwortete ich wahrheitsgemäß: »Ja, habe ich.«

Woraufhin der Polizist tatsächlich sagte: »Okay, dann fahren Sie jetzt weiter.«

Ich befand mich in einer klassischen Zwickmühle. Ich war zwar nicht wirklich betrunken, aber so richtig nüchtern war ich eben auch nicht mehr. Was sollte ich also tun? Wenn ich jetzt nicht handeln würde, hätte unsere ganze Truppe zu Fuß nach Hause gehen müssen. Zumindest die Fraktion von der Rückbank war dazu aber auf keinen Fall mehr in der Lage. Und wenn die Polizei eine Anweisung gibt, dann befolgt man die doch, oder? Also dachte ich mir: »Wer nicht wagt, der nicht gewinnt«, und sagte zum Polizisten: »Alles klar. Mache ich.« Dann stieg ich ganz vorsichtig aus und versuchte, so unauffällig wie möglich um den Wagen herum zu gehen. Dabei achtete ich penibelst darauf, bloß nicht auszuatmen und einen normalen Eindruck zu machen. Und ich weiß bis heute nicht, wie es mir gelungen ist, aber ich habe mich mehr oder weniger elegant auf dem Fahrersitz niedergelassen, dem Beamten noch eine angenehme Nacht gewünscht und dann den Ford Fiesta um die nächste Ecke gefahren, wo sofort wieder unser ursprünglicher Fahrer das Steuer übernommen hat. Tja, manchmal muss man einfach etwas wagen. Und lieber Polizist aus Greifswald, nur für den Fall, dass Sie diese Zeilen lesen, und sich an mich erinnern sollten: Wir waren damals jung und hielten uns für unbesiegbar. Heute würde ich so etwas ganz bestimmt nicht mehr tun. Ehrlich.

> **Manchmal muss man einfach etwas wagen.**

Zurück in die Zukunft. Zurück zu den Herausforderungen, welche die Gegenwart mit sich bringt. In den letzten beiden Kapiteln haben wir uns die ersten beiden W's der Veränderungsformel angeschaut. Täglich die richtige Einstellung zu wählen und sich wirklich verändern zu wollen, ist die Basis für erfolgreiche und nachhaltige Veränderung. Dann gilt es, auch das dritte W der Veränderungsformel umzusetzen. Ich bin mir sicher, dass Sie es ganz genau kennen. Es gehört zu den Dingen, die sich sehr leicht anhören, aber in der Praxis häufig so ungeheuer schwer sind. Denn wenn Sie sich verändern, wenn Sie besser werden und wachsen wollen, dann müssen Sie etwas anders machen als bisher. Klingt logisch, oder? Aber was glauben Sie, ist die Hauptursache, warum wir neue Ideen, neue Gedanken und neue Verhaltensweisen nicht konsequent umsetzen? Ich sage es Ihnen: Es sind die alten Ideen, die alten Gedanken und die alten Verhaltensweisen. An diesen klammern wir uns fest. Wir trauen uns nicht, sie loszulassen.

Der größte Hinderungsgrund, warum wir Neues nicht konsequent umsetzen, ist das Alte. Wir klammern uns daran fest. Wir trauen uns nicht, loszulassen.

Apropos, da habe ich eine Frage. Wie geht es Ihnen, werden Sie auch hellhörig, wenn Ihr Lebenspartner in diesem ganz besonderen Tonfall Ihren Kosenamen ruft und dann einen Satz wie diesen säuselt: »Du Schatzi, wir sollten dringend einmal unseren Kleiderschrank ausmisten«? Genau das hat nämlich meine Frau vor kurzem zu mir gesagt. Und ich wusste sofort, was das bedeutete. Obwohl sie von »wir« und »uns« sprach, spürte ich ganz genau, dass sie damit etwas anderes meinte, nämlich dass *ich* dringend einmal *meinen* Kleiderschrank ausmisten sollte. Und tatsächlich, als ich ins Ankleidezimmer kam, standen da schon mehrere dieser großen blauen Säcke für mich bereit. Und damit ich auch genau wusste, was es damit auf sich hat, klebte ein gelbes Post-it daran: »Nicht vergessen, die Säcke nach dem Ausmisten ins Franziskanerkloster zu bringen!« Im ersten Moment war ich bedient. Als ich aber einen Blick auf

> Das dritte W, das Wagen, gehört zu den Dingen, die sich sehr leicht anhören, in der Praxis aber häufig ungeheuer schwer sind.

meinen überfüllten Kleiderschrank warf, dachte ich mir: »So ganz unrecht hat sie vielleicht nicht.« Ich hatte nämlich im Jahr zuvor deutschlandweit Vorträge für eine große Modekette gehalten und in dieser Zeit bestimmt fünfundvierzig nagelneue Hemden mit nach Hause gebracht. Also traf ich schweren Herzens eine Entscheidung: »Okay, ich sortiere vierzig Hemden aus!« Ich fing an, die guten Stücke einzeln aus dem Schrank zu holen. Aber schon als ich das erste in den Sack legen wollte, kamen die Erinnerungen hoch: »Hach, in diesem Hemd hast du den letzten Abend im Urlaub verbracht. Das war doch dieses schöne Candlelight-Dinner.« Also packte ich es zurück in den Schrank. Dann kam das zweite. Ich seufzte: »Hmm, das hatte ich ja bei der Einschulung von Emma an. Viel zu schade.« Zurück in den

Schrank. Bei jedem einzelnen Hemd schwelgte ich in schönen Erinnerungen und brachte es dann einfach nicht übers Herz, mich davon zu trennen.

So kam es, dass ich statt der geplanten vierzig Hemden am Ende nur sieben Stück aussortierte. Nämlich diejenigen, die ich noch nie getragen hatte. Aber wissen Sie, welcher Gedanke mir kam, als ich das letzte davon in den Sack stecken wollte? »Was ist, wenn ich diese Hemden noch einmal brauche?!« Kennen Sie solche Gedanken? Sie wissen zwar rational genau, dass Sie etwas loslassen müssten, trauen sich aber nicht richtig? Das liegt ganz einfach daran, dass in diesen Fällen die Gefühle eine viel größere Rolle spielen als der rationale Verstand. Sie erinnern sich an die schönen Momente, und welche Bedeutung diese Dinge in Ihrem Leben einmal hatten. Doch alles hat seine Zeit. Und während ich vor den Säcken saß, musste ich an den Film *Fight Club* denken, in dem Edward Norton einen Satz sagt, der mich sehr inspiriert hat: »Wir besitzen die Dinge so lange, bis die Dinge anfangen, uns zu besitzen.«

Wir besitzen die Dinge so lange, bis die Dinge anfangen, uns zu besitzen.

Da ist eine Menge dran, oder? Den Großteil von dem ganzen Zeug, das wir im Laufe der Jahre angehäuft haben, besitzen wir einfach nur, weil es eben da ist. Wir benutzen es weder, noch hat es einen Wert für uns. Wir bewahren es für eine eventuelle Benutzung in der Zukunft auf, zu der es sowieso niemals kommen wird. Trotzdem trauen wir uns nicht, die Dinge loszulassen. Und das gilt noch mehr für Veränderung. Die meisten Menschen haben gar nicht so große Probleme damit, neue Ideen zu akzeptieren. Vielmehr ist es die Angst davor, die alten loszulassen. Die berühmte Komfortzone lässt grüßen. Aber wie wollen Sie neue Wege gehen, wenn Sie morgen das Gleiche tun, was Sie heute, gestern und vorgestern auch schon getan haben? Mutige Entscheidungen sind immer schwarz oder weiß. Problem oder Lösung. Zögern oder Machen. Kompliziert oder einfach. Stillstand oder neue Wege gehen. Und genau dafür steht das dritte W der Veränderungsformel.

Wagen Sie es, mutige Entscheidungen zu treffen. Wagen Sie es, die Dinge loszulassen, die Sie daran hindern, die nächste Stufe Ihrer Entwicklung zu nehmen. Denn heute Erfolg zu haben, heißt vor allem eins: zu wissen, was gestern funktioniert hat.

> **Wagen Sie es, die Dinge loszulassen, die Sie daran hindern, die nächste Stufe Ihrer Entwicklung zu nehmen.**

Genau das war meine größte Herausforderung in den Anfangstagen meiner Selbständigkeit. Ich dachte, ich könnte einfach so weitermachen wie bisher. Doch nur, weil ich als Manager in einem großen Konzern erfolgreich war, hieß das noch lange nicht, dass ich auch ein erfolgreicher Unternehmer sein konnte. Also habe ich eine Sache auf die harte Tour lernen müssen: Kunden interessiert es niemals, wie toll Sie gestern waren. Die interessiert ausschließlich: Wie gut sind Sie heute? Der Erfolg von gestern verhindert den Erfolg von morgen. Dieses Muster finden Sie überall. In einem früheren Kapitel habe ich von einem bestimmten Typ Mensch erzählt, den es in jeder Firma gibt: »Ick mach den Job hier seit 20 Jahrn. Ick wees janz jenau, wie der Hase läuft.« Doch dieses Denken ist ausschließlich rückwärts gerichtet. Peter Drucker gilt als der größte Management-Denker des letzten Jahrhunderts. In seinem Standardwerk namens *Management* hat er einen sehr interessanten Satz niedergeschrieben: »Erfolg macht die Verhaltensweisen überflüssig, durch die er entstanden ist.« Noch besser hat das vor kurzem Karl Lagerfeld in einem Interview zusammengefasst: »In der Minute, in der Sie glauben, Sie seien toll, Sie hätten es geschafft, ist es aus. Es gibt keinen Kredit auf die Vergangenheit.« Oder in meinen etwas einfacheren Worten: Der Erfolg von gestern verhindert den Erfolg von morgen. Weil uns nichts so sehr bequem werden lässt wie vergangene Erfolge.

Der Erfolg von gestern verhindert den Erfolg von morgen.

Wie sehr diese Aussage stimmt, durfte ich vor kurzem wieder einmal am eigenen Leib erfahren. Ich werde es nie vergessen, wie ich meiner Frau Silke voller Stolz das erste Konzept für mein Buch *Attitüde – Erfolg durch die richtige innere Haltung* vorlegte. Das mache ich immer so, denn sie ist nicht nur mein größter Fan, sondern auch mein schärfster Kritiker. Und ehrliches Feedback ist mir tausendmal mehr wert als das belanglose Gesäusel der vielen Menschen, die mir alles sagen würden, nur um es mir recht zu machen. Ich war aufgeregt, ich war voller Vorfreude. Denn ich hatte gerade ein durchaus erfolgreiches Buch veröffentlicht, und nun drei Monate harte Arbeit in das – wie ich fand – weltbeste und phänomenalste Top-Exposé aller Zeiten gesteckt. Ich sah mich vor meinem geistigen Auge schon die Bestsellerlisten stürmen. Meine Frau prüfte es sehr sorgfältig und sagte dann: «Hmm. Gutes Konzept. Guter Schreibstil. Wird bestimmt gut laufen. Deshalb rate ich dir: Schmeiß es weg und fang noch einmal ganz von vorne an!« Auf einmal war meine Meinung zum ehrlichen Feedback nur noch ein theoretisches Konstrukt. Ich fing an, zu protestieren: »Aber wieso das? Du hast doch selbst gesagt, dass es gut ist!« »Ganz genau«, sagte sie, »es ist gut. Aber mehr eben auch nicht. Ich weiß hundertprozentig, dass mehr in dir steckt. Und manchmal steht das Gute dem Großartigen im Weg. Wage es, loszulassen!«

Manchmal steht das Gute dem Großartigen im Weg.

Wie immer hatte sie recht. Mein Erfolg von gestern stand meinem Erfolg von morgen im Weg. Statt neue Ideen zu entwickeln, hielt ich an den alten fest. Ich wollte, dass alles so bleibt, wie es ist, nur sollte es eben noch besser werden. Doch so funktioniert Veränderung einfach nicht. An welchem Punkt auch immer Sie gerade stehen, Ihre alten Muster haben Sie genau dahin gebracht, wo Sie sich heute befinden. Aber wahrscheinlich hindern Sie genau die gleichen Muster auch daran, diese Stufe zu verlassen und den nächsten Schritt in Ihrer persönlichen Entwicklung zu machen. Um zu wachsen und besser zu werden, benötigen Sie neue Ideen, neue Gedanken und neue Muster. Ein perfektes Beispiel für diese Einstellung ist der FC Bayern München. Die haben in der letzten Saison das Triple geholt und wirklich alles gewonnen, was man gewinnen kann. Sie hätten allen Grund der Welt gehabt, auf der Erfolgswelle weiterzureiten. Trotzdem haben sie alles hinterfragt. Sie haben mit Pep Guardiola einen neuen Trainer geholt, für über hundert Millionen Euro neue Spieler verpflichtet und ein neues Spielsystem eingeführt. Und sie sind sogar noch besser und noch erfolgreicher geworden. Weil sie den Mut hatten, loszulassen. Weil sie das Glas rechtzeitig abgestellt haben.

Auch wenn es mir sehr schwer fiel, habe ich damals losgelassen. Und ich bin meiner Frau bis heute dankbar, dass ich das Konzept für *Attitüde* noch einmal komplett neu geschrieben habe und dass das Buch dadurch so ein großer Erfolg geworden ist. Und was bei mir funktioniert, gilt bei Ihnen genauso. Was ist die eine Sache, die Sie loslassen können, um die nächste Stufe in Ihrer Entwicklung zu nehmen? Oftmals ist es nur eine einzige Idee, ein bestimmter Gedanke oder eine spezielle Verhaltensweise, die eine ganze Erfolgs-Domino-Rallye in Gang setzt. Wagen Sie es, loszulassen und vertrauen Sie darauf, dass das Universum jedes Vakuum, das entsteht, mit etwas Gutem füllt. Wenn Sie am Strand spazieren gehen und Ihre Fußspuren im Sand hinterlassen, bedarf es nur einer einzigen Welle und schon ist die Spur mit neuem Sand gefüllt. Genauso ist es auch mit dem Loslassen. Wenn Sie schon einmal Ihren Schreibtisch, Ihren Kleiderschrank oder Ihren Keller ausgemistet haben, dann wissen Sie, welche Energie das freisetzen kann. Und wenn Sie alte Ideen, Meinungen oder Verhaltensweisen loslassen, dann ist diese Energie noch viel größer.

> Oftmals reicht es, eine einzige Idee oder eine Verhaltensweise loszulassen, um eine Erfolgs-Domino-Rallye in Gang zu setzen.

Das Gute ist des Besseren Feind

Als meine Tochter Emma in der ersten Klasse war, habe ich sie morgens so oft es ging zur Schule gebracht. Und es war jeden Tag aufs Neue ein faszinierendes Bild, wie eine amorphe Masse von völlig übermüdeten und komplett unmotivierten Kindern im Kampf mit ihrem Biorhythmus war und von ihren gestressten Eltern dazu animiert werden musste, doch bitte etwas schneller zu gehen. Weil ich dieses Phänomen aus meiner eigenen Schulzeit noch zu gut kenne, habe ich mich regelmäßig gefragt, warum die Schule überhaupt so früh beginnen muss, wenn doch die Schüler um diese Zeit offensichtlich noch nicht leistungsfähig und schon gar nicht -willig sind. Weil man es schon immer so gemacht hat? Damit die Lehrer zum Mittag wieder zu Hause sein können? Weil es irgendwann irgendwer so festgelegt hat und es seitdem eben so ist? Ich möchte das große Fass unseres aktuellen Bildungssystems an dieser Stelle nicht weiter öffnen (und schon gar nicht, wie so viele andere, den Fokus ausschließlich auf die Lehrer richten, denn schließlich verbringen die Kinder die meiste Zeit zu Hause bei uns Eltern). Ich möchte Sie einfach nur mit schöner Regelmäßigkeit daran erinnern, wie wichtig es ist, die Dinge nicht einfach so hinzunehmen, wie sie sind, sondern kritisch zu hinterfragen. Dies gilt ganz besonders für Ihre eigenen Ideen, Ihre Meinungen und vor allem für Ihre Überzeugungen. Wenn Sie diese einer regelmäßigen kritischen Überprüfung unterziehen, bleiben Sie geistig flexibel und beugen der Gefahr vor, in die Bequemlichkeit Ihrer Komfortzone abzurutschen und dann ein Leben im seelischen Niemandsland zu führen.

Und das geht schneller, als Sie denken. Ich werde die Einschulung meiner großen Tochter wohl nie vergessen. Fast einhundert Erstklässler saßen mit leuchtenden Augen, riesigen Zuckertüten und einer gut gefüllten Mappe in den ersten Reihen der Aula. Seit Tagen hatten sie vor Aufregung nicht richtig geschlafen und freuten sich wie Bolle, dass nun endlich die Schule für sie beginnen sollte. Und was macht die Rektorin? Nach ihrer kurzen Begrüßungsrede schaut sie den zukünftigen Erstklässlern mit ernsten Blick in die Augen und sagt dann: »So, liebe Kinder, ab heute beginnt der Ernst des Lebens.« Wären Sie dabei gewesen, Sie hätten es körperlich spüren können, wie die Träume und Hoffnungen der Kinder reihenweise wie Seifenblasen platzten. Aber so manch einer lässt sich davon eben überhaupt nicht beeindrucken. Eines Tages holte ich Emma von der Schule ab und bekam dabei eine Unterhaltung zwischen einem Vater und seinem siebenjährigen Sohn mit. Dieser lief voller Energie auf seinen Papa zu, strahlte übers ganze Gesicht, und man sah ihm schon von Weitem an, dass er auf irgendetwas ganz besonders stolz war. Und tatsächlich, nachdem er seinen Vater gründlich gedrückt und umarmt hatte, platzte es nur so aus ihm heraus: »Papa, du glaubst ja nicht, was ich heute erlebt habe. Wir haben vorhin für die Schulfeier geprobt. Das Singen macht mir so viel Spaß. Und weißt du was, wenn ich groß bin, dann will ich genau so berühmt werden wie Tim Bendzko.« Es war eine wahre Freude, die Begeisterung des Jungen mit anzusehen. Doch sie sollte nicht lange

> Nehmen Sie die Dinge nicht einfach so hin, wie sie sind, sondern hinterfragen Sie Ihre Überzeugungen immer wieder kritisch.

währen. Denn sein Vater schien gänzlich anderer Meinung zu sein. Mit grimmiger Miene gab er seinem Filius eine Lektion, wie sie täglich in Tausenden Kinderzimmern Standard zu sein scheint. Er sagte:»Jetzt werd' endlich vernünftig, Justus-Alexander. Schlag dir diese Flausen aus dem Kopf und mach lieber deine Hausaufgaben!« Dann folgte ein Kurzvortrag, dass man es mit solchen Hirngespinsten auf keinen Fall zu etwas bringen würde und er lieber in die Fußstapfen seines Vaters treten solle. Der Beruf des Disponenten bei der Deutschen Bahn sei zwar nicht ganz so glamourös, aber dafür solide und beständig. Und mit jedem weiteren Argument hätten Sie beobachten können, wie auch bei diesem Jungen die Träume platzten wie Seifenblasen in der Luft.

Warum erzähle ich Ihnen das? Die Wahrscheinlichkeit ist groß, dass Sie auch einmal einen solchen Traum hatten, der Sie zum Strahlen brachte. Einen Traum, den Sie voller Stolz einem geliebten Menschen oder Ihrem Tagebuch anvertraut haben. Möglicherweise waren es auch mehrere, denn jede Lebensphase produziert ihre ganz eigenen Träume. Was war es bei Ihnen? Wollten Sie in die Fußstapfen von Lothar Matthäus treten (natürlich nur in die sportlichen), einen Roman schreiben, Ihr eigenes Unternehmen gründen, Millionär werden, in die Karibik auswandern oder im offenen Ford Mustang Cabriolet die Route 66 erkunden? Jeder Mensch hat solche Träume. Ja, auch Sie. Doch die meisten davon verharren ein Leben lang im Stadium von »Ach, wäre das schön« und fristen ein Dasein in der hintersten Ecke der Seele. Stattdessen hat sich die große Masse dafür entschieden, einen anderen Weg zu gehen. Statt den eigenen Traum in die Tat umzusetzen, mutieren diese Menschen lieber zu fleißigen Bienchen in einem Bürogebäude, stempeln acht Stunden am Tag Formulare ab oder sitzen bei Aldi an der Kasse. Dagegen ist grundsätzlich auch überhaupt nichts einzuwenden. Aber der Großteil dieser Leute ist mit diesem Leben im besten Fall einfach nicht zufrieden. Die Realität sieht im Regelfall sogar noch schlimmer aus, denn die meisten dieser Menschen sind ziemlich unglücklich und würden nichts lieber tun, als dem ungeliebten Job Lebewohl zu sagen. Wenn es denn nur so einfach ginge. Doch genau das ist

Wahrscheinlich hatten auch Sie einmal einen Traum, der Sie zum Strahlen brachte.

die Frage, mit der die tollsten Veränderungen beginnen: »Was wäre, wenn …?«

Die tollsten Veränderungen im Leben beginnen mit der Frage: »Was wäre wenn …?«

Aber was glauben Sie, ist der Hauptgrund dafür, dass viele Menschen ihre Träume nicht verfolgen, sondern stattdessen vernünftig werden und einen ordentlichen Beruf ergreifen? Ja, Sie haben recht, das Schulsystem, die Eltern als Vorbilder oder die Erwartungen der Gesellschaft spielen mit Sicherheit eine große Rolle. Diese Einflüsse sind aber nicht der Hauptgrund. Ich bin mir sicher, dass es etwas ganz anderes ist. Viele Menschen verfolgen ihre Ziele und Träume anfangs voller Ehrgeiz und Motivation. Auf dem Weg erreichen sie dann eine gefährliche Stufe in ihrer Entwicklung. Eine, auf der sie wirklich gut und mich sich selbst zufrieden sind. Und dann beschließen sie, dass es gut genug ist. Die verlockende Freiheit wird zugunsten der trügerischen Sicherheit aufgegeben. Die aktuelle Realität verhindert das Leben der Träume. Das Gute steht dem Großartigem im Weg. Die Generation Mitte lässt schön grüßen.

Sind Sie zu gut, um großartig zu sein?

Wie ist es bei Ihnen, sind Sie zu gut, um großartig zu sein? Haben Sie schon so viel erreicht, dass es einfach zu bequem ist, und Sie deshalb die nächsten Schritte Ihrer Entwicklung nicht mehr angehen? Erinnern Sie sich an den Film *Up in the Air*, in dem eine ganz bestimmte Eigenschaft von Träumen deutlich wurde: Selbst wenn sie scheinbar in Vergessenheit geraten, verschwinden sie niemals vollständig und erinnern Sie mit schöner Regelmäßigkeit daran, welche wichtige Rolle sie einmal in Ihrem Leben gespielt haben. Wenn diese innere Stimme zu Ihnen spricht, sollten Sie besonders aufmerksam zuhören. Denn es ist niemals zu spät, um Ihre Träume zu verwirklichen. Bewahren Sie sich eine gewisse Unzufriedenheit und hören Sie niemals auf, an Ihrer Entwicklung zu arbeiten. Das Leben ist einfach zu kurz für Mittelmaß. Wagen Sie

> Bewahren Sie sich eine gewisse Unzufriedenheit und hören Sie niemals auf, an Ihrer Entwicklung zu arbeiten.

es, die Dinge loszulassen, die Sie auf Ihrem Weg zur Großartigkeit, auf der Reise zur besten Version von sich selbst ausbremsen. Schreiben Sie heute die Erfolgsgeschichten von morgen. Was soll später einmal auf Ihrem Grabstein stehen: »Sie war ein fleißiges Bienchen, das mit Formularen jonglieren konnte wie kein zweites«? Oder gefällt Ihnen möglicherweise folgende Variante doch besser: »Sie hat ein erfülltes Leben geführt und einen Unterschied gemacht«? Ich weiß, wofür ich mich entschieden habe.

Im Taxi weinen

Eine der größten Freuden meines Berufes ist es, Menschen, Unternehmen und Organisationen auf ihrem Weg der Veränderung zu begleiten und somit mit ihnen den Schritt von gut zu großartig zu machen. Doch bevor Sie nach dem Lesen der letzten Absätze auf einmal alles stehen und liegen lassen, Ihren Job kündigen und ab sofort nur noch Ihren Traum leben wollen, erlaube ich es mir, den Finger doch noch einmal kurz in eine mögliche Wunde zu legen. Das ist leider notwendig. Und auch wenn

> **Viele Menschen träumen so sehr von der zukünftigen Großartigkeit, dass sie dabei völlig vergessen, heute gut zu sein.**

es im ersten Moment wie ein Schritt zurück wirkt, so betrachte ich es eher als die notwendige Vorbereitung, damit Sie Ihre Träume nicht nur leben, sondern auch von deren Erträgen leben können. Sie glauben ja gar nicht, wie viele Menschen von heute auf morgen alles hinschmeißen, nur weil ihnen ein findiger Seminarleiter oder ein selbsternannter Guru den Floh ins Ohr gesetzt hat, sie sollten nur noch das tun, was sie aus tiefstem Herzen erfüllt. Und ja, wenn Sie für Ihr Leben gerne Briefmarken sammeln, dann gönne ich Ihnen von Herzen, den ganzen Tag Ihr Album zu sortieren, die einzelnen Marken zu betrachten und Ihr Werk zu bewundern. Doch wenn Sie nach drei Monaten auf einmal feststellen, dass Sie Ihre Rechnungen durchs Briefmarkensammeln nicht bezahlen können und Ihre Kinder mit hungrigen Bäuchen am Esstisch rebellieren, dann haben Sie ein Problem. Denn Sie haben zwar ein schönes Hobby, aber leider keinen Job, mit dem Sie Geld verdienen können. Der Idealfall ist natürlich, wenn Sie Ihr Hobby zum Beruf machen können und mit Ihrem Traum viel Geld verdienen. Das ist tatsächlich möglich. Und der Schlüssel liegt wie so häufig in harter Arbeit und der Bereitschaft, erstklassige Qualität abzuliefern. Viel zu viele Menschen träumen allerdings so sehr von der zukünftigen Großartigkeit, dass sie dabei völlig vergessen haben, heute gut zu sein. Doch nur, wenn sie auf Ihrer aktuellen Entwicklungsstufe jeden Tag erstklassige Ergebnisse abliefern, sind Sie in der Lage, den nächsten Schritt zu machen.

Im letzten Unterkapitel habe ich Sie gefragt, ob Sie zu gut sind, um großartig zu sein. Im Anschluss daran möchte ich Ihnen nun eine weitere Frage stellen: Fühlen Sie sich zu großartig, um gut zu sein? Träumen Sie zu sehr davon, die Welt zu verändern, und vergessen dabei die täglichen Aufgaben? Fühlen Sie sich so sehr zu höheren Aufgaben berufen, dass Sie dabei vergessen, Ihren aktuellen Job gut auszuüben? Das gibt es nämlich häufiger, als Sie denken. Ich fahre sehr viel mit dem Taxi. Und Sie glauben ja gar nicht, wie viele Fahrer innerhalb von wenigen Minuten in den Jammermodus verfallen und sich darüber beschweren, wie schwer sie es doch hätten, weil sie eigentlich studierte Informatiker, Juristen oder sonst irgendetwas sind. Im Taxi würden sie nur sitzen, weil das Leben so ungerecht wäre und sie ja keine Wahl hätten. Während sie immer mehr ins Jammern verfallen, übersehen sie dann rote Ampeln, fahren zu dicht auf und starten diverse riskante Überholmanöver, bei denen es mich vor Schreck jedes Mal in den Sitz drückt. Meistens kann ich mich beherrschen, aber manchmal fühle ich mich dann doch genötigt, dem Taxifahrer mitzuteilen, dass es mir sehr leid tun würde, dass ihm die Arbeit keinen Spaß macht. Aber auch wenn er sich eigentlich zu mehr berufen fühlt und denkt, etwas Besseres verdient zu haben, in diesem Moment würde ich es dann doch vorziehen, wenn er sich seiner aktuellen Rolle als Taxifahrer stellen und einfach seinen Job machen würde. Denn wozu auch immer er sich berufen fühlt, er hat aus irgendwelchen Gründen nicht geschafft, mit seinen vermeintlichen Qualifikationen Geld zu verdienen. Deshalb sitzt er hier und heute als Taxifahrer direkt vor mir. Und genau für diese Tätigkeit wird er von mir und jedem anderen Kunden bezahlt.

Fühlen Sie sich zu großartig, um gut zu sein?

Und es geht ja auch anders. Es gibt viele Taxifahrer, die ihren Job mit viel Leidenschaft und Anspruch ausüben. Ein tolles Beispiel für eine solche Haltung habe ich lange Zeit direkt vor meiner Haustür beobachten können. Ich hatte Ihnen bereits erzählt, dass ich früher regelmäßig meine Tochter zur Schule gebracht habe. Auf dem Rückweg bin ich dann oft der Müllabfuhr begegnet. Wenn man sich so häufig trifft, kommt man früher oder später zwangsläufig ins Gespräch. Einer der Männer von der Berliner Stadtreinigung ist mir dabei immer aufgefallen. Er war nämlich der einzige der Truppe, der niemals schlecht gelaunt war und auch zu früher Stunde immer ein Lächeln auf den Lippen hatte. Eines Tages fragte ich ihn, was er denn anders machen würde, um so motiviert zu sein. Seine Antwort: »Wissen Sie, das ist garantiert nicht mein Traumjob. Er ist hart, schlecht bezahlt und wir müssen bei Wind und Wetter raus. Aber ich habe ihn angenommen, weil ich meinen alten Job verloren habe. Und bevor ich zu Hause verrückt werde oder von Hartz IV lebe, habe ich mich eben entschieden, zur BSR zu gehen. Ich hätte einfach alles gemacht, nur um wieder auf die Beine zu kommen. Und wenn ich einen Job mache, dann gebe ich immer hundert Prozent.«

Man kann wirklich jeden Job mit Leidenschaft und Anspruch ausüben.

Um morgen großartig sein zu können, müssen Sie heute gut sein.

Eines Tages war der freundliche Mann dann auf einmal nicht mehr da. Auf meine Nachfrage erhielt ich von einem schlecht gelaunten Kollegen eine muffelige Antwort: »Ach, der Manni. Der hielt sich schon immer für was Besseres. Der ist abgeworben worden und macht jetzt irgendwas mit Management oder so.« Was will ich Ihnen damit sagen? Auch wenn der aktuelle Job noch so unbefriedigend ist, die einzige Lösung, etwas Besseres zu finden, liegt darin, immer die bestmögliche Leistung abzuliefern. Jeden Tag alles zu geben und entsprechende Ergebnisse zu erzielen. Doch dazu ist nicht jeder bereit. Von meinen alten Warenhauskollegen sind viele im Rahmen der Konzerninsolvenz entlassen worden (Sie wissen schon, diejenigen, die mich am lautesten auf die vermeintliche Sicherheit des Arbeitsplatzes hingewiesen hatten). Die meisten von ihnen haben heute noch keinen neuen Job.

»Was soll ich denn machen«, sagen sie, »ich kann doch nur Warenhausgeschäftsführer.« Wohin diese Einstellung führt? Sie sitzen zu Hause und werden von Tag zu Tag trübsinniger. Ein Freund und Kollege von mir hat's anders gemacht. Er war immer einer der besten Geschäftsführer. Trotzdem hatte es auch ihn getroffen. Auch er hatte nichts anderes gelernt. Aber er hatte begriffen, dass er umdenken und aus der eigenen Komfortzone ausbrechen muss. Dass es nur einen Weg aus einer solchen Krise gibt: harte Arbeit und die Bereitschaft, gut zu sein. Nein, besser als gut. Also hat er begonnen, Mobilfunkverträge an der Haustür zu verkaufen. Beim Kaffee erzählte er mir einmal: »Ilja, ich dachte, dass ich nicht mehr tiefer sinken kann. Aber ich habe jeden Tag zehn Stunden lang Gas gegeben und Mobilfunkverträge verkauft, als ob mein Leben davon abhinge. Und das tat es ja schließlich auch.« Schnell wurde er innerhalb der Organisation befördert und heute hat er einen Spitzenjob im Marketing bei einem großen Radiosender. Warum? Weil er sich für nichts zu schade war und auch bei unbefriedigenden Aufgaben immer Vollgas gegeben hat.

An welchem Punkt auch immer Sie heute stehen – bevor Sie sich auf den Weg zur Großartigkeit machen können, sollten Sie sicherstellen, dass Sie in dem gut sind, was Sie zurzeit tun. Und wenn Ihnen der Job auch noch so zuwider ist. Seien Sie pünktlich, zuverlässig und liefern Sie immer nur die allerbeste Qualität ab. Stempeln Sie Ihre Formulare, als ob Sie damit den Weltfrieden besiegeln würden. Streichen Sie die Wand bei Familie Müller, als ob Sie die Mona Lisa malen würden. Und pflastern Sie die Straße um die Ecke mit dem gleichen Enthusiasmus, als ob Sie für Ihre geliebte Frau einen roten Teppich auslegen würden. So, und nur so, befinden Sie sich auf dem direkten Weg Richtung Großartigkeit.

> **Stempeln Sie Ihre Formulare, als ob Sie damit den Weltfrieden besiegeln würden.**

Die Freiheit des Falken

Das dritte W der Veränderung steht für Wagen. Der Erfolg von gestern verhindert den Erfolg von morgen. Wenn Sie den Mut haben und die Dinge loslassen, die Sie daran hindern, zu wachsen und besser zu werden, dann wird Erstaunliches passieren. Können Sie sich noch an eines der universellen Prinzipien der Veränderung erinnern? Nur, wenn Sie Ihre generelle Lebensphilosophie auf Überflussdenken aufgebaut haben, besitzen Sie das notwendige Vertrauen, dass jedes entstehende Vakuum durch etwas Besseres, durch etwas Schöneres ersetzt wird. Das fällt auch mir nicht immer leicht. Sie glauben ja gar nicht, wie viel Zweifel ich manchmal habe, wenn ich einen bestimmten Auftrag ablehne, einen wichtigen Geschäftszweig loslasse oder eine vielversprechende Idee aufgebe. Sofort kommen mir dann Gedanken wie »Ich werde bestimmt verhungern« oder »So einen guten Kunden finde ich nie wieder«. Doch ich habe im Laufe der Zeit auch etwas anderes losgelassen, nämlich den Gedanken, dass ich frei von Zweifeln wäre. Jeder zweifelt. Sie genauso wie ich. Es ist nicht nur menschlich, sondern hört auch nie auf. Wenn Sie denken, dass erfolgreiche Menschen niemals zweifeln würden, dann täuschen Sie sich gewaltig. Der einzige Unterschied besteht darin, dass die Erfolgreichen genau wissen, wann sie ihr Glas wieder abstellen müssen. Und trotz aller Zweifel läuft es jedes Mal wieder nach dem gleichen Muster ab. Immer wenn ich eine schwere Entscheidung treffe und im Vertrauen auf den Überfluss loslasse, wird das entstandene Vakuum mit etwas Besserem gefüllt. Ich bekomme zuverlässigere Kunden, erhalte lukrativere Aufträge und mache noch mehr und vor allem nachhaltigeren Umsatz.

> **Lassen Sie los. Etwas Besseres wird bald die so entstandene Leere füllen.**

Nicht immer kommt das Gute sofort und auch nicht immer aus der Richtung, aus der Sie es erwarten würden. Das Leben geht in diesen Dingen manchmal verworrene und verschlungene Wege. Doch mit einem gewissen Vertrauen in die Kraft eines Vakuums wird eine entstandene Lücke immer durch etwas Besseres ersetzt werden. »Aber, Ilja, was genau soll ich denn jetzt loslassen?« Das ist eine gute Frage. Und ich kann Sie Ihnen nicht beantworten. Oft ist es nur eine einzige Sache, die Sie loslassen müssen, um damit eine kleine Lawine von positiven Entwicklungen loszutreten. Das Fiese an der Sache ist allerdings, dass Sie im Vorfeld solcher Entscheidungen eigentlich immer ein ungutes Gefühl haben. Kein Wunder, denn die meisten Dinge, die Sie am dringendsten loslassen sollten, haben einen wichtigen Platz in Ihrem Leben eingenommen. Ihr gesamtes Inneres sträubt sich in solchen Momenten und ruft: »Auf keinen Fall, das ist wichtig. Das brauchen wir noch.« Aber die Veränderungen, vor denen wir am meisten Angst haben, bringen nun mal die größten Durchbrüche. Und so wie mir damals in meinem Ankleidezimmer mein Bauchgefühl sagte, dass die Zeit der Hemden gekommen sei, so spüren Sie ebenfalls, dass ein Teil von Ihnen zwar laut protestiert, Sie aber trotzdem handeln sollten. In solchen Fällen hilft das Training Ihrer Intuition, auf die Sie sich in solchen Fällen fast immer verlassen können.

> **Auf Ihre Intuition können Sie sich bei schwierigen Entscheidungen verlassen.**

Die Veränderungen, vor denen wir uns am meisten fürchten, sind die Veränderungen, welche die größten Durchbrüche bringen.

Kommen wir also zur entscheidenden Frage dieses Kapitels: Was ist die eine Sache in Ihrem Leben, die Sie loslassen sollten? Wahrscheinlich spüren Sie schon lange, um was es sich dabei handelt, haben bisher aber viele gute Argumente gefunden, warum ein Loslassen hier scheinbar nicht in Frage kommt. Trotzdem kommt diese leise innere Stimme immer wieder und taucht in schöner Regelmäßigkeit an der Oberfläche auf. Habe ich recht? Wenn Sie immer noch zweifeln (und das werden Sie, weil es vollkommen normal ist), machen Sie einfach die Übung mit dem Finger. Strecken Sie wie der Cowboy Curly Ihren Arm aus und richten Sie Ihren Zeigefinger in die Höhe. Betrachten Sie ihn intensiv und dann stellen Sie sich die Frage noch einmal: »Was ist die eine Sache in meinem Leben, die ich loslassen sollte?« Achten Sie nun auf die Antwort, die Ihnen als Allererstes in den Sinn kommt. Egal, wie unrealistisch oder unvernünftig die Idee auch klingen mag, mit großer Wahrscheinlichkeit handelt es sich in diesem Moment genau um die Sache, von der Sie sich trennen sollten.

Was ist die eine Sache, die Sie loslassen müssen, um die nächste Stufe Ihrer Entwicklung zu nehmen?

Benötigen Sie noch ein paar Ideen, was Sie alles loslassen können? Ich habe vor langer Zeit einmal eine Liste für mich erstellt, in der ich die Dinge zusammengefasst habe, die sich optimal dafür eignen, regelmäßig kritisch überprüft und hinterfragt zu werden. Denn letzten Endes ist das große Ziel des Loslassens nichts anderes, als kritisch zu denken, geistig flexibel zu bleiben und alles dafür zu tun, der Bequemlichkeit des seelischen Niemandslands zu entfliehen. Obwohl ich in diesen Dingen mittlerweile geübt sein sollte, ertappe ich mich trotzdem häufig dabei, wie ich vor lauter Vorträgen, Terminen und Alltagsaufgaben den leichten Weg gehe und mir lieber meine eigene Komfortzone ausbaue. Deshalb habe ich mir feste Termine im Kalender notiert, an denen ich die vermeintlichen Tatsachen des Lebens kritisch hinterfrage, meine Strategien überprüfe und meine Ziele justiere. Dies mache ich einmal im Monat und zum Jahreswechsel sogar ein ganzes Wochenende lang. Leicht wird das Loslassen übrigens nie, aber je häufiger Sie die faszinierenden Auswirkungen erleben, desto mehr Vertrauen werden Sie in Ihre Entscheidungen bekommen. Wollen wir beginnen? Hier sind meine persönlichen Loslass-Vorschläge:

> **Hinterfragen Sie regelmäßig die vermeintlichen Tatsachen des Lebens, überprüfen Sie Ihre Strategien und justieren Sie Ihre Ziele neu.**

1. Perfektion

Wie wir schon von den Wahlsprüchen von Mark Zuckerberg wissen, ist es viel wichtiger, ins Handeln zu kommen, als auf Perfektion zu warten. Fehler passieren sowieso, Pläne gehen schief und viele große Steine warten auf dem Weg darauf, von Ihnen aus dem Weg geräumt zu werden. Außerdem habe ich eine Sache in meinem Job als Redner gelernt: Perfektion wirkt immer ein wenig suspekt. Kleine Fehler zuzugeben und zu Schwächen offen zu stehen, kann hingegen viele Türen öffnen. Menschen mögen nämlich am liebsten Menschen und keine Roboter. Lassen Sie die Idee los, perfekt sein zu wollen.

2. Glaubenssätze und Überzeugungen

Hier fällt das Loslassen am schwersten, denn nichts auf der Welt verteidigen wir so gerne wie unsere eigenen Meinungen, Glaubenssätze und Überzeugungen. Aus diesem Grund verändern sich Menschen eben auch nur, wenn sie es wollen, und nicht, wenn sie es müssen. Hinterfragen Sie Ihre Überzeugungen also regelmäßig kritisch und ergebnisoffen. Ein guter Start ist immer folgender: »Ist diese Überzeugung wirklich meine eigene oder habe ich sie von meinem Umfeld, anderen Menschen oder den Medien übernommen? Und wenn es meine eigene ist, bringt sie mich meinen Zielen näher oder bremst sie mich?« Lassen Sie limitierende Glaubenssätze und von anderen übernommene Überzeugungen los.

3. Erwartungen

Ich kann es nicht oft genug wiederholen: Das Leben ist kein Ponyhof und schon gar nicht fair. Die Menschen sind es auch nicht. Und Sie können es nicht allen recht machen. Lassen Sie Ihre Erwartungen los, dass alles gerecht zugeht oder dass man Ihnen die Chancen und Möglichkeiten auf dem Silbertablett serviert. Lösen Sie sich von den Erwartungen anderer Menschen und machen Sie Ihr eigenes Ding. Und dafür sollten Sie Ihre eigenen Standards deutlich erhöhen.

4. Negative Menschen

Ich glaube, es war Jim Rohn, der gesagt hat, dass Sie wie der Durchschnitt der fünf Menschen werden, mit denen Sie sich am häufigsten umgeben. Und er hat recht. Das gilt für sämtliche Lebensbereiche. Für Ihre Karriere, Ihre Gesundheit und Ihre Finanzen. Es macht einfach einen Unterschied, ob Sie Ihre Zeit mit fünf erfolgreichen und innovativen Unternehmern verbringen, oder ob Sie am Stammtisch mit bierseligen Energievampiren sitzen, deren Leben von Neid, Missgunst und Frust bestimmt wird. Ich weiß aus eigener Erfahrung, wie schwer es für uns ist, Menschen loszulassen, die einmal eine wichtige Rolle in unserem Leben gespielt haben. Doch auch hier gilt: Alles hat seine Zeit. Und wenn Sie sich als Person weiterentwickeln, aber die Menschen aus Ihrem Umfeld stehenbleiben, sollten Sie in Ihrem Tempo weitergehen. Je erfolgreicher Sie werden, desto häufiger werden Sie nämlich eine schmerzliche Erfahrung machen: Viele Freunde und Bekannte wollen überhaupt nicht, dass Sie erfolgreich werden. Und wenn Sie es Ihnen doch gönnen, dann aber bitteschön auf keinen Fall erfolgreicher, als sie selbst es sind. Wie die Hummer in Arnold's Lobster & Clam Bar versuchen sie permanent, Sie auf ihr Niveau herabzuziehen. Dies ist nicht mal böse gemeint, sondern nur das äußerlich sichtbare Verhalten, das aus dem Mangeldenken resultiert. Wie können Sie solche Erfahrungen vermeiden? Umgeben Sie sich ausschließlich mit Möglichkeitsdenkern, die Sie auf Ihrem Weg unterstützen und bestärken. Und dazu gehört auch einmal ein kritisches Feedback. Aber lassen Sie bitte *alle* negativen Menschen in Ihrem Umfeld los und vertrauen Sie darauf, dass spannende Persönlichkeiten die Lücken füllen werden.

> **Umgeben Sie sich ausschließlich mit Möglichkeitsdenkern, die Sie auf Ihrem Weg unterstützen und bestärken.**

5. Kunden und Aufträge

Haben Sie auch diesen bestimmten Kunden, der kaum Umsatz bringt, aber dafür permanent eine Sonderbehandlung wünscht? Bei dem nichts sofort funktioniert, der immer noch eine Nachfrage hat, und bei dem Sie jedes Mal einen hohen Zusatzaufwand betreiben müssen? Trauen Sie sich nein zu sagen, und lassen Sie los. Konzentrieren Sie Ihre Kraft und Energie lieber auf die Kunden, die niemals nörgeln, meckern oder reklamieren, dafür aber Ihre Leistungen zu schätzen wissen, Umsatz bringen und Sie gerne als Partner an der Seite haben. Und eines können Sie mir glauben, für den einen schwierigen Kunden stehen schon fünf andere vor der Tür, die nur darauf warten, mit Ihnen Geschäfte zu machen. Und zwar solche, die von einem Austausch von Werten geprägt sind.

6. Dinge und Zeug

Keine Sorge, dies wird nicht der hundertste Aufruf zu einem besitzlosen Leben und auch keine Moralpredigt, dass es verwerflich sei, wenn Sie gerne konsumieren. Viel lieber möchte ich Ihr Bewusstsein dafür schärfen, wie viel von dem Zeug, das Sie angehäuft haben, für Sie entweder keinen Wert mehr hat oder nicht genutzt wird. Es gibt einen interessanten Artikel im *Journal of Consumer Psychology* aus dem Jahr 2011, der den treffenden Titel trägt: »If Money doesn't buy you happiness, then you probably aren't spending it right.« Wenn Sie Freude an schönen Dingen, an teuren Uhren, an schnellen Autos oder an luxuriösen Klamotten haben, dann kaufen Sie sie sich und erfreuen sich daran. Wenn Sie von Haus aus glücklich und zufrieden sind, dann machen diese Konsumgüter Ihr Leben nämlich noch schöner. Nur wenn Sie den Konsum dazu brauchen, um glücklich zu sein, dann sollten Sie Ihre grundlegende Philosophie dringend überdenken. Doch wie viele Dinge befinden sich in Ihren Schränken, Ihren Kellern oder Garagen, die seit Jahren einfach nur da sind, und die Sie schon lange nicht mehr nutzen? Sortieren Sie hier gnadenlos aus. Was Sie im letzten Jahr nicht benutzt haben, werden Sie auch im nächsten nicht nutzen. Zeug, das nur noch da ist, weil es mal teuer war oder mit einer Erinnerung verknüpft ist, nimmt nur Platz und Energie weg für die Dinge, die wirklich wichtig für Sie sind. Es sagt ja niemand, dass Sie alles in den Müll werfen sollen. Verkaufen Sie Dinge auf Ebay, verschenken Sie Sachen an Freunde oder spenden Sie an wohltätige Einrichtungen. Wichtig ist aber vor allem, dass Sie loslassen und damit Platz und Freiraum für Neues schaffen. Probieren Sie es aus, ich garantiere Ihnen, dass Sie von der Wirkung begeistert sein werden.

> Konsumgüter machen Ihr Leben noch schöner. Doch wenn Sie den Konsum brauchen, um glücklich zu sein, sollten Sie Ihre Philosophie überdenken.

7. Ziele und Träume

Schleppen Sie auch schon seit Jahren diesen einen Traum mit sich herum? Verfolgen Sie auch ein bestimmtes Ziel, für dessen Umsetzung bisher einfach die Zeit fehlte? Dann sollten Sie einmal darüber nachdenken, ob Sie es nicht loslassen sollten. Manche Ziele und Träume sind wie die alten Hemden, die Ihren Kleiderschrank verstopfen. Sie kosten Kraft, Energie und Zeit. Vor allem aber blockieren Sie den Platz, den Sie für Ihre wichtigen Träume und Ihre aktuellen Ziele brauchen. Denken Sie im Zweifel immer wieder daran: Alles im Leben hat seine Zeit. Und es hat seinen Grund, warum Sie diese Dinge bisher nicht umgesetzt haben. Wagen Sie es, loszulassen, und verfolgen Sie lieber die Vorhaben, die Ihnen heute wichtig sind.

Gut, haben Sie einige Anregungen bekommen können? Ich habe lange überlegt, ob ich Ihnen die Tipps zum Loslassen bereits am Anfang des Kapitels hätte mitteilen sollen. Doch mir war es wichtiger, zuerst das dritte W der Veränderung in all seinen Facetten zu beleuchten. Ich bin mir bewusst, dass wir die Kunst des Loslassens sehr kurz betrachtet haben. Nicht umsonst gibt es ganze Bücher, die sich nur mit diesem einen Thema befassen. Aber wie so häufig wirken meistens die Dinge am besten, die auf den Punkt formuliert sind, und ich hoffe, Sie haben ein Gespür dafür bekommen, welche Kraft das Loslassen haben kann. Unterm Strich läuft es tatsächlich nur auf eine einzige Handlung hinaus: Lassen Sie los, was Sie festhält. Mehr ist es nicht. Damit Ihnen das in Zukunft nicht mehr so schwer fällt, kommt nun der entscheidende Hinweis ganz zum Schluss. Ich habe nämlich herausgefunden, warum so viele Menschen zwar Weltmeister im Festhalten sind, ihnen das Loslassen aber so ungeheuer schwerfällt. Wie bei allen anderen Veränderungen auch liegt es auch in diesem Fall an der Bewertung. Hier kommt also ein Impuls, der Ihren Umgang mit der Kunst des Loslassens entscheidend verändern kann. Diesen Satz sollten Sie sich entweder aufschreiben oder so gut verinnerlichen, dass Sie ihn nie wieder vergessen:

Loslassen bedeutet nicht loswerden.

Diese Erkenntnis hat meinem Leben eine völlig neue Qualität gegeben. Sie kann es auch in Ihrem tun. Wenn Sie etwas loslassen, bedeutet das niemals, dass Sie etwas wegwerfen. Ganz im Gegenteil. Loslassen bedeutet einzig und allein, dass Sie etwas nicht mehr festhalten.

Wenn ein Falke in einem Käfig festgehalten wird, drehen sich seine ganzen Gedanken nur darum, wie er fliehen kann. Lässt der Falkner aber los und schenkt dem Tier seine Freiheit, kehrt der Vogel immer wieder zurück zu dem Ort, wo er sich besonders wohlfühlt. Und daraus folgt eine wichtige Erkenntnis: Wenn Sie etwas mit aller Macht festhalten müssen, dann ist diese Handlung vor allem von der Angst vor Verlust getrieben. Das, woran sie sich so krampfhaft klammern, hat Sie eigentlich schon vor langer Zeit verlassen. Wenn Sie es stattdessen wagen, alte Ideen, Überzeugungen oder auch Menschen loszulassen, werden Sie eine erstaunliche Feststellung machen. Manche dieser Dinge werden für immer verschwinden. Und das ist gut so, denn alles hat seine Zeit. Genauso wird es aber auch manches geben, was von sich aus wieder zu Ihnen zurückkehrt. Diese eine Idee, die einfach nicht lockerlässt. Diese Überzeugung, die Ihnen immer wieder begegnet. Und dieser ganz besondere Mensch, der gemeinsam mit Ihnen einen Neuanfang wagen möchte. Das ist das Großartige am Loslassen. Sobald Sie nicht mehr krampfhaft festhalten, sondern den Dingen die Freiheit lassen, von sich aus zu Ihnen zurückzukehren, spüren Sie, was wirklich zählt und für Ihr Leben wichtig ist. Wagen Sie es, loszulassen, und schaffen Sie Raum für Ideen, Gedanken und Menschen, die Sie beim Erreichen Ihrer Großartigkeit und beim Leben Ihrer Träume unterstützen.

Change-Impulse, um Veränderung einfach zu machen:

▶ Je mehr Sie wissen, desto mehr müssen Sie lernen.

▶ Der größte Hinderungsgrund, warum wir Neues nicht konsequent umsetzen, ist das Alte. An ihm klammern wir uns fest. Wir trauen uns nicht, loszulassen.

▶ Das dritte W der Veränderung steht für Wagen.

▶ Wagen Sie es, die Ideen, Meinungen und Verhaltensweisen loszulassen, die Sie daran hindern, zu wachsen und besser zu werden.

▶ Die tollsten Dinge im Leben beginnen mit der Frage: Was wäre wenn?

▶ Sind Sie zu gut, um großartig zu sein?

▶ Fühlen Sie sich so großartig, dass Sie vergessen, gut zu sein?

▶ Was ist die eine Sache, die Sie loslassen müssen, um die nächste Stufe Ihrer Entwicklung zu nehmen?

▶ Loslassen bedeutet niemals loswerden. Was wichtig ist, wird früher oder später zu Ihnen zurückkehren.

Das vierte W der Veränderung: Wiederholen

Derjenige, der den Berg versetzte, war derjenige,
der anfing, kleine Steine wegzutragen.
Chinesisches Sprichwort

Auf meinem letzten Langstreckenflug habe ich im Bordentertainment eine spannende Dokumentation über die afrikanische Steppe gesehen. Natürlich ging es einen Großteil der Zeit um die verschiedensten Raubkatzen und ihre Art zu jagen. Es ist schon spannend, zu beobachten, wie potenzielle Opfer, beispielsweise Gnus oder Antilopen, beim kleinsten Anzeichen von Gefahr sofort die Flucht ergreifen. Statt zu denken und die Situation zu analysieren, folgen sie ausschließlich ihrem Instinkt und kommen ins Handeln. Eine Eigenschaft, die ich mir bei so manchem Menschen auch wünschen würde. Ganz besonders angetan hatte es mir aber der Teil der Reportage, in dem über das Leben der Giraffen berichtet wurde. Haben Sie schon einmal gesehen, wie eine Babygiraffe in der Wildnis zur Welt kommt? Das ist eine ganz faszinierende Geschichte. Das Junge fällt aus ungefähr drei Meter Höhe aus dem Bauch seiner Mutter heraus und landet im Normalfall auf dem Rücken. Sofort setzt der Instinkt ein. Innerhalb von Sekunden rollt es herum und versteckt schützend seine Beine unter dem Körper. In dieser Position fühlt es sich sicher, und die kleine Babygiraffe betrachtet mit schüchternen Augen zum ersten Mal die Welt. Dann beginnt das Junge damit, sich die letzten Reste der Flüssigkeiten und Sekrete abzulecken, die seinen Körper während der Geburt geschützt haben.

Klingt romantisch, oder? Doch das Leben in der Steppe ist gefährlich, und die Mutter weiß das. Also konfrontiert sie ihr Baby schon nach wenigen Minuten mit der harten Realität des Lebens. Sie senkt ihren langen Hals und schaut sich ihr Junges voller Stolz in aller Ruhe an. Dann stellt sie sich direkt über ihr Baby. Sie wartet eine knappe Minute, ohne dass etwas geschieht. Und nun tut die Giraffenmutter etwas, das für den Betrachter nicht nur unerwartet kommt, sondern auch ziemlich brutal aussieht. Mit ihrem langen Bein versetzt sie dem Baby einen harten Tritt, sodass dieses Hals über Kopf zur Seite rollt. Wenn das Junge nicht aufsteht, tritt sie noch einmal zu. Instinktiv weiß die Mutter, dass dieser Kampf für ihr Baby überlebensnotwendig ist. Wenn die kleine Giraffe müde wird, tritt sie wieder zu, um die Bemühungen zu forcieren. Und irgendwann ist es dann soweit. Das Baby steht zum ersten Mal auf seinen vier wackeligen Beinen.

> **Giraffenmütter versetzen ihrem Jungen immer wieder Tritte, bis dieses gelernt hat, aufzustehen.**

Der Kampf der kleinen Babygiraffe war für mich als Zuschauer enorm beeindruckend. Ich habe richtig mitgefiebert und war sogar ein wenig stolz, als sie es endlich geschafft hatte. Ich seufzte und freute mich, dass die kleine Giraffenfamilie nun damit beginnen konnte, das Leben zu genießen. Doch was tat die Mutter? Sie versetzte ihrem Kind den nächsten Tritt und brachte es wieder zu Fall. Im ersten Moment war ich etwas verwirrt. Doch dann begriff ich erst, welch grandiose Starthilfe die liebende Mutter ihrem Neugeborenen mit auf den Weg gegeben hatte. Innerhalb der ersten Minuten ihres Lebens musste die Babygiraffe nämlich bereits eine wichtige Lektion lernen: nicht in Passivität zu verharren, ins Handeln zu kommen und diese Handlung dann so häufig zu wiederholen, bis man mit dem Resultat zufrieden ist. Und auch wenn es hart war, nach den vielen Tritten der Mutter wusste das Junge, wie es aufstehen konnte. Nichts anderes zählt in der Wildnis. Ein Giraffenkind muss einfach in der Lage sein, so schnell wie möglich aufzustehen, um sich der Herde anschließen zu können. Die Gefahr lauert überall. Löwen, Leoparden oder Hyänen lieben es, junge Giraffen zum Frühstück zu verspeisen. Ohne die scheinbar harte Lektion der Mutter wäre das Junge seinen Feinden schutzlos ausgeliefert. Doch die Natur zeigt uns immer wieder, dass an alles gedacht ist und nichts dem Zufall überlassen wird.

Ich glaube, auch wir Menschen verfügen über den gleichen Instinkt wie die Giraffenmutter. Doch oftmals übersehen wir die einfachen Wege, weil wir auf der Suche nach komplizierten Lösungen sind. Die ersten W's der Veränderungsformel – Wählen, Wollen und Wagen – sind wie drei starke Säulen, die für jede Veränderung das notwendige Fundament bilden. Mehr noch, täglich die richtige Einstellung zu wählen, sich verändern zu wollen und es wagen, loszulassen, geben Ihnen bereits einen riesigen Vorsprung vor der großen Masse, die es sich in ihrer Komfortzone so richtig schön gemütlich gemacht hat. Doch damit Ihre erstklassigen Ergebnisse auch nachhaltig wirken können, ist das vierte W so wichtig. Es sorgt dafür, dass aus einem anfänglich schmalen Pfad am Ende ein richtig breiter Weg wird. Denn was ist das größte Hindernis, wenn es um Veränderung geht? Ich glaube, es ist vor allem eines: Wir wollen zu viel auf einmal und in zu kurzer Zeit. Wir nehmen uns den größten Brocken vor und wundern uns, wenn er sich nicht sofort bewegt. Und dann geben wir auf. Aber einmal etwas Neues zu tun, reicht eben nicht. Sie müssen es wieder und immer wieder tun. Erst wenn aus Ihrem neuen Verhalten eine kraftvolle Gewohnheit geworden ist, haben die Ergebnisse eine Chance, einen festen Platz in Ihrem Leben einzunehmen.

> **Das größte Hindernis, wenn es um Veränderung geht: Wir wollen zu viel auf einmal in zu kurzer Zeit.**

Erstens kommt es anders, und zweitens als man denkt

Vor kurzem habe ich während eines Vortrags einen tollen Satz gehört: »Steige nicht auf Berge, damit die Welt dich sehen kann. Steige auf Berge, damit du die Welt siehst.« Wer träumt nicht davon, die höchsten Gipfel zu erklimmen und von ganz oben auf den beschwerlichen Weg zurückzublicken? Doch so mancher Berg sieht von unten ganz schön hoch aus. Waren Sie schon einmal mit einer Herausforderung konfrontiert, die zu Beginn einfach überwältigend groß schien? Vor genau fünf Jahren stand ich mit meinem Nachbarn Martin an der Hecke, die unsere beiden Grundstücke voneinander trennt. Martin ist ein großer, schlanker Kerl und wirkt mit seiner Hornbrille wie ein typischer Nerd. Doch der Schein trügt. Ich bin immer wieder erstaunt, wie praxisorientiert und entscheidungsfreudig er ist. So auch an diesem Tag. Leicht unzufrieden ließ er seinen Blick über unsere beiden Gärten schweifen und verkündete spontan: »Ilja, irgendetwas fehlt hier. Warum haben wir beide eigentlich kein Gartenhaus? Pass auf, wir machen jetzt einen Plan, lassen den Rasen da vorne pflastern und bestellen im Internet zwei dieser praktischen Fertigholzhäuser. Die stellen wir dann am nächsten Wochenende Rücken an Rücken auf. Was meinst du?« Der Plan gefiel mir. Also sagte ich: »Okay, ich bin dabei.«

> Steige nicht auf Berge, damit die Welt dich sehen kann. Steige auf Berge, damit du die Welt siehst.

Am Samstag kam die Spedition dann auch wie verabredet um 11:00 Uhr und stellte fünf große Paletten auf der Straße ab. Wie das bei Männern so üblich ist, bestach unser Plan vor allem durch sein ausgeklügeltes Zeitmanagement: Auspacken bis um zwölf. Gartenhäuser aufbauen bis um vier. Und ab sechs Uhr schön gemütlich grillen bei uns auf der Terrasse (ja, der Wille zum Grillen ist bei mir immer noch sehr stark). Aber kennen Sie das, Sie haben einen perfekten Plan erstellt, und dann kommt alles doch ganz anders? So war es auch bei uns. Denn bereits, als wir die erste Palette auspackten, kam die große Überraschung. Statt der erwarteten Fertigteile sahen wir etwas vollkommen anderes. Martin sagte völlig entgeistert: »Was soll das denn, das sind ja alles Einzelteile? Dann lass uns mal sortieren.« Also sortierten wir. Und als wir um sieben Uhr alles sortiert, geordnet und gezählt hatten, war nicht nur der komplette Samstag vergangen, sondern auch unsere gute Laune.

Ich sagte: »Okay, ich fasse mal zusammen. Insgesamt haben wir 378 Holzlatten, 48 Querbalken, 275 Dachziegel und eine große Tüte mit Schrauben und Nägeln. Was sagt denn jetzt die Aufbauanleitung?« Martin schaute mich mit einem Blick an, der nichts Gutes erahnen ließ. Kennen Sie diese typische Sprache in Bedienungsanleitungen? Er las vor: »Holz A kaum biegen und verstreben in Gegenwand B für Bild AW001. Mit Klamer C in Werkzeug von Mann benutzen für Erfolg bei AW002. Für kaputt oder Holz bei Angst zu wenig, beschweren an: Wir, Hauptstraße 33.« Jetzt waren wir endgültig frustriert. Unser letztes

Fünkchen Hoffnung schwand dahin, und wir waren kurz davor, das Projekt abzubrechen. Bestimmt drei Minuten saßen wir beide schweigend da und ließen die Köpfe hängen. Doch dann ging ein Ruck durch Martin und er sagte:»Nein. So schnell geben wir nicht auf. Wir fangen morgen früh um sieben Uhr an. Und dann bauen wir diese verdammten Gartenhäuser auf. Schritt für Schritt. Holzlatte für Holzlatte. Und Dachziegel für Dachziegel. Wir hören nicht eher auf, bis wir fertig sind. Und wenn wir da bis Mitternacht stehen.«

Genau darum geht's beim vierten W der Veränderung. Ums Wiederholen. Nicht auf eine einmalige Hauruckaktion zu vertrauen, sondern den Weg der kleinen Schritte zu gehen. Und das ist die Botschaft dieser für mich anfänglich so niederschmetternden Geschichte: Verändern Sie wenig, aber oft. Veränderungen brauchen einfach ihre Zeit, bis sie zu einer nachhaltigen Gewohnheit geworden sind. Doch die meisten versuchen, eine große Veränderung umzusetzen, und geben dann auf, wenn es nicht sofort klappt. Verändern Sie wenig, aber oft. Das bedeutet auch, hartnäckig zu sein. Niemals aufzugeben und sich durchzubeißen, wenn es nicht so läuft wie geplant. Einmal öfter aufzustehen, als hinzufallen. Kleine Schritte zu gehen und diese so häufig zu wiederholen, bis Sie mit dem Resultat zufrieden sind. Wenn Sie schon mal eine Diät gemacht haben, dann dürften Sie eine Ahnung haben, was ich meine.

> **Auch wenn Sie noch so frustriert sind, geben Sie nicht auf, sondern versuchen Sie es immer weiter.**

Verändern Sie wenig, aber oft.

Wie Sie ja wissen, habe ich diesen Sommer in der Nähe von Los Angeles verbracht. Und ich weiß nicht, woran es lag, aber ich kam mit etwas zu viel Gewicht auf den Rippen zurück. Es war mir gar nicht groß aufgefallen. Ein Hamburger hier, ein French Toast mit Sahne da, eine XXL-Portion Spareribs dort. Aber wenn Sie jeden Tag 200 Gramm zunehmen, dann sind es nach drei Wochen am Ende eben fast fünf Kilo. Trotzdem merken Sie es nicht, weil es eine dieser schleichenden Veränderungen ist. Wenn Sie morgens in den Spiegel schauen, dann denken Sie immer noch:»Man, sehe ich heute wieder gut aus. Warum sollte ich etwas ändern?« Aber haben Sie auch schon mal nach einem

Urlaub auf Ihrer Waage gestanden und sich gedacht: »Oh … oh …«? So war es auch bei mir. Als Erstes dachte ich noch, dass die Waage kaputt sein musste. Aber dann blickte ich noch einmal in den Spiegel – dieses Mal ehrlich – und stellte mich der Realität. Und was ich sah, gefiel mir nicht. Auf einmal merkte ich, dass ich etwas tun musste, und kam ins Handeln. Doch wie die fünf Kilo nicht von heute auf morgen gekommen sind, so verschwinden sie auch nicht über Nacht. Einen Tag lang nur Salat essen reicht einfach nicht. Es bedarf vieler kleiner Schritte. Und zwar genau so vieler, wie es braucht, damit Sie mit dem Resultat zufrieden sind. Wenn Sie große Veränderungen in kleine Häppchen aufteilen, dann wird etwas Unmögliches auf einmal erreichbar. Fünf Kilo an einem Tag schaffen Sie nicht. Aber drei Wochen lang jeden Tag 200 Gramm ist mehr als machbar. Verändern Sie wenig, aber oft.

> **Machen Sie genau so viele kleine Schritte, wie es braucht, damit Sie mit dem Resultat zufrieden sind.**

Wenn Sie große Veränderungen in viele kleine Häppchen aufteilen, dann wird etwas Unmögliches auf einmal erreichbar.

Und so teilten auch mein Nachbar und ich die scheinbar unmögliche Aufgabe in viele kleine Häppchen auf. Wir fingen um sieben Uhr an und veränderten wenig, aber oft. Latte für Latte, Schraube für Schraube. Schritt für Schritt. Und die Gartenhäuser fingen tatsächlich an, zu wachsen und Gestalt anzunehmen. Und als wir unzählige Stunden später, kurz vor Mitternacht, in völliger Dunkelheit, mit einer dieser Stirnbandlampen auf dem Kopf, total erschöpft den letzten Nagel in die Dachpappe hämmerten, standen unsere beiden Frauen da. Sie klatschten in die Hände und lobten uns: »Ihr habt es tatsächlich geschafft, Jungs, hier habt ihr Euer Belohnungsbierchen. Und sie wären nicht unsere Frauen, wenn sie nicht noch einen Satz hinterher geschoben hätten: »Und jetzt ruht euch schön aus, denn ihr müsst morgen noch mal ran. Die Farbe gefällt uns nämlich überhaupt nicht.« Ja, liebe Frauen. So seid ihr, und genau dafür lieben wir euch so.

Die kleinen Dinge zählen

Ich werde nie vergessen, wie mein Mitschüler Nils in der siebten Klasse voller Stolz seine Star-Wars-Sammlung mit in die Schule brachte. Er war so glücklich, dass er endlich die seit langem ersehnte Figur von Han Solo zum Geburtstag bekommen hatte und zeigte sie jedem, der sie sehen wollte, und zur Sicherheit auch allen, die es überhaupt nicht interessierte. Doch Nils nahm das an diesem Morgen überhaupt nicht wahr. Er war mit sich und der Welt so dermaßen zufrieden, dass er übers ganze Gesicht strahlte. Selbst als unser Mathematiklehrer den Klassenraum betrat, sah er immer noch aus, als ob er vor Freude platzen könnte. Und dann geschah es. Herr Meier (ist nicht sein richtiger Name) sagte einen Satz, über den ich seit dieser Zeit viel und regelmäßig nachdenke. Weil er mich so beeindruckt und sich in die hinterste Rinde meines Gehirns eingebrannt hat. Er sagte nämlich: »Was ist denn mit dir los, Nils? Dir geht's wohl zu gut, was?«

Ich weiß nicht, ob es an dem speziellen Erlebnis lag, aber im Laufe meines Lebens habe ich diesen Satz so häufig gehört, dass ich irgendwann mit dem Zählen aufgehört habe: »Dir geht's wohl zu gut, was?« Sie kennen den Ausspruch auch, oder? Von daher ist er auch nichts Besonderes mehr. So viele Menschen sagen Sätze wie diesen unkritisch und ohne groß darüber nachzudenken einfach so dahin. Als ob es einem tatsächlich zu gut gehen könnte. Aber haben Sie schon mal das Gegenteil gehört? Kennen Sie jemanden, der Sie mit dem Satz konfrontiert hat: »Dir geht's wohl zu schlecht, was?« Diesen Satz habe ich in meinen neununddreißig Lebensjahren noch nicht ein einziges Mal gehört. Exakt null Mal. Früher habe ich mich noch gefragt, woran das wohl liegen mag.

Das Mittelmaß ist zur Regel geworden. Erfolg und Zufriedenheit sind die Ausnahme.

Doch mittlerweile habe ich herausgefunden, was der Grund ist: Es ist für die meisten einfach vollkommen normal, dass ihre Mitmenschen mit schlechter Laune und griesgrämigen Gesicht durchs Leben gehen. Es ist alltäglich geworden, dass man sich gemeinsam in der Opferrolle durchschlägt, gemeinsam jammert und die gemeinsamen Opfergeschichten teilt. Jede Abweichung von dieser Norm führt dann dazu, dass man dies verwundert anspricht und sich fragt, ob es diesem

Menschen wohl zu gut gehen würde. Das Mittelmaß ist zur Regel geworden. Erfolg und Zufriedenheit sind die Ausnahme. Ich warte auf den Tag, wo jemand kommt und zu mir sagt: »Okay, Ilja, jetzt reicht es aber langsam. Sei endlich wieder wie wir alle und hör sofort damit auf, dich gut zu fühlen.«

Sehr lange hatte ich mich damit abgefunden, dass die Gesellschaft sich eben so entwickelt hat, und ich ja doch nichts daran ändern kann. Bis ich während eines Urlaubs wieder einmal voller Faszination den *Zauberberg* von Thomas Mann las. Dieses wundervolle Buch habe ich bestimmt schon zwanzigmal gelesen und bei jedem neuen Durchgang hatte ich aufs Neue das Gefühl, in eine mir bisher unbekannte Welt einzutauchen. Ich frage mich immer wieder, warum mich dieser Roman so begeistert. Die Handlung an sich kann es nicht sein, denn sonderlich viel passiert eigentlich gar nicht. Ein junger Mann aus Hamburg besucht seinen Vetter in einer Kurklinik in Davos. Aus den geplanten vier Wochen Aufenthalt werden dann am Ende sieben Jahre. Nicht besonders spannend, oder? Nein, was mich an der Geschichte von Hans Castorp so begeistert, ist etwas anderes. Der Reiz des *Zauberbergs* und aller anderen Bücher von Thomas Mann ist für mich sein Umgang mit vermeintlich unwichtigen Details. Ich kenne keinen anderen Schriftsteller, der das Gesicht eines Menschen mit ein paar einfachen Worten so detailliert beschreiben kann, dass ich das Gefühl bekomme, direkt vor dieser Person zu stehen. Keiner schafft es auf diese einmalige Art und Weise, einen philosophischen Dialog so spannend zu formulieren, dass man in den einzelnen Sätzen versinkt. Und niemand anders ist in der Lage, zehn Seiten einzig und allein über den gedeckten Tisch eines Festmahls zu schreiben, ohne dass Langeweile aufkommt. Warum das so ist? Weil Thomas Mann wusste, dass es auf die kleinen Details ankommt, wenn man große Dinge erreichen will.

Die kleinen Dinge sind entscheidend, wenn Sie Großes erreichen wollen.

Einer meiner Chefs (Sie wissen schon, der Günther-Jauch-Typ) hat einmal zu mir gesagt: »Ilja, achte einmal mal drauf. Die meisten Leute, die sich für zu wichtig für die kleinen Aufgaben halten, sind zu klein für die wichtigen Aufgaben.« Ich glaube, man kann das kaum besser beschreiben. Seitdem ich auf die Kleinigkeiten im Leben achte, fallen mir die großen Herausforderungen viel leichter. Seitdem ich Menschen, die mir wichtig sind, darauf hinweise, dass der Satz »Dir geht's wohl zu gut, was?« nicht besonders zielführend ist, verändert sich tatsächlich etwas. Nämlich in meinem Umfeld und in meinem Leben. Die große Masse kann ich nicht verändern. Das Universum schert sich nicht darum, ob ich für oder gegen etwas einstehe. Doch ich kann bei mir anfangen. Ich kann in meinem Leben beginnen. Und ich kann mit vielen kleinen Schritten einen Unterschied machen, der sich dann wie eine Domino-Rallye fortsetzt. Die kleinen Dinge zählen. Und deshalb lautet die Botschaft des vierten W's der Veränderungsformel auch: Verändern Sie wenig, aber oft. Egal, wie groß oder schwierig eine Herausforderung auch scheinen mag, es beginnt immer im Kleinen. Mit einer Idee, einem Gedanken oder dem ersten vorsichtigen Schritt.

> Seitdem ich auf die Kleinigkeiten im Leben achte, fallen mir die großen Herausforderungen viel leichter.

Die meisten Leute, die sich für zu wichtig für die kleine Aufgaben halten, sind zu klein für die wichtigen Aufgaben.

Kennen Sie auch den Spruch: »Wie isst man einen Elefanten?« Antwort: »Bissen für Bissen«. So alt dieser kleine Spaß auch sein mag, er verdeutlicht sehr schön, wie wichtig es doch ist, auf die kleinen Dinge im Leben zu achten. Nur so funktioniert Veränderung nämlich. Sie glauben gar nicht, wie viele Mitarbeiter ich früher hatte, die sich permanent über die Unternehmensleitung, die Einkaufspolitik oder die immer schlechter werdende Wirtschaftslage beschwerten. Sie waren so sehr mit den großen Problemen beschäftigt, dass sie dabei völlig die vielen kleinen Dinge vergaßen, die in ihrem persönlichen Einflussbereich lagen. Vor lauter Jammerei über das für sie unlösbare große Ganze verloren sie den Blick auf die vermeintlichen Kleinigkeiten. Sie vergaßen, die Kunden zu grüßen, das Hemd hing aus der Hose oder sie übersahen die zentimeterdicke Staubschicht auf dem Regal. Doch wenn man die Kleinigkeiten schleifen lässt, wird sich das große Ganze niemals ändern. Erfolgreiche Veränderung folgt einer klaren Reihenfolge: Aus vielen kleinen Dingen wird etwas Großes. Da Sie andere Menschen nicht verändern können, gibt es daher nur eine einzige Möglichkeit: bei sich selbst anzufangen. Ihnen gefällt die Stimmung im Land nicht? Arbeiten Sie an Ihrer eigenen Stimmung. Sie ertragen die negative Einstellung Ihrer Kollegen nicht? Setzen Sie mit Ihrer Einstellung ein Zeichen. Sie sind schockiert, wie unehrlich die Geschäftswelt geworden ist? Begeistern Sie andere mit Ihrer Attitüde und Integrität. Je mehr Sie auf die kleinen Dinge achten, desto einfacher wird Veränderung. Und wenn Sie diese Liebe zum Detail dann noch mit einer starken Vision und der richtigen inneren Haltung kombinieren, dann haben Sie das Tor zu erstklassigen Ergebnissen weit geöffnet. Fangen Sie mit den kleinen Details an, verfolgen Sie Ihre Ziele mit Ausdauer und Beharrlichkeit, und irgendwann wird das Unmögliche möglich.

Veränderung folgt einer klaren Reihenfolge: Aus vielen kleinen Dingen wird etwas Großes.

»Aber, Ilja, womit soll ich denn als Erstes anfangen?« Diese Frage höre ich sehr oft. Viele Menschen stehen vor so vielen komplexen Herausforderungen, dass sie oftmals das Gefühl haben, überfordert zu sein und den Wald vor lauter Bäumen nicht mehr zu sehen. Und die Antwort liegt näher, als Sie möglicherweise denken. Erinnern Sie sich zuallererst an Ihr starkes Warum. Lassen Sie Ihre Vision für sich arbeiten und konzentrieren Sie sich auf das Ergebnis, auf das, was Sie sein, tun oder haben wollen. Und dann beginnen Sie mit irgendeiner kleinen Veränderung. Ja, verändern Sie einfach irgendetwas. Wenn Sie den Stein erst einmal ins Rollen gebracht haben, folgen die weiteren Schritte meist von ganz allein. Das Schlimmste, was Sie tun können, ist gar nichts zu machen, einen tiefen Seufzer Richtung Himmel zu richten und dann zu hoffen, dass es schon irgendwie besser wird. Eine solch vage Hoffnung führt Sie ins Mittelmaß, in die Unzufriedenheit oder sonst wo hin, aber mit Sicherheit nicht zu Ihrem Ziel. Wenn Sie alles genau so machen wie bisher, dann werden auch die Ergebnisse genauso aussehen wie bisher. Machen Sie also irgendetwas. Es spielt keine Rolle, was es ist. Hauptsache, Sie machen etwas. Haben Sie schon einmal an einem Preisskat teilgenommen? Beobachten Sie einen beliebigen Spieler, der eine Pechsträhne hat. Was tut er, nachdem das Glück ihn

> **Womit Sie beginnen, ist zweitrangig. Hauptsache, Sie fangen an.**

vermeintlich verlassen hat? Er macht etwas scheinbar Verrücktes. Er steht auf, dreht seinen Stuhl um, setzt sich wieder hin und spielt weiter, als wäre nichts gewesen. Und dann kommt das Erstaunliche. Das Blatt wendet sich und der Spieler gewinnt plötzlich wieder. Weil er den Stuhl umgedreht hat? Nein, weil er etwas verändert hat. Und nur darum geht es. Ins Machen zu kommen. Etwas anders zu machen. Womit Sie beginnen, ist zweitrangig. Hauptsache, Sie fangen an. Verändern Sie wenig, aber oft.

Essen Sie den Käsekuchen

Ich wohne direkt an einem schönen Park, mitten in Berlin. Wenn ich dort spazieren gehe und mir meine Mitmenschen nebst ihrer vierbeinigen Begleiter anschaue, muss ich häufig schmunzeln. Ist Ihnen auch schon mal aufgefallen, dass viele Hunde genauso aussehen wie ihre Besitzer? Ich habe mich schon immer gefragt, woran das liegen mag. Mittlerweile glaube ich, dass es die Folge davon ist, dass Hund und Frauchen bzw. Herrchen täglich genau die gleichen Dinge tun, die gleichen Erfahrungen machen und sich daher im Laufe der Zeit immer mehr angleichen. Doch dies ist nicht nur bei Haustieren so. Auch wir Menschen sind die Summe der Dinge, die wir regelmäßig denken und tun. Je häufiger Sie ein bestimmtes Verhalten wiederholen und je öfter Sie einem Gedanken Platz einräumen, desto größer ist seine Auswirkung auf Ihren Charakter und Ihre Ergebnisse im Leben.

Sie haben Zweifel, dass dem so ist? Warum glauben Sie dann, investieren Werbeagenturen, große Unternehmen und sogar Regierungen seit Jahrzehnten Billionen von Dollar und Euro, um die Bevölkerung mit den immer gleichen Botschaften zu bombardieren? Ganz einfach: weil es Menschen beeinflusst. Manchmal offen, viel häufiger jedoch sehr subtil. »Nein, Ilja, auf mich haben diese Werbebotschaften keinen Einfluss. Ich höre da gar nicht richtig hin.« Wenn Sie wüssten … Ob Sie es wollen oder nicht, auch Sie werden täglich von der Werbung und ihren kleinen und großen Botschaften beeinflusst. Wie stark, dass können Sie anhand eines kleinen Experiments sehr leicht ausprobieren. Ich nenne Ihnen jetzt drei einzelne Wörter. Jedes davon bildet den Anfang eines bekannten Werbeslogans. Lesen Sie jedes einzelne Wort und lassen Sie es auf sich wirken. Und dann schauen Sie, ob Ihnen automatisch und ohne große Anstrengung der zweite Teil des Slogans in den Sinn kommt, okay? Los geht's:

- Haribo ...
- Geiz ...
- Otto ...

Schon komisch, wie schnell Sie sich erinnern, oder? »Haribo macht Kinder froh.« »Geiz ist geil.« »Otto, find ich gut.« Sie haben diese Sätze so oft gehört, dass sie sich in Ihr Unterbewusstsein eingebrannt haben. Und das, obwohl die Slogans teilweise schon über zwanzig Jahre alt sind. Besonders Otto scheint mir da ein großes Talent zu besitzen.

Die haben nämlich ihren Slogan gewechselt, und der neue wirkt schon genauso gut wie der alte. Letztens fuhr ich mit meiner Tochter auf der Autobahn Richtung Ostsee. Nach einer Phase des Schweigens sagte sie auf einmal mitten aus dem Nichts: »Und es bleibt nur eine Frage: Wo hat Sie nur diesen Bikini her?« Nur um kurze Zeit später flüsternd anzumerken: »Gefunden auf Otto.de.« Das brachte mich wiederum zum Nachdenken, wie häufig wohl Werbung für sexy Bikinis auf dem Kinderkanal läuft. Aber das ist ein anderes Thema.

> Es gibt zielführende Konditionierungen, aber auch solche, die uns einschränken.

Was bei Ihnen und auch bei meiner Tochter Emma so gut funktioniert hat, ist die Kraft der Konditionierung. Wenn Sie nämlich eine bestimmte Sache immer und immer wieder hören, denken oder tun, dann reagieren Sie mit der Zeit genauso wie die berühmten Hunde des russischen Psychologen Iwan Pawlow, der im neunzehnten Jahrhundert das Reiz-Reaktions-Schema erforscht hat. Sie können sich das grob so vorstellen, dass in Ihrem Gehirn eine Software installiert wird, die zuverlässig und effizient nach folgendem Muster arbeitet: Immer wenn X geschieht, dann reagiere mit Y. Und schon läuft ein unbewusster Prozess ab, der Sie bestimmte Dinge miteinander verknüpfen lässt. Dieses besondere Lied mit Ihrem Partner. Das Bild auf Ihrem Schreibtisch mit schönen Gefühlen. Der Gedanke an Veränderung mit Angst und Zweifel. An diesen wenigen Beispielen können Sie erkennen, dass Konditionierungen sowohl zielführend als auch einschränkend sein können. Doch die wenigsten dieser Gewohnheiten sind uns tatsächlich bewusst. Dabei begegnen Sie uns im Alltag wirklich überall und ständig.

Regelmäßige Wiederholung führt zu einer klassischen Konditionierung.

Ich möchte Ihnen ein praktisches Beispiel geben, an dem Sie erkennen, wie eine klassische Konditionierung funktioniert und warum viele Menschen Schwierigkeiten mit Veränderung haben. Stellen Sie sich hierzu bitte vor, Sie kommen nach einem harten Tag erst spät abends nach Hause. Weil Sie tagsüber von Termin zu Termin gehetzt sind, knurrt Ihr Magen auf höchster Lautstärke. Vom Hunger getrieben, gehen Sie trotz der späten Stunde an den Kühlschrank, auf dem auch schon ein kleiner gelber Notizzettel klebt: »Willkommen zu Hause, Schatzi. Wir haben dir etwas vom Abendessen aufgehoben. Es steht im unteren Fach.« Und tatsächlich, an besagter Stelle entdecken Sie einen Teller, auf dem sich zwei Stangen Sellerie befinden, die kunstvoll mit einem Bündel Petersilie verziert sind. So hatten Sie sich das zwar nicht vorgestellt, aber Sie müssen ja schließlich auf Ihr Gewicht achten. Doch gerade als Sie sich die karge Mahlzeit greifen wollen, entdecken Sie im oberen Fach ein Überbleibsel der Geburtstagsparty vom gestrigen Tag. Ein verführerisch aussehender New York Cheesecake. Aber kein normaler. Nein, es ist eines dieser Exemplare, die besonders cremig sind. Und als ob das noch nicht genug wäre, befinden sich oben drauf noch ein paar dieser unwiderstehlichen Schokoflöckchen, die Sie so lieben.

Und was passiert jetzt? Richtig, sie kommt mal wieder zum Einsatz. Die kleine fiese Stimme im Kopf. Während Sie voller Abneigung den Rohkostteller betrachten, denken Sie: »Ich sollte jetzt den Sellerie essen.« Dann werfen Sie einen kurzen Blick auf den Kuchen. Während die Speichelproduktion in Ihrem Mund auf Hochtouren läuft, denken Sie: »Ich sollte den cremigen, wundervollen und verlockenden New York Cheesecake nicht essen.« Immer wieder blicken Sie von oben nach unten und steigern sich sowohl in Ihren inneren Dialog als auch in die damit verbundenen Gefühle hinein. Sie sind hin- und hergerissen. Erst fühlen Sie sich schlecht, dann auf einmal gut. Erst sagen Sie »Ich sollte«, dann »Ich sollte nicht«. Wieder und immer wieder. Nachdem Sie ganze fünf Minuten in Ihrem Dilemma gefangen waren, haben Sie sich unbewusst konditioniert. Sie verknüpfen das Wort »sollte« mit den negativen Gefühlen, die der Sellerie bei Ihnen auslöst. Tja, und das Wort »sollte nicht« ist plötzlich positiv besetzt. Ähnliche Erfahrungen haben Sie natürlich auch schon in der Vergangenheit gemacht, was die Wirkung noch einmal verstärkt. Und in der Folge dieser spontanen Konditionierung passiert etwas Mysteriöses. Eine Tatsache, die sich Wissenschaftler bis heute nicht erklären können. Denn ohne dass Sie sagen könnten, warum und wie, ist der cremige, verführerische und wundervolle New York Cheesecake mit den verlockenden Schokoflocken auf einmal verschwunden. Und zwar nicht nur ein kleines Stück, sondern der komplette Kuchen. Kennen Sie dieses Phänomen auch? Was mich betrifft, wird dieses Mysterium wahrscheinlich nie ganz aufgeklärt werden. Aber das ist vielleicht auch ganz gut so, nicht wahr?

> **Immer wieder kommt es in unserem Alltag zu Konditionierungen, wenn wir bestimmte Gedanken mit bestimmten Gefühlen verbinden.**

Auch wenn ich Ihnen diese kleine Geschichte natürlich mit einem Augenzwinkern erzähle, so ist der Kern doch sehr entscheidend. Die Botschaft lautet wie folgt: Alles, was Sie wieder und wieder tun, bestimmt Ihre Ergebnisse im Leben. Denn alles, was Sie auf regelmäßiger Basis wiederholen, führt auf direktem Wege zu unbewussten Konditionierungen, die entweder dafür sorgen, dass Sie Ihre eigenen Vorhaben sabotieren, oder Sie beim Umsetzen Ihrer Träume unterstützen. Im letzten Kapitel haben Sie ja bereits eine Bestandsanalyse der wichtigsten Lebensbereiche durchgeführt und mit dem dritten W die Dinge losgelassen, die Sie daran hindern, die nächste Stufe Ihrer Entwicklung zu nehmen. Das vierte W sorgt nun dafür, dass die verbliebenen Ideen, Gedanken und Verhaltensweisen zu kraftvollen Gewohnheiten werden, die dann zu erstklassigen und vor allem nachhaltigen Ergebnissen führen.

Das, was Sie wieder und wieder tun, prägt Ihren Charakter.

Sie können es drehen und wenden, wie Sie wollen. Sie sind ein Produkt Ihrer täglichen Gewohnheiten. Tatsächlich sind fast die Hälfte der Dinge, die Sie den ganzen Tag tun, nicht das Ergebnis von bewussten Entscheidungen, sondern von Gewohnheiten, die Sie im Laufe der Zeit gebildet haben. Indem Sie immer wieder das Gleiche getan haben, wurden die Abläufe tief in Ihr Unterbewusstsein eingeschrieben. Mit jeder neuen Wiederholung ist ein bisschen weniger Willenskraft notwendig, solange bis das Verhalten irgendwann komplett automatisiert abläuft. Erinnern Sie sich einfach daran, wie aufregend es war, als Sie zum ersten Mal ein Auto steuern wollten. An was mussten Sie nicht alles denken? An den Gurt, den Schulterblick, die Kupplung, die Bremse, die Außenspiegel und die Position Ihrer Hände am Lenkrad. Wenn dann noch der Fahrlehrer eine Unterhaltung beginnen wollte, waren Sie komplett überfordert. Hab' ich recht? Bei mir war es auf jeden Fall so. Und was war das Ergebnis? Sie waren so auf die einzelnen Abläufe konzentriert, dass Sie mit rasanter Geschwindigkeit (so ungefähr zehn Stundenkilometer) losgefahren sind und nach fünf Metern den Wagen schon wieder abgewürgt haben. Und heute? Da lachen Sie über diese Erinnerungen. Nach Hunderttausenden von Kilometern ist Ihnen das Fahren in Fleisch und Blut übergegangen. Sie können parallel lenken, Gas geben, SMS schreiben, telefonieren, Radio hören, sich mit Ihrem Beifahrer unterhalten und wahrscheinlich noch die Steuererklärung vom letzten Jahr machen. Und warum? Weil das Autofahren zu einer Gewohnheit geworden ist. Weil Sie es tausende Male wiederholt haben. Weil die einzelnen Verhaltensmuster, die Bewegungen und Handgriffe mittlerweile unbewusst Ihre Wirkung tun und Sie deshalb schneller, effektiver und vor allem immer sicher ans Ziel gelangen. Dann könnten wir das Kapitel ja eigentlich schließen. Sie müssten nur noch viele kraftvolle Gewohnheiten etablieren, und alles wäre gut, oder? Wenn da nur nicht schon wieder das Wörtchen »eigentlich« wäre.

Sie sind das Produkt Ihrer täglichen Gewohnheiten.

Leider muss ich Ihnen noch eine etwas unangenehme Frage stellen. Wie viele schlechte Gewohnheiten haben Sie? Damit meine ich nicht nur die Klassiker wie zu viel Rauchen, ab und zu mal einen über den Durst trinken oder allem widerstehen können, nur nicht der Versuchung. Ich meine vor allem die schlechten Gewohnheiten, die Sie daran hindern, den Erfolg zu haben, von dem Sie träumen. Die Veränderung schwer und kompliziert machen. Ich denke, Sie wissen ganz genau, wovon ich spreche. Trotzdem möchte ich Ihnen noch ein paar

Beispiele geben. Nur zur Sicherheit. Ich kenne zum Beispiel Menschen, die grundsätzlich immer zu spät kommen. Zu geschäftlichen Terminen wie auch zu privaten Verabredungen. Diese Angewohnheit ist tödlich für nachhaltige Veränderung, denn Sie senden damit die Botschaft, dass Ihnen andere Dinge wichtiger sind als die Person, mit der Sie sich verabredet haben. Andere Leute kleiden sich schlampig (natürlich mit der Begründung, so sei es eben bequemer) und wundern sich, warum Sie nicht den Eindruck machen, den Sie gerne machen würden. Dann gibt es welche, die mit Ihrem Geld um sich schmeißen, obwohl auf dem Konto längst Ebbe ist. Und vielleicht kennen Sie auch die Menschen, die permanent behaupten, sie würden den ganzen Tag nichts essen, aber ständig mit irgendeiner Süßigkeit oder Fastfood in den Händen zu sehen sind? Die Liste ließe sich ewig fortführen. Ich höre aber an dieser Stelle auf. Ich denke, jeder von uns kennt seine schlechten Angewohnheiten selbst am besten. Und jeder hat sie. Ihr Nachbar, Ihr Chef, Sie selbst und auch ich. Entscheidend ist aber auch in diesem Fall, wie Sie mit Ihren Schwächen umgehen. Und natürlich, ob Sie Ihnen bewusst sind. Es gehört eine Menge Mut dazu, sich selbst einzugestehen, dass man eine schlechte Angewohnheit hat, mit der man den eigenen Erfolg sabotiert und verhindert.

Doch aus dem Eingestehen einer Schwäche kann schnell eine Stärke werden. Und diese Transformation ist zwar einfach, jedoch wieder mal alles andere als leicht. Es ist nämlich wesentlich schwieriger, eine alte Gewohnheit aufzugeben, als eine neue zu etablieren. Das liegt daran, dass alles Gewohnte eben gewohnt ist. Es ist normal. Es gehört dazu und ist in Fleisch und Blut übergegangen. Um erfolgreich lästige Verhaltensweisen hinter sich zu lassen, reicht es nicht, einfach eine bestimmte Sache nicht mehr zu tun. Dies liegt an einem weiteren wichtigen Prinzip der Veränderung. Immer wenn Sie das Gefühl haben, etwas aufgeben zu müssen, wird es schwer. In der Folge kommt es häufig zu Ersatzgewohnheiten, die meistens genauso negative Auswirkungen haben. Der ehemalige Raucher vermisst seine Zigaretten und fängt an, Süßigkeiten in sich hineinzustopfen. Die Frau, die eine Diät macht, kann es sich kaum vorstellen, dass sie auf einmal keine Nudeln mehr essen soll, und plündert nachts

> **Wenn Sie das Gefühl haben, etwas aufgeben zu müssen, wird es schwer.**

heimlich den Kühlschrank. Immer, wenn Sie das Gefühl haben, etwas aufgeben zu müssen, werden Sie auf unbewusster Ebene alles dafür tun, das entstehende Vakuum mit etwas anderem zu füllen.

Wenn Sie jedoch die Gewissheit haben, dass Sie etwas dazugewinnen, wird es auf einmal einfach. Der Trick besteht darin, für jede schlechte Gewohnheit eine zielführende Alternative auszuwählen. Wenn der Raucher sich freut, endlich ein gesundes Leben voller frischer Luft, mit mehr Energie und noch mehr gespartem Geld zu führen, wird das Aufhören auf einmal einfach. Wenn die abnehmwillige Frau ihren Fokus auf die tollen Lebensmittel richtet, die sie genießen darf, schmeckt das Essen auf einmal wieder. Und dieses Prinzip sollten Sie immer anwenden, wenn Sie eine schlechte Gewohnheit ablegen wollen. Fragen Sie sich: »Was möchte ich stattdessen tun?« Statt zu spät zu kommen, erscheinen Sie ab sofort immer fünf Minuten vor dem Termin. Statt dem bequemen, aber hinderlichen Schlabberlook wählen Sie eine Kombination aus Hemd und Sakko. Statt Geld für sinnlosen Konsum auszugeben, zahlen Sie die Summe auf ein Investitionskonto ein. Statt im Supermarkt die Packung Snickers in den Wagen zu legen, kaufen Sie lieber eine Stiege Äpfel. Auf diese Weise konditionieren Sie Ihr Unterbewusstsein. Sie legen nicht nur die alte Gewohnheit ab, sondern Sie schaffen sich gleichzeitig eine zielführende Alternative. Alles, was Sie hierfür benötigen, ist eine bewusste Entscheidung und drei Wochen Zeit. So lange dauert es nämlich, bis ein neues Verhalten zu einer kraftvollen Gewohnheit geworden ist. Der Schlüssel liegt in der Wiederholung. Verändern Sie wenig, aber oft.

Der Trick besteht darin, für jede schlechte Gewohnheit eine zielführende Alternative auszuwählen.

Es ist schwieriger, eine alte Gewohnheit aufzugeben, als eine neue zu etablieren.

Wiederholung ist nicht nur die Mutter allen Lernens, sondern auch der stete Tropfen, der den Stein der Veränderung höhlt. Aber erst in Kombination mit den drei anderen W's kann die Wiederholung ihre volle Kraft entfalten. Wenn Sie den Fokus auf die Chancen und Möglichkeiten gerichtet, sich bewusst für eine Veränderung entschieden und es gewagt haben, die richtigen Dinge loszulassen, dann haben Sie eine Art Vorauswahl von zielführenden Gedanken, Ideen und Verhaltensweisen vorgenommen. Und diese gilt es dann wieder und wieder zu tun. So häufig, bis sie zu einem Automatismus geworden sind, der Sie unbewusst bei Ihrer Veränderung und auf dem Weg zum Erfolg begleitet.

Die Veränderungsformel als Lebensphilosophie

Während meiner Zeit beim Möbelgiganten IKEA war ich von mehreren Dingen fasziniert. Es konnte beispielsweise so gut wie jeder Mitarbeiter die Geschäftsidee des Unternehmens in einem Satz zusammenfassen. Der Unternehmensgründer Ingvar Kamprad hat sie in der Mitte des zwanzigsten Jahrhunderts in einer kleinen Stadt in Schweden formuliert, und sie dient noch heute den Millionen von Mitarbeitern weltweit als starker Kompass, an dem sie sich orientieren. Hier ist sie: »Es ist unsere Vision, den vielen Menschen einen besseren Alltag zu schaffen. Dafür bieten wir ein breites Sortiment formschöner und funktionsgerechter Einrichtungsgegenstände zu Preisen an, die so günstig sind, dass möglichst viele Menschen sie sich leisten können.« Erkennen Sie IKEA darin wieder? Ich auf jeden Fall. Aber könnten Sie mir aus dem Stehgreif den Sinn und Zweck Ihres Unternehmens in einem Satz zusammenfassen? Das ist nämlich das große Problem der meisten Unternehmen von heute. Niemand weiß mehr genau, warum man überhaupt tut, was man den ganzen Tag so tut. Stattdessen schlägt man sich mit Verwaltungsprozessen und Nebenkriegsschauplätzen herum und wundert sich dann, warum das Geschäft nicht so richtig anziehen will. IKEA macht es anders und es verwundert nicht, dass das Unternehmen seit vielen Jahren so erfolgreich ist. Jeder einzelne Mitarbeiter – von denen in der Warenannahme über die Verkäufer bis hin zum Store Manager – weiß nicht nur, was die Vision des Unternehmens ist, sondern auch, welche Aufgaben und Tätigkeiten von ihm erwartet werden. Das sorgt für extrem hohe Standards. Und um

> In Unternehmen wie IKEA kennt wirklich jeder Mitarbeiter die Geschäftsidee, die Vision, an der sich alle orientieren.

sicherzustellen, dass die Qualitätsstandards auch eingehalten werden, gibt es für so gut wie alles einen Leitfaden. Wo welches Möbelstück zu stehen hat, wie der Eingangsbereich zu gestalten ist und sogar wie man sich an Tagen mit besonders vielen Besuchern zu verhalten hat. Diese Standards gelten weltweit und sind für jedes Einrichtungshaus verbindlich. Achten Sie einmal darauf: Der Sessel Poäng, der Kleiderschrank Pax und auch Klassiker wie das legendäre Billy-Regal sind wirklich in jeder Stadt der Welt gleich angeordnet.

Vor allem aber sorgen diese verbindlichen Regeln dafür, dass der Erfolg von IKEA nicht dem Zufall überlassen wird. Die einzelnen Rädchen des weltweiten Konzerns funktionieren unabhängig von den einzelnen Personen, weil immer nach dem gleichen Plan verfahren wird. Nichts wird nach eigenem Gutdünken entschieden, sondern alles hat sich den hohen Standards und der Vision von Ingvar Kamprad unterzuordnen. Es gibt noch viele weitere Beispiele von erfolgreichen Unternehmen, die mit Systemen und gleichbleibenden Abläufen dafür sorgen, dass sie auf jede Art der Veränderung bestens vorbereitet sind. Das geniale Start-up mytaxi, die Restaurantkette Vapiano oder mal wieder den Fußballverein Bayern München können Sie als Anschauungsmodell verwenden. Die Jungs von Pep Guardiola trainieren nach einem klaren System und haben auch vor ihren Spielen eine erfolgreiche Routine, die immer gleich abläuft. Warum? Weil sie auf diese Art und Weise Erfolg haben.

Ein klarer Plan sorgt dafür, dass ein Traum greifbar wird und Sie Ihr Ziel auch wirklich erreichen.

Das Prinzip von einheitlichen Abläufen, hohen Anforderungen und konkreten Umsetzungsplänen können Sie nicht nur im Business beobachten, sondern in allen Lebensbereichen. Wer sind die erfolgreichsten Sportler? Diejenigen, die nach einem fixen und wirkungsvollen Trainingsplan arbeiten und diesen konsequent durchziehen. Wer spielt die erste Geige im Orchester? Der Musiker, der hart arbeitet, gleichzeitig smart übt und sich mit System nach ganz oben spielt. Und wer geht am erfolgreichsten und elegantesten mit Veränderung um? Die Antwort ist doch wohl klar, oder? Natürlich Sie. Aber nur, wenn Sie ab sofort die Prinzipien der Veränderungsformel zu Ihrer ganz persönlichen Lebensphilosophie erklären. Definieren Sie Ihre persönlichen Standards und entwickeln Sie für sich einen Leitfaden, mit dem Sie sicherstellen, dass Sie für jede denkbare Situation in der Zukunft gut gewappnet sind. Statt den unzähligen Veränderungen der kommenden Jahre mehr oder weniger zufällig zu begegnen, sollten Sie immer wieder auf die gleichen Schritte zurückgreifen. Vor welchen Herausforderungen Sie aktuell oder in Zukunft auch stehen, denken Sie daran: Die innere Haltung macht den Unterschied und die meisten Veränderungen erscheinen im Kopf viel größer und schwieriger, als Sie in der Realität dann tatsächlich sind. Erfolgreiche Veränderung passiert niemals da draußen, sondern immer in uns drinnen. Verinnerlichen Sie die Grundprinzipien, die wir vor allem in der ersten Hälfte dieses Buches intensiv besprochen haben. Denken Sie kritisch und erinnern Sie sich so häufig wie möglich daran, dass Sie selbst der einzige Mensch sind, den Sie ändern können. Und dann nutzen Sie die vier W's. Immer und immer wieder. Mit den einfachen, aber wirkungsvollen Schritten der Veränderungsformel erzielen Sie auch unter schwierigen Rahmenbedingungen erstklassige Ergebnisse. Ich möchte Ihnen die Formel daher am Schluss dieses Kapitels noch einmal zusammenfassen:

> **Definieren Sie Ihre Standards und entwickeln Sie für sich einen Leitfaden, um für jede denkbare Situation in der Zukunft gewappnet zu sein.**

Das erste W steht für Wählen

Wählen Sie Ihre Einstellung und richten Sie Ihren Fokus auf die Lösung aus, auf das, was Sie erreichen wollen. Sagen Sie »Au ja!«, auch wenn es schwer wird. Die innere Haltung macht den Unterschied, und Sie alleine bestimmen, wann Sie Ihr Glas abstellen.

Das zweite W steht für Wollen

Veränderung funktioniert nur, wenn Sie wirklich wollen. Denn dadurch kommen Sie ins Handeln. Niemand anders kann diese Entscheidung für Sie treffen. Der erste Schritt ist immer der Wichtigste. Er muss auch nicht besonders groß sein. Es kommt nur auf die Richtung an.

Das dritte W steht für Wagen

Der Erfolg von gestern verhindert den Erfolg von morgen. Was ist die eine Sache, die Sie daran hindert, zu wachsen und besser zu werden? Wagen Sie es, loszulassen, und schaffen Sie Freiraum für neue Ideen, kreative Gedanken und erstklassige Ergebnisse.

Das vierte W steht für Wiederholen

Motivation lässt Sie loslaufen, aber kraftvolle Gewohnheiten führen Sie ans Ziel. Verändern Sie wenig, aber oft. Brechen Sie große Veränderungen auf kleine Schritte herunter und wiederholen Sie diese so häufig, bis Sie mit dem Resultat zufrieden sind.

Die Veränderungsformel funktioniert. Besonders dann, wenn es hart auf hart kommt. Im Juni 2012 musste ich die wohl härteste Veränderung meines Lebens meistern. In dem Jahr wurden in Berlin insgesamt über 150 Autos angezündet. Aus Neid, aus Missgunst und häufig sogar aus Langeweile. Und in der Nacht zum 10. Juni trifft es mich. Nachts um halb zwei brennt mein gerade mal vier Wochen alter Mercedes, der zu Hause vor meiner Garage steht. Nur mit einer Badehose bekleidet, versuche ich vergeblich, den Brand mit meinem Gartenschlauch zu löschen. Die Flammen sind schon zwei Meter hoch und gehen bereits auf mein Haus über, welches sich direkt neben der Garage befindet. Im Haus befinden sich zu der Zeit noch meine Tochter, meine schwangere Frau und meine Schwester, die mit einer Freundin zu Besuch ist. Von einem Moment auf den anderen ändert sich alles.

> Von einem Moment auf den anderen ändert sich alles.

Von meinem Auto ist schon nicht mehr viel übrig und auch mein Haus brennt mittlerweile lichterloh. Ich stehe vor den Trümmern meines Lebenstraumes. Ich bin wie gelähmt. Weiß nicht mehr, was ich tun soll. Der Drang, mich als Opfer zu fühlen, ist so ungeheuer stark. Und ich weiß nicht, wie es passiert, doch auf einmal geht mir ein Gedanke durch den Kopf: »Nutz' die Veränderungsformel.« Und das habe ich dann getan. Die Situation war, wie sie war. Ich konnte sie nicht mehr ändern. Aber ich konnte mich ändern. Das war das Einzige, was ich tun konnte. Also übernahm ich Verantwortung und kam ins Handeln. Und gleichzeitig wusste ich, was wirklich wichtig ist: Ich habe meine Familie sicher auf die Straße geführt und bei Nachbarn untergebracht. Dann habe ich mich um die Gespräche mit der Polizei und der Feuerwehr gekümmert, die tapfer gegen die hohen Flammen ankämpfte. Und tatsächlich: Auch wenn mein Auto, meine Garage und die Hälfte meines Hauses zerstört waren, hat die Feuerwehr den Brand gerade noch rechtzeitig löschen können. Und es war ungeheuer knapp. Unser Badezimmerfenster besteht aus drei dicken Glasschichten. Zwei waren den Flammen bereits zum Opfer gefallen und die letzte stand kurz davor. Wäre sie auch noch durchgebrannt, dann hätte man das gesamte Haus nicht mehr retten können.

> **Das, was wirklich zählt im Leben, sind niemals die materiellen Dinge.**

Wir hatten verdammt viel Glück im Unglück. Und eine Sache ist mir erst hinterher so richtig bewusst geworden. Das, was wirklich zählt im Leben, sind niemals die materiellen Dinge. Ein Auto, eine Garage und ein Haus können Sie jederzeit neu kaufen. Aber die Menschen, die Ihnen wichtig sind, die können Sie mit keinem Geld der Welt ersetzen. Und daran sollten wir uns alle viel öfter erinnern. Ist es nicht so?

Das wichtigste im Leben sind die Menschen, die Sie lieben.

Die vier W's der Veränderungsformel haben mir in meiner schwärzesten Stunde geholfen, aus einer Katastrophe am Ende etwas Positives zu machen. Aber sie wirken auch im Alltag. Ich halte mich selbst nicht für besonders talentiert. Ich bin im Laufe meiner Karriere immer Menschen begegnet, die klüger waren oder bessere Startvoraussetzungen hatten. Aber mit Hilfe dieser vier Schritte habe ich es geschafft, die kleinen und auch die großen Veränderungen zu meistern. In meiner Zeit als Geschäftsführer wie auch bei der Gründung meines eigenen Unternehmens. Beim Schreiben meiner Bücher genauso wie bei der Arbeit mit großen und kleinen Firmen. Und Sie können das auch. Weil die vier Schritte wirken. Ob es immer funktioniert? Nein, eine Garantie gibt es niemals. Ob es immer leicht ist? Nein, manche Veränderungen können sehr hart sein und erfordern viel Mut. Aber eines kann ich

Ihnen dann doch fast schon garantieren: Wenn Sie sich auf den Weg machen und mit Hilfe der vier W's Ihre ganz persönlichen Veränderungen angehen, dann werden Sie Erfahrungen machen, die Sie gegen nichts auf der Welt eintauschen wollen. Sie werden mit Ihrer Einstellung andere Menschen begeistern und erstklassige Ergebnisse erzielen. Wählen Sie. Wollen Sie. Wagen Sie. Und Wiederholen Sie. Und wenn Sie manchmal ein paar Zweifel haben sollten, ist das völlig normal. Denken Sie immer dran: Es kommt überhaupt nicht drauf an, wie schwer das Glas ist. Entscheidend ist einzig und allein, wie lange Sie es festhalten. Und Veränderung wird einfach, wenn Sie Veränderung einfach machen.

**Wählen Sie.
Wollen Sie.
Wagen Sie.
Und wiederholen
Sie.**

Change-Impulse, um Veränderung einfach zu machen:

▶ Motivation lässt Sie loslaufen, aber kraftvolle Gewohnheiten führen Sie ans Ziel.

▶ Verändern Sie wenig, aber oft.

▶ Brechen Sie große Veränderungen auf kleine Schritte herunter. Und diese wiederholen Sie dann so häufig, bis Sie mit dem Ergebnis zufrieden sind.

▶ Die kleinen Dinge sind entscheidend, wenn Sie Großes erreichen wollen.

▶ Regelmäßige Wiederholung führt zu einer klassischen Konditionierung. Diese kann positiv oder negativ sein.

▶ Was Sie wieder und wieder tun, prägt Ihren Charakter und Ihr Leben.

▶ Um eine alte Gewohnheit abzulegen, benötigen Sie drei Dinge: eine erwünschte Alternative, eine bewusste Entscheidung und drei Wochen Zeit.

▶ Ein klarer Plan sorgt dafür, dass Sie Ihr Ziel auch wirklich erreichen.

▶ Das Wichtigste im Leben sind die Menschen, die Sie lieben.

Bleibt alles anders

Gehe nicht, wohin der Weg führen mag, sondern dorthin,
wo kein Weg ist, und hinterlasse eine Spur.
Jean Paul

»Wie kannst du in diesen schwierigen Zeiten nur ein Kind in die Welt setzen?« Diese Frage stellte mir vor kurzem ein Bekannter, als ich ihm voller Stolz berichtete, dass ich gerade zum zweiten Mal Vater geworden war. Und dann legte er so richtig los, erzählte mir etwas von unsicherer Zukunft, den großen Krisen und dem tiefen Abgrund, auf den wir mit Höchstgeschwindigkeit zurasen würden. Und wissen Sie was? Vor ein paar Jahren hätte ich wahrscheinlich sofort in das Wehklagen eingestimmt und ihm recht gegeben. Heute ist das anders und ich habe meinem Bekannten vehement widersprochen. Denn schließlich hat meine Bewertung dieser Dinge einen entscheidenden Einfluss darauf, ob ich in einer Welt voller Probleme oder einer Welt voller Chancen lebe. Aus diesem Grund habe ich mich schon seit längerem dazu entschieden, an den vermeintlichen Krisen, den Untergangsszenarien und den heraufbeschworenen Katastrophen nicht mehr teilzunehmen. Und ich setze sogar noch einen oben drauf. Ich behaupte, dass wir in der besten Zeit überhaupt leben, und dass die Chancen niemals größer waren, als sie es heute sind und in den nächsten Jahren sein werden, und zwar für diejenigen, die verstehen, dass Veränderung einfach wird, wenn sie Veränderung einfach machen. Natürlich, wir leben in spannenden und sehr herausfordernden Zeiten. Wenn Sie die Zeitung aufschlagen oder sich die Nachrichten im Fernsehen anschauen, dann werden Sie mit Schre-

> Die Chancen waren niemals größer, als sie es heute sind und in den nächsten Jahren sein werden.

ckensmeldungen und Horrorszenarien nur so bombardiert. Immer wieder Terrorangriffe, Kriege überall auf der Welt, Lebensmittelskandale, das immer größer werdende Ozonloch, die Überalterung der Gesellschaft, die Eurokrise und die drohende Pleite ganzer Staaten sind nur einige der Themen, denen wir uns tagtäglich auf Neue ausgesetzt sehen und die kaum voraussagbare, herausfordernde Veränderungen mit sich bringen.

Einige dieser Punkte werden mit Sicherheit auch dramatische Auswirkungen auf das Leben vieler Menschen haben, während es sich bei so manch anderem Thema wohl eher um die sprichwörtliche Sau handelt, die von den sensationslüsternen Medien durchs Dorf getrieben wird. Die Schweinegrippe, der Rinderwahn, das Waldsterben und noch viele andere vermeintliche Horrorszenarien der letzten Jahre lassen grüßen. Während ich diese Zeilen schreibe, wird Griechenland gerade zum wiederholten Male von den EU-Politikern mit großzügigen Finanzspritzen über Wasser gehalten. Aber ob die Griechen noch ein Teil der Europäischen Union sind, wenn Sie dieses Buch in Ihren Händen halten, darauf würden wahrscheinlich selbst große Optimisten nicht unbedingt wetten. Aber wie auch immer die Zukunft genau aussehen wird, eines steht fest: Veränderung ist allgegenwärtig. Alles bleibt anders. Die Welt befindet sich in einer rasanten Umbruchsphase und der Wandel wird zunehmend schneller und drastischer. Wer sich nicht entsprechend auf die kommenden Entwicklungen einstellt, der wird es schwer haben.

Doch genauso wird es unzählige Gewinner geben, die die gigantischen Chancen erkennen, die sich in den kommenden Jahren bieten werden. Es werden Meinungsführer sein, die sich nicht von der täglichen Negativprogrammierung der großen Masse beeinflussen lassen, sondern mutig denken, eigenständig handeln und für jedes Problem eine passende Lösung finden. Es werden Menschen sein, die ihren Fokus auf die riesigen Chancen und Möglichkeiten legen, statt sich auf die Krisen und Katastrophen zu konzentrieren. Es werden Macher mit einem Erfolgs-Mindset sein, die die Zukunft aktiv gestalten. Es werden unkonventionelle Denker sein, die den Status quo kritisch hinterfragen, die kommenden Veränderungen antizipieren und mit ihren innovativen Ideen dem Mittelmaß immer einen Schritt voraus sind. Aber was macht diese Menschen aus? Schauen Sie sich in Ihrem direkten Umfeld um, und Sie werden schnell eines feststellen: Erfolgreiche Menschen denken anders, als es erfolglose tun. Motivierte Menschen denken anders, als es unmotivierte tun. Reiche Menschen denken anders, als es arme tun. Und glückliche Menschen denken anders, als es unglückliche tun. Die Erfolgreichen nutzen konsequent die Veränderungsformel und entgehen somit der Versuchung, mit Sätzen wie »Das haben wir schon immer so gemacht, warum sollte ich etwas ändern?« am Status quo festzuhalten. Sie haben verinnerlicht, dass es niemals die Rahmenbedingungen sind, und dass es keine Frage von Intelligenz, Aussehen oder gar Talent ist. Stattdessen glauben sie mit ganzem Herzen daran, dass ganz allein sie selbst über Erfolg oder Misserfolg entscheiden.

Erfolgreiche Menschen denken anders, als es erfolglose tun.

Aber was heißt das nun für die zukünftigen Trends, Entwicklungen und Herausforderungen? Wenn Sie die Kunst der Veränderung nutzen und sich dem Trend der Gleichmacherei entgegensetzen wollen, dann benötigen Sie die entsprechende innere Haltung. Das heißt wiederum, anders zu denken und zu handeln, als es die große Herde tut. Sie brauchen Mut, um das schwarze Schaf zu sein, das oftmals ein wenig schief von seinen Artgenossen angeschaut wird. Sie benötigen Überzeugungen und Denkweisen, mit denen Sie Ihr Glück und Ihren Erfolg in die eigenen Hände nehmen. Sie sollten sich schnell bewegen und unkonventionell denken. Vor allem aber kommen Sie nicht darum herum, zu handeln. Etwas zu tun. Die Dinge umzusetzen und auszuprobieren. Möglicherweise denken Sie jetzt, dass dies alles etwas viel auf einmal sei. Und Sie haben recht. Niemand behauptet, dass dieser Weg leicht ist. Es ist viel leichter, die eigenen Ansprüche zu senken, sich mit dem Mittelmaß zufrieden zu geben und unglücklich zu sein, als die höchsten Ansprüche an sich selbst zu haben und jeden Tag die Extrameile zu gehen. Und es ist das Härteste auf der Welt, jeden Tag glücklich zu sein. Aber denken Sie nicht auch, dass der Zugewinn an Zufriedenheit, Erfolg und Erfüllung jede noch so große Mühe wert ist?

> Haben Sie den Mut, das schwarze Schaf zu sein, indem Sie anders denken und handeln als die Herde.

Wir haben uns in diesem Buch viel mit den Grundlagen der Veränderung beschäftigt. Sie haben konkrete Impulse und vor allem praxistaugliche Werkzeuge an die Hand bekommen, mit denen Sie für die Herausforderungen der kommenden Jahre gut gewappnet sind. Doch wie werden diese aussehen? Was erwartet Sie in der Zukunft? Ich möchte gemeinsam mit Ihnen einen kleinen Blick in die Glaskugel wagen. Wir werden uns einmal anschauen, auf welche Entwicklungen Sie sich in den nächsten Jahren einstellen müssen. Denn Ihr persönlicher Erfolg hängt entscheidend davon ab, wie gut Sie auf anstehende Veränderungen vorbereitet sind, wie früh Sie mögliche Probleme antizipieren und wie wertvoll die dafür von Ihnen entwickelten Lösungen sein werden. Lassen Sie daher Ihrer Fantasie beim Lesen der folgenden Absätze freien Lauf und geben Sie sich für den Moment der großen Träumerei und ein paar Gedankenspielen hin. Aber wer weiß, vielleicht sind manche dieser Ideen gar keine Fantasterei, sondern stehen kurz davor, in Ihr Leben zu treten und alles auf den Kopf zu stellen? Denken Sie immer daran: Von einem Moment auf den anderen kann sich alles verändern. Und darauf sollten Sie gut vorbereitet sein.

Erwarten Sie das Unerwartete

Im Jahr 2005 lauschte ich fasziniert dem Vortrag eines recht bekannten deutschen Professors, der einige spannende Prognosen über zukünftige Entwicklungen abgab. Er sprach über die damals revolutionäre Erfindung »Tivo«, mit der es zum ersten Mal möglich war, das Fernsehen und seine Inhalte zu personalisieren, Werbung komplett auszublenden und die favorisierten Sendungen an den individuellen Tagesablauf anzupassen. Er sagte in seiner Rede voraus, dass spätestens in fünf Jahren jeder Haushalt in Deutschland ein solches Gerät in seinem Wohnzimmer haben würde. Dies hätte laut seinen Berechnungen also spätestens im Jahr 2010 der Fall sein sollen. Ferner prognostizierte er, dass es ebenfalls in fünf Jahren (wahrscheinlich ließ er sich bei seinen Forschungen sehr von der Agenda 2010 des damaligen Bundeskanzlers Gerhard Schröder inspirieren) an der Tagesordnung wäre, dass jeder Konsument personalisierte Werbung auf sein Handy geschickt bekommen würde, die anhand seiner Kaufhistorie entwickelt und mit GPS-Daten kombiniert werden würde. An der Wahl des

Wortes »Handy« können Sie übrigens erkennen, dass er die Entwicklung des Smartphones nicht vorausahnte.

Ich erinnere mich noch genau, wie sehr mich diese Idee damals faszinierte. Stellen Sie sich vor, Sie stehen mit Ihrem Auto an der Ampel vor dem Media Markt am Berliner Alexanderplatz. Die Satelliten von Google und Co. orten Sie umgehend und schicken Ihre Informationen an eine zentrale Datenbank. Diese überprüft dann Ihre Einkäufe der letzten drei Jahre und stellt fest, dass Sie ein großer Fan der TV-Serie *Die Sopranos* sind. Noch bevor die Ampel wieder auf Grün schaltet, bekommen Sie eine SMS auf Ihr Handy: »Sehr geehrter Kunde. Heute exklusiv für Sie: Die große Sopranos-DVD-Box für nur 39,95 Euro in Ihrem Media Markt direkt hier um die Ecke. Wenn Sie jetzt abbiegen, dann können Sie mit Ihrem persönlichen SMS-Code ›BadaBing123‹ noch einmal zehn Euro sparen.« Wie gefällt Ihnen diese Vorstellung? Mir erschien die beschriebene Zukunftsvision damals sehr realistisch. Trotzdem besitze ich bis heute noch kein Tivo-Gerät und habe auch noch keine einzige SMS-Werbung an der Ampel erhalten. Dafür kann ich mir mittlerweile von überall auf der Welt jede beliebige Episode der *Sopranos* direkt via iTunes auf mein MacBook Air, mein iPad oder mein iPhone laden, ohne auch nur einen Fuß in irgendeinen Elektronikmarkt setzen zu müssen (und darüber bin ich sehr froh, denn die ausschließliche Fokussierung dieser Märkte auf den Preis stört mich ganz einfach, weshalb ich so gut wie nie in diesen Geschäften einkaufe). Statt sich mit sinnloser Werbung per SMS bombardieren zu lassen, ist es heutzutage ein Kinderspiel, über die App von Foursquare jederzeit echte, und vor allem personalisierte Empfehlungen von Freunden, Bekannten und anderen Usern zu Restaurants, Hotels und Geschäften zu erhalten. Rabattcodes und Ermäßigungen inklusive.

Die spannende Frage ist jetzt natürlich, warum der gute Professor mit seinen Vorhersagen so daneben lag. Denn technisch waren diese Dinge bereits im Jahr 2005 möglich. Nur kam es nie zur konkreten Umsetzung. Es wird sogar noch besser: Die tatsächliche Entwicklung hat den damals prognostizierten Stand der Technik längst mit Sieben-

> **Zukunftsforscher stellen gewagte Prognosen an – doch oft entwickeln sich die Dinge ganz anders.**

meilenstiefeln überholt. Die Antwort auf die Ausgangsfrage hat der dänische Wissenschaftler Niels Bohr in einem sehr bekannten Bonmot zusammengefasst:»Prognosen sind schwierig, besonders wenn sie die Zukunft betreffen.« Doch zum Glück lassen sich die Zukunftsforscher davon nicht abhalten, immer wieder einen Blick in die Glaskugel zu werfen und zu spekulieren, wie unser Leben in zehn, zwanzig oder hundert Jahren aussehen könnte. Doch die Betonung liegt in diesem Satz vor allem auf dem letzten Wort: dem »könnte«.

Prognosen sind schwierig, besonders wenn sie die Zukunft betreffen.

Wie rasant die Entwicklung trotz aller Unwägbarkeiten ist, lässt sich sehr schön an einem Themengebiet verdeutlichen, an dem vor allem wir Männer große Freude haben. Ja, Sie vermuten richtig, ich rede von Technik. Wie sagte einst ein kluger Mann:»Der einzige Unterschied zwischen Jungs und Männern ist der Preis ihrer Spielzeuge.«

Aber wie auch immer, kennen Sie noch den charmanten Captain Kirk, den Vulkanier Mr. Spock oder den Schiffsarzt Doc »Pille« McCoy vom Raumschiff Enterprise? Viele Ideen, die in den ersten Episoden von *Star Trek* noch komplett als Science Fiction galten, sind heutzutage längst zur Normalität geworden. Nur vom Beamen träumen wir alle heute noch sehnsüchtig, wenn wir mal wieder in einem endlos langen Stau auf der Autobahn stehen. Aber auch die bahnbrechenden Erfindungen der nächsten Enterprise-Generation mit Captain Jean Luc Picard, dem Androiden Data und dem klingonischen Sicherheitsoffizier Worf haben begonnen, Einzug in den Alltag zu finden. Während Sie dieses Buch in Ihren Händen halten, arbeiten Forscher an der Entwicklung eines virtuellen Holodecks, Google treibt die Entwicklung seiner Cyberbrille voran und mit hoher Wahrscheinlichkeit werden Sie zur ersten Generation gehören, die mal schnell übers Wochenende zum Mond fliegen kann.

> Wahrscheinlich werden Sie zur ersten Generation gehören, die mal schnell übers Wochenende zum Mond fliegen kann.

Wo führt das Ganze hin und vor allem, wo hört es auf? In den letzten zehn Jahren hat die Menschheit einen größeren Entwicklungssprung gemacht als in der gesamten Zeit davor. In der Epoche des Internets wächst das Wissen der Menschheit nicht mehr nur rasant, sondern exponentiell. Und wenn Sie kein Fan der Star-Trek-Serie sind oder Ihnen die gerade erwähnten Beispiele zu unwirklich erschienen, dann tut es auch ein Blick auf einen Gegenstand, den Sie mit großer Wahrscheinlichkeit jeden Tag mehrfach benutzen. Als ich in den 1990ern als Student meinen ersten Pentium PC mit Windows 95, 800-MB-Festplatte und Diskettenlaufwerk kaufte, war das der absolute Luxuscomputer (die meisten meiner Kommilitonen hatten entweder gar keinen Rechner oder einen alten 486er). Heute sitze ich vor meinem MacBook Air mit OS Mavericks als Betriebssystem und einem reinen Flashlaufwerk, das sich seine Daten komplett aus der Cloud zieht. Ein technisches Wunderwerk. Aber auch dieser Computer wird spätestens in einem halben Jahr wieder zum alten Eisen gehören und durch die nächste Innovation ersetzt werden.

Wenn Sie sich mit Zukunftsforschern unterhalten, deren Bücher lesen oder sich auf Zukunftskongressen umhören, dann ist sich die Fachwelt in einem Punkt sehr einig: Wir befinden uns erst am Anfang von Veränderungen, die unsere Jobs, unsere Gewohnheiten und unseren gesamten Alltag revolutionieren werden. Und es klingt durchaus verlockend, nicht wahr? Ihr intelligenter Kühlschrank wird eigenständig die Einkäufe erledigen (natürlich im Online-Shop Ihres Vertrauens), Sie verbringen den Urlaub in Ihrer Ferienwohnung auf dem Meeresgrund und auf Ihrer Netzhaut befindet sich eine Kontaktlinse mit integriertem Computerchip, der nicht nur Ihre Erfahrungen in einer Datenbank in der Cloud speichert, sondern diese Informationen auch mit den Daten anderer User abgleichen kann. Stellen Sie sich doch einmal die faszinierenden Möglichkeiten vor: Sie sind Single und auf Partnersuche. Sie flanieren in Hamburg den Jungfernstieg entlang und eine nette Blondine (oder für die Damen unter meinen Lesern ein eleganter Gentleman) kommt Ihnen entgegen. Schon melden Ihnen die Linsen, dass die Dame ebenfalls Single ist, und Sie eine Übereinstimmung von 97 Prozent in den für Sie wichtigsten Beziehungskriterien haben. Ein unter die Haut implantierter Sensor beginnt zu vibrieren und Sie

> Wir befinden uns erst am Anfang von Veränderungen, die unseren gesamten Alltag revolutionieren werden.

verabreden sich ganz spontan zum Dinner, zum Anschauen der Briefmarkensammlung und später zum Cyber-Sex.

Und nun Hand aufs Herz: Finden Sie diese möglichen Veränderungen faszinierend oder haben Sie dabei eher ein mulmiges Gefühl, weil Ihnen das alles dann doch etwas zu schnell geht? Vielleicht sind Sie genau so erstaunt wie ich, aber technisch sind die in den Beispielen erwähnten Dinge längst möglich. Bereits in diesem Jahr wird der Unternehmer und Milliardär Richard Branson mit den ersten Touristen ins All fliegen. Für ungefähr 200 000 Dollar können Sie dabei sein. Vor einiger Zeit besuchten zehntausende Menschen ein Konzert des verstorbenen Rappers Tupac Shakur und ließen sich von einem Hologramm unterhalten, das ein Duett mit der Rapikone Snoop Dogg zum Besten gab. Während der Fußball-Europameisterschaft 2012 sang in Kiew eine computeranimierte Version des viel zu früh verstorbenen Freddy Mercury gemeinsam mit Brian May den Queen-Klassiker *Love of my Life* und rührte die hunderttausend Menschen im Publikum zu Tränen. Diese virtuellen Auftritte kommen so gut an, dass die Konzertagenturen mittlerweile darüber nachdenken, ganze Tourneen mit verstorbenen Künstlern durchzuführen. Auch die Prototypen von Kapseln, die ein Leben auf dem Meeresgrund ermöglichen, sind schon heute Realität. Und ich bin mir ziemlich sicher, dass irgendwo auf dieser Welt bereits die ersten Experimente mit menschlichen Klonen stattgefunden haben. Ja, ich weiß, die Politiker dieser Welt dementieren das natürlich aufs Allerschärfste, aber glauben Sie denen wirklich? Denken Sie an das Schaf Dolly, den Flaschengeist und die Büchse der Pandora …

Viva la Revolution

Okay, jetzt werden Sie vielleicht einwenden, dass computergesteuerte Kühlschränke und singende Hologramme nicht wirklich einen Bezug zu Ihrem Alltag haben. Aber wie sieht es mit den Veränderungen im Job aus? In welcher Branche Sie auch tätig sind, ob Sie selbständig oder angestellt sind, auch in der Wirtschaft hat der zunehmende Wandel die Märkte längst revolutioniert. Ob auch Ihre Branche betroffen ist? Darauf können Sie wetten. Hunderttausende Arbeitsplätze sind in den letzten Jahren obsolet geworden, weil die Tätigkeiten von softwaregesteuerten Prozessen und immer komplexer werdenden Automaten übernommen wurden. Oder weil es mittlerweile viel effizientere und intelligentere Lösungen gibt. Weitere Berufe, die heute noch selbstverständlich sind, werden in der Zukunft ebenfalls von der Bildfläche verschwinden. Und jetzt wage ich einmal eine kleine Prognose: Ich behaupte, dass es im Jahr 2025 keine Videotheken, keine stationären Reisebüros und auch keine Ausbildung zum Einzelhandelskaufmann mehr geben wird. Ich könnte mir sogar vorstellen, dass es schon viel früher passiert. Warum? Weil manche Dinge ganz einfach von der aktuellen Entwicklung und den Anforderungen der Zukunft überholt werden.

Das Rad der Veränderung lässt sich nicht mehr zurückdrehen.

Das Rad der Veränderung lässt sich nicht mehr zurückdrehen. Komplette Unternehmensprozesse werden mittlerweile von Computern geplant, gesteuert und kontrolliert. Um ein neues Auto zu konfigurieren, zu besichtigen und zu kaufen, müssen Sie nicht einmal mehr das Haus verlassen. Und apropos, die ersten Autos können mittlerweile allein einparken und sogar von Hamburg nach München fahren, ohne dass ein Mensch am Steuer sitzt. Carlos Ghosn, der Präsident des japanischen Autokonzerns Nissan, hat vor kurzem in einer Pressekonferenz die Markteinführung der ersten Modelle dieser Art für spätestens 2020 angekündigt. Wie würden Sie sich darauf vorbereiten, wenn Sie Taxifahrer wären? Ich weiß nicht, wie es Ihnen geht, aber je häufiger ich über diese Entwicklungen nachdenke, desto mehr fällt mir auf, wie riesig die Möglichkeiten sein werden. Durch das Internet ist die Welt mittlerweile komplett vernetzt, sodass es kaum noch die klassischen lokalen Märkte gibt. Ein Schüler aus Flensburg kann heute seine Produkte oder Dienstleistungen mühelos mit nur wenigen Mausklicks an über sieben Milliarden potenzielle Kunden in Los Angeles, Bombay oder Moskau verkaufen. Und ich könnte wetten, dass es mindestens einen solchen Jungen (und wahrscheinlich drei Mädchen) gibt, der gerade jetzt genau dies

> Auch Ihre Branche ist vom Wandel betroffen, der die Märkte revolutioniert.

tut. Und während dieser pfiffige Kerl dabei ist, die Grundlage für seine erste Million zu legen, beklagen sich seine Klassenkameraden wahrscheinlich parallel über die schwierigen Rahmenbedingungen, weil sie bereits die zehnte Absage für einen Ausbildungsplatz beim Finanzamt oder beim Supermarkt um die Ecke erhalten haben.

Aber auch das Internet befindet sich erst am Anfang seiner Entwicklung, es hat ja gerade erst seinen zwanzigsten Geburtstag gefeiert. Die E-Mail als Kommunikationsmedium Nummer Eins verliert an Bedeutung und wird in den nächsten Jahren höchstwahrscheinlich durch Videoanwendungen ergänzt oder gar ersetzt werden. Meine achtjährige Tochter nutzt so gut wie niemals ihr E-Mail-Konto, kommuniziert aber wie selbstverständlich mit ihren Freundinnen über Facetime oder Skype. Und auch die klassischen Webseiten sind längst einem anderen Phänomen gewichen: den Apps für iPhone, iPad und Co., die es mittlerweile zu Hunderttausenden gibt. Tendenz auch hier drastisch steigend. Warum ich das alles so detailliert beschreibe? Ich übertreibe wohl nicht, wenn ich behaupte, dass wir erst am Anfang einer digitalen Revolution stehen, durch die sich unser Leben und vor allem der Alltag in den nächsten Jahren weiterhin dramatisch verändern wird. Die Regeln haben sich geändert und werden sich weiterhin ändern. Noch vor zwanzig Jahren war alles mehr oder weniger einfach. Können Sie sich noch daran erinnern, welchen Rat Ihre Eltern Ihnen fürs Leben mit auf den Weg gegeben haben? Richtig: Sei fleißig in der Schule, mach eine Ausbildung oder studiere an einer angesehenen Universität, und dann besorg dir einen sicheren Job bei einer großen und erfolgreichen Firma.

Doch dieses Modell hat schon heute längst ausgedient. Wenn Sie eine solche Strategie wählen, führt der Weg geradewegs ins seelische Niemandsland. Die Rezepte von gestern werden für die Herausforderungen der Zukunft nicht genug sein. Sie können ja mal versuchen, auf Ihrem Fahrrad eine Straße entlang zu fahren und dabei den Blick nach hinten zu richten. Der Absturz ist vorprogrammiert. Das gilt auch für die Wirtschaft. Die Zukunft wird nicht den großen, schwer-

> Wir stehen erst am Anfang einer digitalen Revolution, die unser Leben in den nächsten Jahren dramatisch verändern wird.

fälligen Konzernen gehören, sondern den kleinen, innovativen und wendigen Unternehmen, die nicht selten vom bequemen Homeoffice aus geführt werden. Und auch für die Führungskräfte der großen Unternehmen sind die Zeiten längst vorbei, in denen sich jemand vom Trainee zum Vorstandsvorsitzenden hocharbeitet und dann für dreißig oder vierzig Jahre in der gleichen Firma bleibt. Heutzutage folgen die High-Potentials permanent den sich bietenden Chancen und Möglichkeiten rund um den Globus. Der Markt für hochqualifizierte Freelancer wächst. Doch die wenigsten Unternehmen haben dies erkannt oder sogar Lösungen hierfür entwickelt. Wie reagieren Sie auf diesen Trend?

Generation Change

Aber das ist ja noch nicht alles. Zur dramatischen Veränderung, welche die technische Entwicklung mit sich bringt, kommt ja noch die extreme demografische Veränderung, welche die Menschen weltweit zu weiterem Umdenken zwingen wird. Während die Bevölkerung in den Schwellenländern, vor allem in Indien und China von Jahr zu Jahr explosionsartig anwächst, wird für Europa ein düsteres Szenario heraufbeschworen. Die Experten prognostizieren eine zunehmende Vergreisung der Gesellschaft. Die Auswirkungen auf die weltweiten Märkte, das Rentensystem oder die notwendigen Serviceleistungen im Gesundheitssystem sind heute noch nicht mal im Ansatz absehbar. Trotzdem arbeiten Unternehmen mit Weitblick längst an passenden Lösungen für die Probleme der Zukunft. Doch nicht nur die demografische Verteilung der Bevölkerung wird sich ändern, sondern auch die Grenzen zwischen den einzelnen Generationen werden sich immer mehr verschieben. Marketingabteilungen auf allen fünf Kontinenten entwickeln schon heute passende Produkte und Dienstleistungen für die neuen Zielgruppen. Gerade durch den Fortschritt in Medizin und Technik verlieren die klassischen Zielgruppen, die Schüler, die Arbeitnehmer und die Rentner, an Bedeutung. In diesem Bereich kommt es zu massiven

> Früher gab es die Alten und die Jungen, doch die klassischen Zielgruppen verlieren zunehmend an Bedeutung.

Veränderungen. Früher war die Unterscheidung einfach. Da gab es die Alten und die Jungen. Das war's. Die einen haben Kuckucksuhren gekauft und die anderen Plattenspieler. Und heute?

Nicht nur die demografische Verteilung wird sich verändern, auch die Grenzen zwischen den einzelnen Generationen verschieben sich immer mehr.

Da sind zum einen die Best Ager, die auch als die »goldene Generation« bezeichnet werden. Diese Menschen sind über sechzig Jahre alt und haben nach dem zweiten Weltkrieg entscheidend dafür gesorgt, dass wir in Deutschland heute voller Ehrfurcht auf die Zeit des Wirtschaftswunders zurückblicken. Die Best Ager haben einen gewissen Wohlstand aufgebaut, den sie heute als Rentner und Pensionäre genießen wollen. Sie erwarten eine optimale medizinische Versorgung, wollen die Früchte ihrer Arbeit genießen und geben sich nur mit dem Besten zufrieden. Was glauben Sie, welche Auswirkungen hat das auf die zukünftigen Produkte und Dienstleistungen?

In die Altersspanne von Mitte vierzig bis Ende sechzig fallen die sogenannten Zoomer oder Babyboomer. Diese Generation lehnt es vehement ab, älter zu werden. Sie sind körperlich und gesundheitlich fit, wirtschaftlich gut situiert und denken nicht dran, zum alten Eisen zu gehören. Warum auch? Schließlich sang schon Udo Jürgens darüber, dass das Leben erst mit sechsundsechzig Jahren so richtig anfängt. Und während in der öffentlichen Diskussion noch darüber gestritten wird, ob die Rente nun mit dreiundsechzig oder siebenundsechzig in Kraft treten soll, sehen viele Zoomer überhaupt nicht ein, warum sie nicht auch noch mit siebzig ihrer Arbeit nachgehen sollten. Was glauben Sie, welche Auswirkungen hat das auf den Arbeitsmarkt?

Die Generation X umfasst Menschen im Alter von Ende zwanzig bis Ende vierzig, die in den 70er- und 80er-Jahren aufgewachsen sind. Sie sind als Kinder auf Bonanzarädern gefahren, mit der *Schwarzwaldklinik* und *Colt Seavers* aufgewachsen, ihr erstes Auto war ein Golf und sie wissen noch, dass Macarena ein Tanz ist und kein Cocktail. Sie haben die Einführung des Internets erlebt und waren die ersten Besitzer eines iPhones. Sie sind zukünftigen Entwicklungen gegenüber sehr aufgeschlossen, legen aber gleichzeitig einen hohen Wert auf Traditionen und Bewährtes. Was glauben Sie, welche Auswirkungen hat das auf die gesellschaftliche Entwicklung?

Die Generation Y besteht zum Großteil aus Twens, die nach der deutschen Einheit geboren wurden. In den 90er-Jahren aufgewachsen, verbinden sie ihre Jugend mit Soap-Operas und Arabella Kiesbauer auf Pro7, haben Michael Jackson noch live gesehen, kümmerten sich liebevoll um ihre Tamagotchis und sind gerade dabei, ihren Platz in der Gesellschaft und im Berufsleben zu finden. Die jungen Menschen unter zwanzig werden als Millenials bezeichnet. Sie sind kurz vor oder nach der Jahrtausendwende geboren und hatten alle mit spätestens acht Jahren ihr eigenes Handy und ihre Playstation. Sie nutzen ganz selbstverständlich die Möglichkeiten, welche die moderne Technik heutzutage bietet. Diese Generation entwickelt ihre eigene Sprache, ihre eigenen Vorbilder und wird maßgeblich die Zukunft gestalten. Was glauben Sie, welche Auswirkungen hat das auf die Wertvorstellungen von morgen?

> **Die jungen Generationen werden die Welt von morgen maßgeblich prägen und verändern.**

Und eine wichtige Gruppierung fehlt noch. Sie kommt in den wenigsten Berichten und Prognosen vor. Und doch wird sie zu einer der größten Herausforderungen der Zukunft werden. Ich spreche von der »Generation Wohlfahrtsstaat«. Hierzu gehören Menschen aller Altersgruppen und sozialer Schichten. Es sind diejenigen, die niemals gelernt haben, produktiv zu arbeiten, und überhaupt nicht den Willen haben, mit ihrem Können eigenes Geld zu verdienen. Stattdessen haben sie sich komplett der Opfer- und Anspruchsmentalität hingegeben und vertrauen darauf, in der Hängematte sozialer Transferzahlungen ein gemütliches Plätzchen zu finden. Und nur damit wir uns richtig verstehen, ich spreche hier nicht von den Menschen, die ihren Arbeitsplatz verlieren und für eine gewisse Zeit auf die Unterstützung der Gemeinschaft angewiesen sind. Nein, ich spreche von der Art Mensch, die Sie ganz genau kennen. Denjenigen, die überhaupt keine Lust haben, zu arbeiten oder Verantwortung zu übernehmen. Die lieber den ganzen Tag *Big Brother* im Fernsehen schauen, statt sich ein eigenes Leben zuzulegen. Diese Bevölkerungsschicht wächst von Jahr zu Jahr. Manche finden das gut. Andere finden es schlecht. Und vielen ist es egal. Aber wie auch immer Ihre persönliche Bewertung aussieht, was glauben Sie, welche Auswirkungen hat diese Entwicklung auf die zukünftige Qualität von Wissen, Fähigkeiten und Problemlösungskompetenz? Und möglicherweise liegt ja auch in diesem Problem wieder eine riesige Chance. Ich bin gespannt, wer Sie erkennen und nutzen wird.

Zu jedem Trend gibt es immer auch einen Gegentrend.

Zurück zu den Generationen, haben Sie sich selbst in einer der Beschreibungen wiedergefunden? Haben Sie sich die Zeit genommen, über die einzelnen Fragen ein wenig nachzudenken? Nur wenn Sie in der Lage sind, die zukünftigen Entwicklungen zu antizipieren, werden Sie in der Lage sein, die notwendigen Lösungen anzubieten und die anstehenden Veränderungen zu meistern. All diese individuellen Generationen werden sehr unterschiedlich mit den anstehenden Herausforderungen umgehen. Doch in welchem Alter Sie, liebe Leserin, lieber Leser, sich auch befinden, am Ende macht die innere Haltung den Unterschied, und Ihre Einstellung wird der entscheidende Faktor sein, wie Ihre ganz persönliche Zukunft aussieht. Vielleicht kommt ja alles auch ganz anders? Denn sämtliche Voraussagen basieren natürlich immer auf der Annahme, dass alles genau so weiterläuft, wie es das bisher getan hat. Und da bin ich mir nun wieder ziemlich sicher: Nichts wird so bleiben, wie es ist. Das Einzige, was sich niemals verändert, ist, dass sich alles verändert.

Nichts wird so bleiben, wie es ist.

Das Yin und Yang der Veränderung

Im Jahr 1997 kam es in den USA zu einem denkwürdigen Ereignis. In einem offiziellen Wettkampf spielte der amtierende Schachweltmeister Garri Kasparow gegen den von IBM entwickelten Hochleistungscomputer Deep Blue, der zur damaligen Zeit 200 Millionen Stellungen pro Sekunde berechnen konnte. Die Maschine siegte schließlich mit 3,5 zu 2,5 Punkten und wurde nach dem Duell demontiert, sodass sie bis heute ungeschlagen ist. Bereits dreizehn Jahre früher zeichnete der Regisseur James Cameron mit dem ersten Teil der legendären *Terminator*-Reihe eine sehr düstere Zukunftsprognose. In den Oscar prämierten Filmen haben intelligente Maschinen in der Zukunft die Herrschaft übernommen und führen Krieg gegen ihre Entwickler. Der Film machte Arnold Schwarzenegger über Nacht zum Weltstar und sein berühmter Satz »I'll be back!« gehört bis heute zu den drei wichtigsten Zitaten der Filmgeschichte. Es scheint so, als ob diese Zukunftsvision vor allem die Hollywood-Produzenten seitdem nicht mehr losgelassen hat. In der *Matrix*-Trilogie sind es ebenfalls mit einem Bewusstsein ausgestattete Maschinen, welche die Menschheit versklavt und an eine virtuelle Computersimulation angeschlossen haben, um ihr eine Wirklichkeit vorzugaukeln, die es tatsächlich gar nicht mehr gibt. In den 1980er-Jahren nahm ein Roboter namens Nummer 5 erstmals menschliche Züge an, in den Star-Trek-Episoden der neuen Generation ist einer der Hauptdarsteller der bereits erwähnte Androide Data und im Blockbuster *iRobot* von 2004 hat der Roboter Sonny sogar eine Funktion, die menschlichen Emotionen sehr nahe kommt.

Sind diese Ideen nun alle in die Kategorie Science Fiction einzuordnen, oder ist eine solche Zukunft tatsächlich denkbar? Wenn Sie genau hinschauen, dann werden Sie feststellen, dass bereits unsere heutige Welt gar nicht mehr so weit davon entfernt ist. Es gibt Roboter, die für Sie das Staubsaugen übernehmen und selbständig Ihren Rasen mähen. So gut wie jede Funktion Ihres Autos wird mittlerweile von Software gesteuert und in vielen Kliniken werden bereits höchst präzise Maschinen eingesetzt, die komplette Operationen durchführen können. In einigen Supermärkten und auch beim Möbelgiganten IKEA wurden viele Kassierer längst durch SB-Kassen ausgetauscht, für so gut wie jede Gelegenheit gibt es heute eine App auf Ihrem Smartphone und der Online-Handel wächst konstant mit über zwanzig Prozent Umsatzzuwachs pro Jahr. Und es soll sogar Menschen geben, die in ihrer ganz eigenen und realen Matrix leben und überhaupt keine Lust haben, aus ihrer Scheinwelt aufzuwachen. Doch über dieses Thema haben wir ja im Laufe des Buches genug gesprochen.

Unsere heutige Welt ist gar nicht so weit entfernt von den Science-Fiction-Visionen.

Auch aus dem Alltag ist die Technik kaum noch wegzudenken, und vor allem die sozialen Netzwerke spielen mittlerweile eine entscheidende Rolle. Ich möchte Sie zu einer kleinen Zeitreise in das letzte Jahrhundert einladen. Stellen Sie sich vor, es ist 1992 und Sie haben mit Ihrem Lebenspartner eine traumhafte Städtereise nach London gebucht. Voller Vorfreude waren Sie im Reisebüro, und haben sich dort nach intensiver Beratung und dem Wälzen von mehreren Katalogen für ein schönes Hotel direkt am Piccadilly Circus entschieden. Als Sie endlich Ihr Zimmer im vermeintlichen Viersternehotel betreten, stellen Sie fest, dass sich die Realität doch sehr stark von der heilen Katalogwelt unterscheidet. Die Matratzen haben eine nicht zu definierende, gelbliche Farbe, in den Ecken der Räume befindet sich eine dicke Schicht Schimmel und der Gesamteindruck ist nicht gerade das, was Sie als einladend bezeichnen würden. Und dann kommt der große Schock. Als Sie das Badezimmer betreten, läuft doch tatsächlich eine Kakerlake gemütlich von links nach rechts durch den Raum. Sie sind mehr als bedient und beschweren sich an der Rezeption. Die nette Dame entschuldigt sich, teilt Ihnen aber gleichzeitig mit, dass leider keine anderen Zimmer frei sind, da das gesamte Hotel ausgebucht ist. Also machen Sie das Beste aus der Situation und genießen die schönen Tage in London. Wieder zu Hause angekommen, beschließen Sie jedoch, das Ganze nicht einfach so auf sich beruhen zu lassen. Sie holen Ihre Schreibmaschine aus der Schublade und setzen einen Beschwerdebrief an die Direktion des Hotels auf. Nachdem Sie diesen in einen Umschlag getan haben, bleibt er jedoch für zwei Wochen auf Ihrer Anrichte liegen, weil Sie ihn schlicht und einfach dort vergessen haben. Weitere acht Wochen später erhalten Sie eine Antwort des Hoteldirektors, der Ihnen auf teurem Briefpapier und handgeschrieben mitteilt, wie peinlich ihm der Vorfall ist, dass er jedoch nichts für Sie tun kann.

Und nun reisen wir gedanklich mit dem DeLorean aus *Zurück in die Zukunft* in die Gegenwart und stellen uns den gleichen City-Trip mit den technischen Möglichkeiten von heute vor. Herbst 2014. Sie haben spontan mit Ihrem Partner über einen Groupon-Deal eine Reise nach London via iPad gebucht und betreten das gleiche Zimmer im Hotel am Piccadilly Circus. Die Matratzen sehen undefinierbar gelblich aus, in den Ecken lächelt Sie der Schimmel an und im Badezimmer läuft eine Kakerlake gemütlich von links nach rechts durch den Raum. Wenn Sie nicht sowieso Ihr Smartphone auf dem Klo dabei haben, dann holen

Sie es umgehend und schießen mit Instagram erst ein Bild von den Matratzen, dann vom Schimmel und in der Nahaufnahme von der Kakerlake. Zeitgleich posten Sie die »Beweisstücke« an Ihre 5000 Follower auf Twitter und Ihre 2000 Facebookfreunde und senden zusätzlich noch ein Bild über Ihre TripAdvisor-App an das weltweit größte Hotelbewertungsportal. Auch wenn zu dieser Zeit nur ein Bruchteil Ihrer sozialen Kontakte online ist, verbreitet sich vor allem das Kakerlakenbild wie ein Lauffeuer. Sie bekommen dutzende Re-Tweets und auf Facebook werden die Bilder sogar in der Gruppe »Meine schlimmsten Urlaubserlebnisse« geteilt. Da der Hoteldirektor ein pfiffiger Chef ist, lässt er durch seine Assistentin regelmäßig überprüfen, ob jemand im Internet etwas über sein Hotel postet. So kommt es, dass er schon sieben Minuten nachdem Sie auf Ihrem Smartphone den »Senden«-Button gedrückt haben, bei Ihnen im Zimmer steht und Sie mit einem riesigen Präsentkorb und einer Flasche Champagner überrascht. Ihr Urlaub ist gerettet, Sie verbringen einen romantischen Abend in einem anderen Hotelzimmer und loben das Etablissement und seinen exzellenten Service über die sozialen Netze im Internet in den höchsten Tönen.

Welche Auswirkungen haben die neuen technischen Möglichkeiten auf Ihre persönliche Zukunft?

Ist dieses Beispiel realistisch? Ich glaube schon. Das Leben ist durch die Technik zweifelsohne leichter, effizienter und bequemer geworden. Und bedenken Sie bitte immer, dass wir uns erst ganz am Anfang der Entwicklung befinden und wahrscheinlich erst einen minimalen Bruchteil der technischen Möglichkeiten nutzen. Aber welche Auswirkungen wird dies alles auf Ihre ganz persönliche Zukunft und die Antizipation von möglichen Problemen haben? Sollten Sie sämtliche Ihrer Ideen darauf verwenden, innovative Lösungen für eine komplette Technisierung des Alltags zu entwickeln? Ich selbst bin sehr technikaffin und liebe es, mit meinem iPad herumzuspielen, die Sprachsteuerung in meinem Mercedes zu nutzen oder mir via Smartphone-App einen Händler in den USA suchen zu lassen, beim dem ich online ein Buch kaufen kann, welches in Deutschland seit Jahren vergriffen ist.

Ist die fortschreitende Technisierung Fluch oder Segen?

Trotzdem habe ich bei vielen Menschen langsam den Verdacht, dass ihnen die Technik das Leben nicht mehr erleichtert, sondern dass sie zu Sklaven ihrer Fernseher, Computer und Smartphones geworden sind. Sie sind vierundzwanzig Stunden am Tag, sieben Tage die Woche und zweiundfünfzig Wochen im Jahr erreichbar und checken selbst im Familienurlaub alle zehn Minuten ihre Mails. Wenn das Auto defekt ist, dann kann keine Reparatur mehr selbst durchgeführt werden, weil nur ein Spezialist das notwendige Software-Update durchführen kann.

Und haben Sie nicht auch schon eine Szene erlebt, in der zwei Menschen über eine Stunde gemeinsam im Café sitzen und nicht ein Wort miteinander sprechen, sich aber permanent WhatsApps, SMS oder Instant Messages per Smartphone schicken?

> Langfristig findet alles im Leben Balance: Anspannung und Entspannung, Überstunden und Urlaub, Lebensfreude und Trauer.

Jeder Trend hat seinen Gegentrend. Alles im Leben findet langfristig seine Balance und gleicht sich aus. So wie sich ein Aktienkurs trotz starker Schwankungen nach oben und unten immer an einem Mittelwert orientiert, so ist es auch im Bereich der Karriere, der Beziehungen und der Gesundheit. So wie Yin und Yang ein untrennbares Paar sind, so gehören auch Anspannung und Entspannung, Überstunden und Urlaub oder Lebensfreude und Trauer zusammen. Und während manche Menschen sich voller Begeisterung dem Diktat ihres iPhones unterwerfen, wird es eben auch genauso viele Gegenbeispiele geben, die sich bewusst für ein technisches Downsizing oder für ein digitales Sabbatical entscheiden. Für eine gezielt gewählte Entschleunigung. Während die einen mit sieben verschiedenen Smartphones, Tablets und Laptops unterwegs sind, haben die anderen schon wieder begonnen, ihr altes Nokia 6310 aus der Schublade zu holen, mit dem man einfach nur telefonieren kann. (Ja, wirklich, so etwas gab es einmal, und es ist gar nicht so lange her.) Die Entscheidung gegen die Technik wird zur Entscheidung für die persönliche Freiheit und Unabhängigkeit.

Was sagen uns diese Beispiele aus der Glaskugel nun? Erstens: Wie genau die Zukunft aussehen wird, kann niemand sagen. Was sich allerdings ziemlich sicher voraussagen lässt, ist, dass es zu immer mehr Veränderungen in einer immer höheren Schlagzahl kommen wird.

Zweitens: Wer mit Offenheit und Neugier die Entwicklungen der nächsten Jahre beobachtet, der steht vor Chancen wie nie zuvor in der Geschichte. Was in den nächsten Jahren auch immer passieren mag, entscheidend wird es sein, mögliche Veränderungen zu antizipieren und passende Lösungen in petto zu haben. Was für den einen eine riesige Katastrophe sein wird, kann für den anderen die einmalige Gelegenheit sein, ein Vermögen zu machen und seinen Lebenstraum in die Tat umzusetzen. Und da muss ich jetzt wieder an den Vortrag des Professors aus dem Jahr 2005 denken. Ein Satz ist mir nämlich ganz besonders im Gedächtnis geblieben. Auf die Frage, ob er mit Blick auf seine Prognosen eine gute Geschäftsidee hätte, antwortete er mit einem Statement, dessen weitreichende Bedeutung ich erst Jahre später in seiner vollen Gänze verstand. Er sagte: »Stellen Sie sich Ihren absoluten Wunschkunden vor. Und jetzt überlegen Sie sich, welche drei Probleme er hat, die ihn nachts nicht in den Schlaf finden lassen. Und dafür bieten Sie dann die passende Lösung an.« Und wieder so ein Satz, über den es sich lohnt, etwas intensiver nachzudenken.

Welche drei Probleme hat Ihr Traumkunde,
die ihn nachts nicht schlafen lassen?
Bieten Sie dafür die passende Lösung an.

Haben Sie noch das Zitat von Niels Bohr im Ohr? Prognosen sind schwierig, vor allem wenn Sie die Zukunft betreffen. Und erstens kommt es ja sowieso anders und zweitens als man denkt.
Aber eines weiß ich ganz sicher: Dass wir in den spannendsten und schönsten Zeiten leben, die man sich vorstellen kann. Dass da draußen trotz aller Risiken und Probleme vor allem gewaltige Chancen nur darauf warten, von uns entdeckt und genutzt zu werden. Und auch wenn Prognosen schwierig sind, so möchte ich an dieser Stelle doch eine ebensolche abgeben: Die wichtigste Fähigkeit der Zukunft wird der Umgang mit Veränderung sein. Im Großen, aber vor allem in den vielen kleinen Dingen des Alltags. Schon Herbert Grönemeyer sang im Jahr 1998 in seinem Song *Bleibt alles anders*: »Stillstand ist der Tod. Geh voran, bleibt alles anders. Der erste Stein fehlt in der Mauer. Der Durchbruch ist nah.« Und er hatte recht. Das

> Das ganze Leben ist Veränderung. Auch in Ihrem Leben ändert sich permanent irgendetwas.

ganze Leben ist Veränderung. Ob wir es nun wollen, oder nicht. In Ihrem Leben ändert sich permanent irgendetwas. Manches davon finden Sie gut und bei anderen Ereignissen würde so mancher am liebsten den Kopf in Vogel-Strauß-Manier in den Sand stecken. Aber die Veränderung ist allgegenwärtig und wird Ihnen in den nächsten Jahren noch viel intensiver und häufiger begegnen.

Neue Menschen werden in Ihr Leben treten, andere gehen. Die Gesellschaft verändert sich und die demografische Entwicklung ist eine der spannendsten Herausforderungen, vor denen wir stehen. Die digitale Revolution sorgt dafür, dass in den nächsten Jahren die Regeln neu geschrieben werden. Wer auf diese Veränderungen am besten vorbereitet ist, der wird zu den Gewinnern gehören. Daher behaupte ich: Die wichtigste Währung der Zukunft wird nicht der amerikanische Dollar, das britische Pfund oder der chinesische Yuan sein, sondern etwas, das um ein Vielfaches wertvoller ist: Ich spreche von Ideen. Das Antizipieren von Problemen und die Qualität der Ideen zu deren Lösung werden den Unterschied zwischen Erfolg und Mittelmaß entscheidend bestimmen. Sie haben jeden Tag aufs Neue die Wahl, ob Sie die Verantwortung für Ihre Gedanken, Ihre Handlungen und damit für Ihre Einstellung übernehmen und Ihre Zukunft aktiv gestalten wollen. Denn wenn Sie sich nicht verändern, dann tut es niemand. Und irgendwann entscheiden dann andere Menschen, wie Sie zu leben haben und was gut und richtig für Sie ist. Aber wollen Sie diese Macht wirklich den Politikern, Ihrem Chef, den Kollegen, den Journalisten oder Ihrem Nachbarn überlassen?

> Veränderungen sind die einzige Möglichkeit, wie Sie innen glücklich und außen erfolgreich werden können.

Die wichtigste Währung der Zukunft werden Ideen sein.

Auch wenn die meisten Veränderungen am Anfang schwer erscheinen, so sind sie doch die einzige Möglichkeit, um innen glücklich und außen erfolgreich zu werden. Auch wenn Sie ein mulmiges Gefühl haben, weil Ihnen niemand sagen kann, ob Sie am Ende des Weges auch wirklich genau dort ankommen, wo Sie hin wollten, Sie werden es nur herausfinden, wenn Sie voller Leidenschaft den Mut aufbringen, auf dem Weg zu lernen und damit zu wachsen. Nutzen Sie konsequent die vier W's der Veränderung. Und dann vertrauen Sie darauf, dass Veränderung einfach wird, wenn Sie Veränderung einfach machen. Lassen sich von den vielfältigen Möglichkeiten des Lebens überraschen und begeistern. Richtig angewendet und genutzt, kann Veränderung eine Menge Spaß machen. Vor allem aber ist sie das Salz in der Suppe des Lebens, das aus einer trüben Brühe ein buntes und vielfältiges Erlebnis für alle Sinne macht. In *Alice im Wunderland* von Lewis Carroll trifft die Hauptfigur Alice in der bunten Fantasiewelt eines Tages auf die Grinsekatze. Weil sie sich nicht so gut auskennt, fragt Alice: »Würdest du mir bitte sagen, wie ich von hier aus weitergehen soll?« »Das hängt zum größten Teil davon ab, wohin du möchtest«, lautet die Antwort der Grinsekatze. »Ach, wohin ist mir eigentlich gleich«, sagt Alice. Woraufhin die Katze antwortet: »Dann ist es auch egal, wie du weitergehst.«

Sie können entweder leben oder Sie werden gelebt. Und Sie können sich entweder selbst verändern oder Sie werden verändert. Erklären Sie den Umgang mit Veränderung und die tägliche Wahl Ihrer Einstellung zur Chefsache. Überlassen Sie die Gestaltung Ihres Lebens nicht dem Zufall, sondern führen Sie ein Leben, welches diesen Namen auch verdient. Setzen Sie sich große und mutige Ziele. Die Grundlage sind die einfachen Prinzipien dieses Buches. Ihr Navigationssystem sind die vier W's der Veränderungsformel. Wenn Sie die Gedankenspiele der letzten Seiten noch einmal Revue passieren lassen, welche bessere Zeit könnte es geben, um Ihre lang gehegten Träume in die Tat umzusetzen? Ihre eigene Firma zu gründen. Den nächsten Schritt auf der Karriereleiter zu erklimmen. Ihren Traumpartner anzusprechen oder die große Weltreise anzutreten. Und wenn es noch eines kleinen Impulses bedarf, dann erinnern Sie sich doch für einen kurzen Moment an die Handball-Weltmeisterschaft, die im Jahr 2007 in Deutschland stattfand. Die Männer des damaligen Bundestrainers Heiner Brand verursachten mit ihrem emotionalen Spielstil eine riesige Euphorie und brachen einen Rekord nach dem anderen. Und sie machten ein Lied der Kölner Band Die Höhner zu einem Riesenhit. Im Refrain singt Henning Krautmacher: »Wenn

> Setzen Sie Ihre Träume in die Tat um. Wenn nicht jetzt, wann dann?

nicht jetzt, wann dann? Wenn nicht hier, sag mir wo und wann? Wenn nicht wir, wer sonst? Es wird Zeit. Komm, wir nehmen das Glück in die Hand.« Also los, fangen wir gemeinsam damit an. Alle großen Veränderungen beginnen immer mit einer kleinen Idee, einem bestimmten Gedanken oder einem verrückten Vorhaben. Heute ist der beste Tag, um ins Handeln zu kommen. Wählen Sie. Wollen Sie. Wagen Sie. Und Wiederholen Sie. Ich wünsche Ihnen viel Spaß beim Verändern und beim Leben Ihrer Träume.

Change-Impulse, um Veränderung einfach zu machen:

▶ Erfolgreich Menschen denken anders, als es erfolglose tun.

▶ Das Rad der Veränderung lässt sich nicht mehr zurückdrehen.

▶ Nicht nur die demografische Verteilung wird sich verändern, auch die Grenzen zwischen den einzelnen Generationen verschieben sich immer mehr.

▶ Zu jedem Trend gibt es immer auch einen Gegentrend.

▶ Welche drei Probleme hat Ihr Traumkunde, die ihn nachts nicht schlafen lassen? Bieten Sie dafür die passende Lösung an.

▶ Die wichtigste Währung der Zukunft werden Ideen sein.

Epilog – Was wichtig ist

Dies ist wahrscheinlich der kürzeste Epilog, den ich je geschrieben habe. Wenn Sie das Buch bis hierhin gelesen haben, dann wissen Sie alles, was Sie für erfolgreiche Veränderung benötigen. Sind Sie motiviert? Haben Sie viele Ideen gewonnen? Sind Sie bereit, Ihren Lebenstraum in die Tat umzusetzen? Was auch immer Sie geantwortet haben, es spielt keine Rolle. Es gibt drei Dinge, die entscheidend sind: Was werden Sie tun? Was werden Sie machen? Was werden Sie umsetzen? Das ist alles, was zählt.

Worte sind wichtig. Aber Taten machen den Unterschied. Wählen Sie. Wollen Sie. Wagen Sie. Und wiederholen Sie. Die vier W's der Veränderungsformel sind die notwendigen Schritte, mit denen Sie Veränderung einfach machen.

Ich wünsche Ihnen viel Spaß auf der Achterbahnfahrt namens Leben.

Herzlichst,
Ihr *Ilja Grzeskowitz*

P.S.: Wenn Ihnen das Buch gefallen hat, dann verfassen Sie bitte eine kurze Rezension auf Amazon. Nicht nur wissen potenzielle Leser, was Sie erwartet, sondern auch ich freue mich riesig. Danke im Voraus!

Danksagung

Jedes Mal, wenn ich das erste gedruckte Exemplar eines neuen Buches in meinen Händen halte, freue ich mich wie ein kleines Kind. Was danach folgt, gehört zu den großen Privilegien, die ich als Autor genießen darf. Vorträge, Interviews, Reportagen, schicke Locations und – in ganz seltenen Fällen (wie bei *Attitüde*) – sogar der Eintrag in eine Bestsellerliste. Doch bis es soweit ist, sieht das Leben eines Autors weit weniger glamourös aus. Es bedarf Hunderter, wenn nicht Tausender Stunden harter und konzentrierter Arbeit, bis aus einer ersten Idee ein fertiges Werk wird. Aber zum Glück bereitet mir das Schreiben immer wieder große Freude und ich habe mir mittlerweile viele Routinen angeeignet, die mir die Arbeit gar nicht als solche vorkommen lassen. Inspirierende Umgebungen helfen mir dabei. Ich schreibe gerne auf meiner Terrasse und gönne mir meist auch den Luxus, mich an einen Ort zurückzuziehen, der mich durch seine Energie dabei unterstützt, Ideen zu generieren und kreative Gedanken in entsprechende Sätze zu transformieren. Für dieses Buch war ich für ein paar Wochen in Kalifornien, und ich würde mir wünschen, dass der Spirit von Sonne, Wellenreiten und Meer ab und an zwischen den Zeilen zu spüren ist.

Ein Buch wie dieses ist allerdings niemals das Werk eines Einzelnen. Könnte ich nicht auf die Unterstützung eines wundervollen Netzwerkes zurückgreifen, würden Sie dieses Buch nicht in der Form in Ihren Händen halten, wie Sie es heute tun. Diesen Menschen möchte ich an dieser Stelle danken und Sie auf eine Art und Weise hochleben lassen, wie es nur ein Autor kann: Indem ich Sie namentlich in meinem Buch erwähne.

Zu allererst danke ich meiner gesamten Familie. Für Eure Unterstützung, Eure Liebe, Eure Motivation und vor allem für den Freiraum.

So manches Mal saß ich mit meinem Laptop am Küchentisch, während alle anderen um mich herum Kaffee tranken, sich unterhielten oder einen bestimmten Anlass feierten. Aber wenn der Saft erst einmal fließt, dann fließt er eben. Ganz besonders hervorheben möchte ich meine Frau Silke, die mit mir schon seit vielen Jahren durch dick und dünn geht. Schon oft habe ich den Satz gelesen: »Hinter jedem erfolgreichen Mann steht immer eine noch erfolgreichere Frau.« Noch nie hat es so gestimmt, wie in meinem Fall. I love you! Am meisten über das Thema Veränderung lerne ich täglich von meinen beiden wundervollen Töchtern Emma und Elisabeth. Seit Ihr in meinem Leben seid, haben sich viele Bewertungen verschoben, so manches vermeintliche Problem relativiert sich und der Alltag ist einfach viel schöner und bunter. Ihr beiden seid das größte Geschenk, das ich jemals erhalten habe.

Dass dieses Buch als Nachfolger von *Attitüde – Erfolg durch die richtige innere Haltung* wiederum vom GABAL Verlag verlegt wird, ist kein Zufall. Das gesamte Team unterstützt mich als Autor nicht nur höchst professionell, sondern steht mir auch als antreibender Sparringspartner, kreativer Ideengeber und auf der Frankfurter Buchmesse auch einmal als treusorgender Freund zur Verfügung, der mich mit ein bis zehn Kaffees und so mancher Leckerei versorgt. Ursula Rosengart, Ute Flockenhaus und dem ganzen GABAL-Team möchte ich deshalb meinen allerherzlichsten Dank für die tolle Zusammenarbeit aussprechen.

Als Vortragsredner zum Thema Veränderung genieße ich das große Privileg, täglich mit spannenden Unternehmen zusammenarbeiten zu dürfen. Viele dieser Begegnungen inspirieren mich immer wieder zu Gedankengängen, die dann schlussendlich auch Einzug in meine Bücher finden. Den Erfolg als Keynote Speaker verdanke ich vor allem der wunderbaren Zusammenarbeit mit meiner Managementagentur, den 5 Sterne Rednern. Auch in diesem Fall ist es ein eingespieltes Team, das dafür sorgt, dass ich als Redner nicht nur professionell betreut werde, sondern stets das Gefühl habe, Teil einer harmonischen und elitären Familie zu sein. Stellvertretend für Euch alle geht mein Dank an den Häuptling des 5-Sterne-Stamms, an Heinrich Kürzeder. Lieber Heini, ich danke Dir für Deine motivierenden Ideen, Deine humorvolle Art und für Deine Energie, die mir immer wieder eine große Inspiration ist, mich selbst zu verändern und besser zu werden.

Ich danke meinen Kollegen, Freunden und Geschäftspartnern für inspirierende Gespräche, wertvolles Feedback und wertschätzenden Klartext. Mein spezieller Dank geht an Monika Paitl, Gabriel Schandl, Heidi Pütz, Markus Jotzo, Michael Geerdts, Martin Sänger, Boris Nikolai Konrad, Wulf-Hinnerk Vauck, Julian Jensen, Robert Lenz, Michael Madel, Pablo Sütterlin, Sebastian Wernicke, Pascal Schneitter, Mike Jagersbacher, Dominic Multerer, Heike Krämer, Rainer Ehrich, Martin Uhlemann und Martin Krengel. Jeder Einzelne von Euch hat mit einem bestimmten Wort, einer besonderen Idee oder einer speziellen Frage dazu beigetragen, dass dieses Buch entstanden und so geworden ist, wie Ihr es heute in Euren Händen haltet.

Schlussendlich danke ich allen meinen Kunden, Mitarbeitern und Partnern, die mich im Laufe der letzten Jahre auf meinem Weg begleitet haben. Manche von Euch und Ihnen haben in Form von Geschichten Einzug in dieses Buch gefunden. Auch wenn ich aus Gründen der Diskretion natürlich die Namen geändert habe, so erkennt man in den allermeisten Fällen sofort, um wen es sich handelt.

Den letzten Absatz dieser Danksagung versuche ich so unpathetisch wie möglich zu formulieren. Mein größter Dank gilt nämlich Ihnen, liebe Leserin, lieber Leser. Und ich meine das genauso, wie ich es schreibe. Was wäre ein Autor ohne seine Leser? Welche Berechtigung hätten 291 Seiten voller Ideen und Impulse, wenn sie ein tristes Dasein in einer Schublade fristen würden? Und ich wage sogar eine kühne Behauptung: Meine Leser sind etwas ganz Besonderes und unterscheiden sich von denen anderer Autoren. Möglicherweise ist das auch ein wenig Wunschdenken, und Sie lesen ab und zu auch mal die Werke meiner Kollegen, aber ich erfahre regelmäßig, wie besonders Sie sind. Ich bekomme fast täglich E-Mails, Nachrichten auf Facebook, Postkarten und sogar altmodische Briefe, in denen Sie mir schreiben, wie sehr meine Bücher Ihr Leben positiv beeinflusst haben und mir von Ihren individuellen Erfolgsgeschichten berichten. Okay, das war jetzt doch ziemlich pathetisch, aber es ist nun mal so. Von daher: Tausend Dank, dass Sie meine Leser sind. Ich weiß es sehr zu schätzen.

Personen- und Stichwortverzeichnis

Über den Autor

Ilja Grzeskowitz (gesprochen Gresch-ko-witz) verkörpert das Thema Veränderung wie kein Zweiter. Der Business-Storyteller und leidenschaftliche Entrepreneur vermittelt wirkungsvolle Prinzipien, die sich in jeder Branche umsetzen lassen. Als Redner spricht der Diplom-Kaufmann gerne Klartext, hinterfragt kritisch den Status quo und kombi-niert diese Eigenschaften in seinen Vorträgen mit humorvollem Storytelling. Er glaubt daran, dass Unternehmen sich nur verändern, wenn die Menschen sich verändern und unterstützt große und kleine Firmen beim Thema Changemanagement. Durch seine konsequente Fokussierung auf die innere Haltung gelingt es ihm, Veränderung auch unter schweren Rahmenbedingungen möglich zu machen, und ehemalige Probleme in Chancen zu transformieren.

Durch die Karriere von Ilja Grzeskowitz zieht sich ein roter Faden: Veränderung. Er studierte Wirtschaftswissenschaften mit dem Schwerpunkt Marketing in Greifswald, Mannheim und Hamburg. Als frischgebackener Diplom-Kaufmann startete er als jüngster Geschäftsführer Deutschlands eine erfolgreiche Karriere als Warenhausgeschäftsführer. Für Karstadt, Hertie, Wertheim und IKEA leitete er in den folgenden Jahren insgesamt zehn Standorte in ganz Deutschland. Doch so sehr er seinen Job mochte, sein Freiheitsdrang war größer. Also folgte er im Jahr 2009 seiner Berufung. Als Veränderungsexperte, Vortragsredner und Autor begleitet er Unternehmen, Organisationen und Menschen dabei, Chancen zu nutzen und Potenziale zu entfalten.

Kontakt

www.grzeskowitz.com
www.facebook.com/igrzeskowitz
www.twitter.com/igrzeskowitz
www.youtube.com/igrzeskowitz

Mein Angebot für Sie

Sie stehen vor einer wichtigen Veränderung und möchten Ihrem Unternehmen, Ihrer Karriere oder einem anderen Lebensbereich eine neue Richtung geben? Mein großes Ziel beim Schreiben dieses Buches war es, dass Sie nach der Lektüre die anstehenden Herausforderungen aus einem anderen Blickwinkel betrachten und sich mit Leidenschaft und Mut an die aktive Gestaltung Ihrer Zukunft machen. Wenn Sie auf Ihrem Weg ein wenig Unterstützung benötigen, dann begleite ich Sie gerne bei der Analyse, Planung und vor allem der Umsetzung der Veränderung. Als Ihr Sparringspartner, als Vortragsredner, als Coach oder als Changemaker, der Sie je nach Anforderung zieht, schiebt, begleitet und bei Bedarf auch Klartext redet.

Vortrag zum Buch

Sie planen eine Firmenveranstaltung, ein Kick-off-Event, einen Kongress oder ein sonstiges Event? Zu diesem Buch gibt es auch den passenden Vortrag. Und das heißt bei Ilja vor allem eins: Motivation, Entertainment und viele Aha-Momente für Kunden, Mitarbeiter und Geschäftspartner. Fordern Sie Ihr persönliches Angebot an: vortrag@grzeskowitz.com

Unternehmerische Veränderung

Ihr Unternehmen steht vor einer Veränderung oder befindet sich bereits mittendrin? Besonders Unternehmer und inhabergeführte Firmen wissen die Unterstützung von Ilja Grzeskowitz zu schätzen. Ob ein Strategiecoaching, eine zielgerichtete Positionierung für Sie als

Unternehmer oder die Begleitung eines schwierigen Changeprozesses, wir finden für Sie die passende Lösung. Nehmen Sie jetzt Kontakt auf: change@grzeskowitz.com

Persönliche Veränderung

Ihr Leben befindet sich im Umbruch? Sie wollen Ihrer Karriere den entscheidenden Kick geben, suchen nach Alternativen zu Ihrem jetzigen Job oder wollen sich in einem ganz anderen Bereich verändern? Als Sparringspartner und erfahrener Coach begleitet Sie Ilja gerne auf Ihrem Weg. Fordern Sie jetzt Ihr maßgeschneidertes Veränderungscoaching an: coaching@grzeskowitz.com

Ausbildung zum zertifizierten Veränderungscoach

Wie wäre es, wenn Sie als Veränderungscoach anderen Menschen beim Lösen ihrer Probleme und beim Erreichen ihrer Träume helfen könnten? Ilja hat in den letzten Jahren nicht nur Tausende von Menschen als Coach begleitet, sondern in dieser Zeit seinen ganz eigenen Coachingstil entwickelt. Werden Sie jetzt selbst zum Veränderungscoach und nehmen Sie an der zertifizierten Ausbildung teil. Und als Leser dieses Buches erhalten Sie auf die Seminargebühr einen exklusiven Rabatt von 200 Euro. Geben Sie einfach bei der Buchung den Rabattcode »Buch-Veränderungsformel« an. Sämtliche Informationen zu diesem intensiven Seminar finden Sie unter: http://www.grzeskowitz.de/zertifizierte-ausbildung-zum-veraenderungs-coach/

Bonus

Als visuelle Erinnerung und als Unterstützung für die Umsetzung Ihrer persönlichen Ziele gibt es nun noch einen Bonus für Sie. Auf einer nur für Leser dieses Buches zugänglichen Internetseite können Sie sich die 4 W's der Veränderungsformel als Poster herunterladen. Hängen Sie dieses an einem Ort auf, an dem Sie häufig vorbeischauen, oder drucken Sie sich eine kleinere Version für Ihre Geldbörse oder Handtasche aus. Ebenfalls finden Sie auf dieser Seite weiterführende Links, Literaturhinweise und zusätzliches Bonusmaterial.

http://www.grzeskowitz.de/bonusmaterial-veraenderungsformel

Kompetentes Basiswissen für Ihren beruflichen & privaten Erfolg

Jürgen Kurz
Für immer aufgeräumt – auch digital
ISBN 978-3-86936-561-9
€ 19,90 (D) / € 20,50 (A)

Steffen Ritter
Verkaufen kann von selbst laufen
ISBN 978-3-86936-559-6
€ 19,90 (D) / € 20,50 (A)

Sabine Krueger
Sprachen leichter lernen
ISBN 978-3-86936-560-2
€ 19,90 (D) / € 20,50 (A)

Thorsten Jekel
Digital Working für Manager
ISBN 978-3-86936-521-3
€ 19,90 (D) / € 20,50 (A)

Barbara Messer
Das schaffst du schon
ISBN 978-3-86936-523-7
€ 19,90 (D) / € 20,50 (A)

Josef W. Seifert
Visualisieren Präsentieren Moderieren
ISBN 978-3-86936-240-3
€ 19,90 (D) / € 20,50 (A)

Anita Hermann-Ruess
Emotionale Rhetorik
ISBN 978-3-86936-562-6
€ 19,90 (D) / € 20,50 (A)

Johannes Stärk
Assessment-Center erfolgreich bestehen
ISBN 978-3-86936-184-0
€ 29,90 (D) / € 30,80 (A)

Alle Titel auch als E-Book erhältlich
Weitere Informationen finden Sie unter www.gabal-verlag.de